조선시대사 2

인간과 사회

한국역사연구회시대사총서06

조선시대사

❷

인간과 사회

김훈식·고영진·정진영·이해준·김건태·정연식·김호·한희숙

푸른역사

절망과 희망이 교차하던 격동의 1980년대, 그 끝자락인 1988년 가을 300여 명의 소장 학자들이 '과학적·실천적 역사학'의 수립을 통해 한국 사회의 민주화와 자주화에 기여하기 위해 창립한 한국역사연구회는 이제 700여 명의 학자들이 참여하는, 명실상부하게 한국 역사학계를 대표하는 학회로 성장했다.

그동안 연구회는 공동연구라는 새로운 연구 방식을 통해 130여 회가 넘는 연구 발표회를 가졌으며 50여 권의 학술서와 대중 역사서를 간행했다. 《한국역사》, 《한국사강의》 등의 통사를 발간해 한국사를 체계화하고 《한국역사입문》 등의 연구입문서를 출간해 해방 이후 학계의 연구 성과들을 정리했으며, 《1894년 농민전쟁연구》, 《한국현대사》, 《역주 여말선초 금석문》 등 전문 연구서와 자료집을 발간해 한국사 연구에 기여했다.

또한 《조선시대 사람들은 어떻게 살았을까》를 시작으로 전 시대에 걸쳐 '어떻게 살았을까' 시리즈를 발간함으로써 생활사 연구와 역사 대중화에 기여했으며, 95호까지 간행된 회지 《역사와 현실》은 다양한 기획과 편집으로 인문학 분야 학술지의 새로운 전형을 만들어 냈다.

이제 연구회가 창립된 지도 한 세대가 지났다. 그동안 세계뿐만 아니라 한국 사회도 크게 변화했으며 학계에도 적지 않은 변화가 있었다. 연구 경향도 이전의 운동사·사회경제사 중심에서 문화사·생활사·미시사로, 그리고 최근에는 생태환경사·개념사·관계사에 이르기까지 사고와 연구의 폭을 넓혀 나가고 있다. 아울러 연구 대상 시기와 학문 간의 벽을 허무는 학제 간 연구도 활발하게 이루어지고 있다.

역사는 '현재와 과거의 대화'라고 했다. 현재의 입장에서 과거를 고찰하고 그를 바탕으로 미래를 전망하는 것이다. 역사가는 이를 이루기 위해 역사를 부단히 새로 써야 한다. 이러한 취지에서 한국역사연구회는 새로운 시각에서 한국 역사를 고대부터 현대까지 시대별로 조망해 보는 '시대사'를 발간하고자 한다.

시대사를 편찬하자는 이야기는 통사인 《한국역사》를 간행하고 나서부터 줄곧 나왔으나 구체적인 편찬 작업에 들어간 것은 2002년부터였다. 이후 '시대사 편찬위원회'를 구성하여 집필 원칙과 편찬 일정을 정하고 고대·고려·조선·근대·현대 등 각 시대별로 팀을 만들어 기획안을 마련하고 그에 맞는 필자를 선정하여 집필에 들어갔다. 또한 들어온 원고들은 팀별로 수차례의 검토와 수정 과정을 거쳤으며 그 과정에서 열띤 토론이 벌어지기도 했다.

60명에 가까운 필자들이 참가하여 공동 작업으로 열 권의 책을 만들어 내는 일은 지난한 과정이었다. 다양한 필자의 의견을 조율하고 모으는 작업부터 집필된 원고를 꼼꼼하게 검토하고 수정하는 작업과, 완성된 원고가 출판사에 넘어가 출판하는 작업에 이르기까지, 우여곡절이 없지 않았다. 그러나 많은 사람들이 정성과 노력을 아끼지 않은 결과 '조선시대사' 두 권을 먼저 출판하게 되었다. 앞으로 한국역사연구회시대사총서는 '조선시대사'를 시작으로 각 시대별로 두 권씩 발간할 예정이다.

연구회 창립 이듬해인 1989년 '베를린 장벽의 붕괴'가 상징하듯이 세계는 동구 사회주의 국가들의 개혁과 개방으로 냉전이 종식되면서 체제와 이념의 대립보다는 화해와 교류의 방향으로 나아가며 21세기를 맞이했다. 한반도도 1998년 '현대 정주영회장의 소떼 방북'과 2000년 남북정상회담을 계기로 남과 북이 화해와 교류·협력의 방향으로 나아갔다.

그러나 21세기도 15년이 지난 지금, 세계는 다시 대립으로 치닫고 있다. 이스라엘과 팔레스타인의 분쟁, 미국과 알카에다 등 이슬람 진영과의 대립, 시리아 내전과 이슬람국가(IS)의 등장 등 중동 내부의 갈등과 분쟁, 러시아와 우크라이나의 분쟁 등이 계속되고 있고, 동북아시아에서도 역사 갈등과 영토 분쟁이 치열하게 전개되고 있다. 이전과 차이가 있다면 이념 대립보다는 종교·문명 대립의 성격이 크다는 것이다.

그렇다면 한국 사회는 어떠한가. 안타깝게도 한국 사회는 시대착오적인 이념과 지역 갈등이 여전한 가운데 신자유주의로 인한 경제적·사회적 양극화가 빠르게 진행되며 세대와 계층 갈등까지 심화되고 있다. 그리고 천박한 자본주의의 이윤 논리와 정치와 사회 간에 부정부패의 사슬에 의해 일상생활의 안전까지도 위협받고 있다.

인간에 대한 예의와 배려가 사라진 사회, 국가가 책임져야 할 안전과 복지도 국민 스스로 해결해야만 하는 사회, 정의는 실종되고 신뢰와 희망 대신 불신과 체념만이 가득 찬 사회에서 과연 역사학은 어떠한 역할을 할 수 있을 것인가? 책을 낸다는 기쁨보다는 역사학자로서의 책임감이 더 무겁게 다가온다. 이 '시대사' 시리즈가 한국 역사의 체계화에 기여하고 독자들에게는 험난한 세상을 헤쳐 나가는 데 조그마한 도움이 되었으면 하는 바람이 간절하다.

그동안 시대사를 기획하고 집필과 교열에 참여해 준 연구회원 여러분에게 진심으로 감사드린다. 아울러 책이 나오기까지 지원을 아끼지 않고 인내를 가지고 기다려주신 푸른역사의 박혜숙 사장님, 규모와 격조 있는 책으로 만들어주신 편집부 여러분에게 진심 어린 감사의 말씀을 드린다.

2015년 5월
한국역사연구회

역사를 체계적으로 연구하고 이해하고자 할 때 처음 해야 할 작업이 시대 구분이다. 긴 역사의 시간을 나누어 보는 것이다. 시대 구분의 기준은 관점에 따라 다르지만 고대古代, 중세中世, 근대近代와 현대現代로 나누는 견해가 널리 받아들여지고 있다. 이러한 시대 구분에 비추어 볼 때 조선왕조는 한국사의 중세 말에서 근대에 걸쳐 있다.

그렇다면 중세의 끝, 근대의 시작은 언제인가? 조선왕조의 끝과 함께하는가? 왕조의 교체가 곧 시대의 전환과 일치하지는 않는다. 한국사에서 근대의 기점을 언제로 잡을 것이며, 근대의 성격을 무엇이라고 할 것인가에 대해서는 여러 주장이 있다. 그 가운데 1876년 개항開港을 근대의 기점으로 보는 견해가 유력하다. 조선은 1860년대부터 서양 열강과 만나기 시작하였다. 당시 서양 열강의 자본주의는 식민지 쟁탈전을 벌이는 제국주의 단계에 들어서 있었다. 개항은 그 제국주의의 첨병이 되어 있던 일본이 불평등조약 체결이라는 모양으로 조선의 문을 연 것이었다.

개항 이후 조선 사회는 자본주의와 접촉하면서 크게 바뀌어 갔다. 서양의 문물을 받아들이면서 서양을 닮아 갔고, 새로운 문화가 형성되는 반면 전통문화는 어느 면에서는 변질되고 어느 면에서는 단절되기도 하였다. 그러한 변질과 단절이 일어나기 직전 단계, 전통문화의 본바탕을 유지한 마지막 시기가 조선시대이다.

한국의 사학사는 한 왕조, 한 시대가 바뀌면 그 앞 시대의 역사를 종합 정리하여 책을 출판하는 전통이 있다. 조선왕조 및 대한제국이 끝난 뒤에도 그 이전의 역사를 정리한 책이 나왔다. 본문만 35권이나 되는 거질의 《조선사》가 그것이다. 그런데 문제는 이 책을 만든 주체는 한국인이 아니었다는 데 있다. 조선총독부의 뜻에 따라 움직이는 일본인들과 그 권력에 기생한 일부 한국 지식인들이었다. 《조선사》는 자료를 시대순으로 정리한 자료집의 형태를 갖추었지만, 매우 강력한 영향력을 발휘하였다. 그 바탕에는 일본 제국주의의 시각이 깔려 있었고, 그 목적은 식민지 침탈과 지배를 합리화하려는 것이었으며, 그 내용은 왜곡을 기본으로 하였다. 이로부터 일제 식민사학植民史學이 한국사에 대한 이해를 지배하게 되었다.

이러한 흐름에서 조선시대사에 대한 이해는 일제 식민사학의 왜곡으로부터 출발하였다. 식민사학의 타율성론他律性論, 정체성론停滯性論을 중심 내용으로 하는 식민사학의 주된 왜곡이 조선시대사 및 근대사를 대상으로 삼았다. 그 가운데서도 가장 큰 비중을 차지하면서 가장 깊은 상처를 받은 시기가 조선시대였다.

해방 이후 1960년대 들어서 식민사학의 왜곡을 바로잡기 위한 노력이 한국사학계에서 이루어졌다. 한국사가 그 내부로부터 발전을 이루어 왔다는 내용으로 시작해서, 한국사의 주체가 누구인가 주체 설정 문제, 한국사 연구의 방법과 시각에 대한 논의를 거쳐 민족주의의 성과와 한계에 대한 검토까지 여러 측면에서 진전을 이루었다. 이 단계에서 조선시대 연구는 해방 이후 한국사 연구의 주류라 할 만한 위상을 차지하였다. 하지만 근년에 들어 조선시대 연구는 고대사나 근대사, 현대사 등 다른 시대에 비하여 상대적으로 침체되고 있지 않나 하는 자성을 하지 않을 수 없다.

전문 연구가 침체 양상을 보이는 데 비하여 조선시대에 관한 교양서라고 할 책은 대단히 많이 출판되고 있다. 이와 함께 역사를 소재로 한 다큐멘터리 교양물, 사극史劇 등 영상물도 다량 생산되고 있다. 이러한 현상이 나타나게 된 데는 《조선왕조실록》과 《승정원일기》, 《일성록》 등 연대기 자료의 원문과 번역문을 비롯하여 각종 자료가 인터넷으로 제공되는 등 자료를 활용하기가 쉬워진 점이 큰 영향을 미쳤을 것으로 보인다. 또 일반인의 역사에 대한 관심이 커지는 것과 서로 영향을 주고받은 결과이기도 하다.

이러한 일반인의 관심과 교양에 대한 욕구가 커지고 그에 대응하는 여러 형태의 교양물이나 문화상품 영상물이 다량 산출되는 것은 우선 반가운 현상이지만 그 이면에는 우려되는 바도 없지 않다. 역사 서술은 사실事實을 재구성하는 실증實證의 기반 위에 자료와 사실에 대한 해석解釋이 결합하여 이루어진다. 실증 작업을 수행하지 않은 이야기는 아무리 재미가 있다 하여도 역사라고 할 수 없고, 정확한 사료 비판과 해석이 뒷받침되지 않은 서술은 역사의 범주에 포함시킬 수 없다. 그런데도 지금 우리 주변에는 역사적 사실과 진실에 어긋나는 허구虛構와 가상假象이 역사로 둔갑하여 유포되는 사례가 비일비재하다. 역사가 아닌 것을 역사로 착각하는 것은 그 후폐가 크지 않을 수 없다.

이러한 연구 영역 내외의 상황은 우리들에게 역사란 무엇인가, 조선시대를 어떻게 이해하게 서술해야 할 것인가에 대한 답을 해야 한다는 의무감을 갖게 하였다. 우리는 한국사를 과학적·실천적으로 연구하고자 모인 한국역사연구회 가운데 중세2분과에 소속된 조선시대를 전공하는 연구자들이다. 조선시대를 새롭게 그려 내려면 그 목차를 어떻게 구성할 것인가 하는 고민 끝에 현실적으로 집필에 참여할 수 있는 구성원들의 역량과 관심사를 감안하여 16개 소주제를 담은 두 권의 책을 내게 되었다.

이 책은 개설서나 통사가 아니다. 조선시대 전 시기, 전 분야를 체계적으로 망라하는 대신 조선시대의 실상을 좀 더 깊이 있게 이해하기 위해서 어떤 시각으로 어떻게 접근하여 보는 것이 좋을지 논의를 거쳐, 각 소분야 전공자들에게 소주제를 의뢰하여 그 연구 성과를 압축 정리하여 모은 것이다. 이 책의 필자들이 조선시대 역사를 보는 관점은 기계적으로 일치하지 않으나 기존의 시각을 뛰어넘어 새롭게 보려는 공통 기반은 깔려 있다. 조선시대를 이해하는 데 필요한 바를 다

갖추었다고 하기는 어려우나 기존의 개설서나 통사가 담을 수 없는 소주제를 개발하여 균형 있게 배분하고자 하였다. 조선시대를 새롭게 보려는 시도와 그 연구 성과의 일부로 받아들여져, 조선시대를 이해하는 데 좋은 길잡이가 되기를 감히 기대한다.

2015년 5월

저자 일동

차례

이 글은 박성이라는 선비의 삶을 통해 조선시대에 한 인간이 어떻게 성리학적 인간으로 길러지며, 그들의 삶의 모습은 어떠했는지를 살펴보고자 한 것이다. 경상도 현풍 출신인 박성은 부유한 양반 집안에서 태어났다. 성리학적 인간으로 자라날 수 있는 조건을 갖춘 것이다. 그의 집안 분위기 역시 그가 성리학적 인간으로 자라날 수 있는 배경이 되었다. 과거공부를 준비하던 그는 배신이라는 스승, 정구라는 선배를 만나면서 성리학적 인간으로 성장하기 시작했다. 《주자가례》와 《소학》의 가르침을 배우고 실천하는 인간이 되었던 것이다. 과거를 통해 벼슬길로 나아가는 뜻은 접었으나 천거를 통해 관료가 되었다. 치인의 도리를 다하고자 했으나 그의 뜻을 펼 수 없는 처지가 되자 쉽게 물러났다. 출처 의리를 실천했던 것이다. 벼슬에서 물러 난 뒤 학문과 교육에 힘쓰기도 하고, 자연에서 풍류를 즐기기도 하는 그런 처사로서의 삶을 살았다.

성리학적
인간의 형성

조선 사람들, 성리학의 시대를 살다

성리학적 인간,
박성의 출생

경상도 현풍玄風(지금의 대구시 달성군)에 자字는 덕응德凝이며 호는
대암大庵인 박성朴惺이라는 선비가 살고 있었다. 그는 최고의 성리학
자로 인정받거나 널리 이름을 알리지는 못했지만, 당대 명사들과 교
유하면서 학문과 덕행으로 존경을 받았다. 증손인 박세희朴世熙는《대
암집大庵集》을 편찬해 박성의 생각과 행적을 후세에 남겼다. 그 책에
실린 글들은 16세기에 들어 본격적으로 형성되기 시작한 성리학적 인
간의 표준을 잘 보여준다.

박성은 1549년(명종 4) 7월 초하루에 현풍 솔례촌率禮村에서 태어났
다. 본관은 밀양密陽이며 그의 가계는 7대조 때부터 줄곧 현풍에 거주
했다.《세종실록지리지世宗實錄地理志》에는 현풍의 성씨 가운데 박씨가
밀양에서 온 내성來姓으로 기록되어 있으며,《신증동국여지승람新增東
國輿地勝覽》에는 밀양 박씨가 토성土姓으로 기록되어 있다. 7대조 때 밀
양에서 현풍으로 옮겨오고 나서 박성의 집안은 그곳에서 튼튼한 사
회·경제적 기반을 쌓았다. 16세기까지만 해도 양반들은 결혼하면 처
가가 위치한 곳으로 옮겨 사는 것이 일반적이었다. 그러나 박성의 집

大庵先生集卷之五

大庵先生行狀 附錄

公諱腥字德凝號大庵八代祖諱中美
羅朝察直若密直之子諱膽通政大夫
尹賢玄郭氏仍居焉即縣西率禮村高祖諱長
孫承議即西卽主簿生諱成林宣敎即生諱純通
德卽司憲府監察生諱思訥成均生貞卽公之先
考生貞寬厚賀朴友愛聯姻年三十四羅內鄭毀
疾不起聚光山金氏嘉嘉大夫觀察使諱綠之女
即公之先妣姚金氏嘉嘉大夫觀察使諱綠九年人服

其貞公生以嘉靖己酉七月期日公生有異質五
歲能諳書進退迴拜貞殷能宇爲
衰感動人光夫人一日語公曰波父生時以彼爲
初時咳著必擇自忠學後脫籠習一味淡泊自
奇才令則已矣公遂請學就師無關日世荒豐德
念士生斯世當有事業豈可悠悠度日與草木同
齒年益篤向學之志下已巳就要洛川紳受大學洛川
公語黙動靜異常乃起要洛川紳之鄕復有人矣
又聞寒岡鄭先生從事匠學遂泥之講學質經大

1568(선조 원년)
박성 생원시 합격.

1592(선조 25)
임진왜란 발생. 김성일의 참모로, 정유재란 때는 체찰사 이원익의 참모로 종군, 주왕산성의 대장으로 활약.

1597(선조 30)
정유재란 발생. 박성 당시의 폐해를 16조에 걸쳐 상세히 진술, 대책을 강구한 상소 〈논시폐소〉 작성해 올림.

성리학적 인간 박성　박성의 문집 《대암집》 중 〈행장行狀〉. 조선 중기의 학자이자 임진왜란, 정유재란 때 의병으로 활약한 박성은 공조좌랑·안양현감을 지냈다. 본관 밀양, 자는 덕응德凝, 호는 대암大庵이다. 배신을 사사했고 정구와 도의로 사귀었다. 과거에 뜻을 버리고 격물치지와 성심정기의 학문을 추구했다. 만년에는 더욱 《논어》를 좋아해 거처하는 집에 학안재라는 현판을 걸어놓고 그 안에서 글을 읽었다. 글을 배우러 오는 이에게는 먼저 《소학》을 가르쳐서 사람이 되는 길을 깨닫게 했다. 처음 정인홍과 교류해 사이가 좋았으나 정인홍이 대사헌이 되어 자기 마음대로 일을 처결하는 것을 보고 못마땅해 했다. 더군다나 정인홍이 《남명집》의 발문에서 이황을 배척한 어구를 보고 "세상에 선정을 욕하는 군자를 본 일이 없다"라 하고 절교했다.

안은 일찍부터 본가가 있는 현풍에서 계속 살아왔는데, 이는 그의 집안이 현풍에 마련한 사회·경제적 기반과 관련이 있을 것으로 보인다.

박성 당대에도 집안의 경제적인 형편은 넉넉했다. 그의 행장行狀에 "대대로 물려오는 가업이 풍요로워 어렸을 때에는 먹고 입는 것을 반드시 가렸다"고 나오는 기록이나, 묘갈명墓碣銘 서문에 "100구의 노비를 모두 누이들에게 나누어주었다"는 내용을 통해 그의 경제적 형편을 충분히 짐작할 수 있다.

박성의 집안은 경제적으로 풍요로웠을 뿐만 아니라 사회적 지위 또한 양반 신분을 유지하기에 충분했다. 할아버지 순純은 사헌부 감찰을 지냈고, 아버지 사눌思訥은 생원이었다. 어머니는 관찰사를 지낸 김연金緣의 딸이었다. 광산 김씨인 김연은 당시 예안 오천烏川에서 그 지역의 대표적 양반으로 성장하던 가문이었다. 박성 스스로 외가를 가리켜 영남에서 가장 이름난 집안이라고 했듯이, 본가보다 외가의 위세가 더욱 드러났다.

박성은 승정원 좌부승지를 지낸 이광진李光軫의 딸에게 장가들어 1남 2녀를 두었으나 아들이 일찍 죽었기 때문에 먼 친척 집안의 아들인 민수敏修를 양자로 삼았다. 민수는 참의 이윤우李潤雨의 딸에게 장가를 들었고, 큰딸은 군수 이의활李宜活에게, 둘째 딸은 급제 황중윤黃中允에게 출가했다. 그의 처가나 자식들의 혼인을 통해 맺어진 집안들 역시 모두 손색없는 양반 집안이었다.

박성의 혈통과 경제적 처지를 우선으로 거론하는 이유는 그가 성리학적 인간이 될 수 있는 가장 기본적인 조건은 갖추고 있었음을 말하고자 함이다. 물론 신분적인 조건과 경제적인 처지가 충족된다고 해서 성리학적 인간이 되지는 않는다. 성리학적 인간의 형성에 필요한 가장 중요한 요건은 교육이다. 그러나 그 교육을 가능하게 하는 요인에는 신분적·경제적 처지가 거의 절대적인 비중을 차지하고 있었다. 관직으로 진출할 수 있는 집안 출신이라야 학습의 동기가 생길 것이며, 경제적으로 여유가 있어야만 공부에 몰두할 수 있는 조건이 갖추어질 것이다. 성리학에 대한 학문적 이해까지는 아니더라도 최소한의 성리학적 생활양식을 꾸려나가기 위해서도 경제 조건은 필수다. 더구나 당시에는 양반 신분이 아니면서 굳이 성리학적 생활양식을 실천하려는 사람은 없었을 것이다.

성리학과 성리학적 인간

성리학이란 중국 송宋 때 확립된 새로운 유학이다. 남송의 주희朱熹가 이 새로운 유학을 집대성했기 때문에 주자학朱子學이라고도 한다. 성리학의 가장 큰 특징은 이기론理氣論이라는 형이상학으로 인간과 사회, 자연을 총체적으로 설명하려 했다는 점이다. 이와 기는 형이상학적 본체이며, 인간을 포함한 만물의 존재와 운동이 바로 이 본체들의 규정을 받는다. 이러한 법칙에는 인간의 마음 역시 예외가 아니었다.

마음속에서 이理라는 형이상학적 본체는 인의예지신仁義禮智信이라는 도덕적 본성으로 존재하며, 이 도덕적 본성은 모든 인간이 갖추고

안향安珦(1247~1306)
원에서 공자와 주자의 화상畫像과 저술을 들여
옴. 고려 후기 주자 성리학을 본격적으로 소개.

이제현李齊賢(1287~1367)
고려에서 성리학의 기초를 확립하는 데 공헌.

이색李穡(1328~1396)
주자의 성리학을 중심으로 국학 교육 내용을
일신하는 등 성균관 중흥에 이바지.

정몽주鄭夢周(1337~1392)
가묘 설치와 3년상을 주장하는 등 주자 《가례》
의 보급과 실천에 힘씀.

晦菴先生遺像

성리학의 중심, 주자 《회헌실기晦軒實記》에 실린 주자의 초상. 성리학은 송 때 성립해 12세기 주희(주자)가 집대성한 새로운 유학으로, '주자학' 혹은 '정주학程朱學'이라고도 한다. 공자·맹자의 가르침을 따라 인의예지를 실천하는 도덕적인 삶을 통해 도덕적인 사회를 이룩할 수 있다고 주장하는 것은 기존의 유학과 다르지 않다. 그러나 왜 도덕에 따라 살아야 하는지, 과연 도덕에 따라 살 수 있는지를 형이상학적으로 밝힌 점에서 새로운 유학이었다.

우리나라에서는 고려 후기에 원에서 들어와 당시의 유학자들에게 새로운 학풍을 일으켰다. 이색·정몽주 등은 당시 불교의 폐단을 지적하고 유교를 숭상할 것을 주장했다. 성리학은 16세기 이후 학문적으로 전성기를 맞이해 이언적은 태극의 이를 밝혔고 서경덕은 태허의 기를 밝혔다. 이황과 이이는 한국 성리학의 쌍벽으로 이들은 각각 기대승·성혼과 함께 사단칠정에 관한 논쟁을 전개하기도 했다.

있다. 따라서 인간이라면 누구나 착한 사람이 될 수 있다. 그러나 마음을 이루는 또 하나의 본체인 기氣의 작용으로 그 도덕적 본성을 제대로 실현하지 못하고 악한 행동을 하게 되기도 한다. 기는 사람의 욕심에 이끌리기 쉬운 성질을 갖고 있기 때문이다. 성리학에서 강조하는 '존천리거인욕存天理去人欲'은 마음속에 갖추어진 천리天理, 즉 도덕적 본성을 잃지 않도록 노력하고 마음 바깥의 사물에 이끌리는 욕심을 버리도록 노력하라는 의미로서, 곧 성리학에서 말하는 '수신修身'의 가장 중요한 내용이었다. 성리학적 인간이란 바로 이러한 수신에 힘쓰는 사람을 가리킨다.

마음속에 갖추어진 도덕적 본성을 실현하는 내용 가운데는 오륜五倫이라는 윤리도덕의 실천이 가장 중요했다. 유교적 윤리도덕을 제대로 실천하는 사람이 이상적인 성리학적 인간, 즉 군자가 되는 것이다. 모든 사람이 오륜을 실천하면 가정은 물론이고 나라와 천하의 질서가 바로잡힌다. 그 오륜 가운데 가장 기본은 역시 부모에 대한 효도였다. 효孝라는 규범은 원래부터 유교의 가장 근본적인 윤리도덕이며 성리학에서도 마찬가지였다.

유교에서 말하는 효는 자식이 부모에게 효도해야 한다는 일반적인 내용만을 담고 있는 것이 결코 아니었다. '부모에 대한 효를 임금에게 옮기면 그것이 곧 충忠'이라는 말은 효라는 윤리도덕 규범이 가지는 정치·사회적 의미를 바로 보여준다. 유교에서는 모든 인간이 효자가 되었을 때 가정의 질서뿐만 아니라 신분제적 사회질서와 관료제적 정치질서 모두가 안정될 수 있다고 본다. 그래서 효라는 규범을 강조한 것이다. 따라서 성리학적 인간의 필수 조건 가운데 하나가 효자였다.

효자에게 요구되는 구체적인 행동규범은 여러 가지지만 그 가운데서도 성리학에서는 유교적 상제례喪祭禮의 실천을 특히 강조했다.

　성리학적 인간은 부모에게 효도해야 할 뿐만 아니라 모든 인간관계에서 오륜을 실천해야 한다. 혈연, 지연, 학연으로 맺어진 인간들 사이의 관계뿐만이 아니라 정치적인 군신관계 역시 윤리도덕적인 것으로 생각했다. 그래서 오륜이라는 윤리도덕을 제대로 실천한다면 모든 인간관계가 아무런 문제 없이 유지될 수 있다고 보았다. 심지어 노비가 주인에게 복종하고 '상놈[常漢]'이 양반을 존경하며, 농민이 지주에게 순종하는 것 역시 오륜을 실천하는 것으로 여겼다. 자식이 부모에게 효도하고, 신하가 군주에게 충성하는 것과 마찬가지다. 성리학적 인간과 양반 지주가 같은 사람을 가리키는 서로 다른 호칭일 수 있는 까닭이다.

　이 양반 지주 출신의 성리학적 인간들이 조선을 온전히 지배하기 시작한 시기는 16세기 무렵이다. 그들은 개인의 일상생활에서부터 마을과 고을의 풍습, 그리고 나라를 다스리는 것까지 모두를 성리학의 이념에 따르도록 했다. 지주제와 신분제를 포함한 사회·경제적인 질서 유지 역시 성리학에 의존했다. 학문과 예술을 비롯한 문화의 영역에서도 성리학이 지배적인 위치를 차지했다. 조선왕조는 성리학적 인간이 지배하는 성리학적 나라가 되어가고 있었다.

1346(고려 충목왕 2)
권부와 그의 아들 권준이 효행에 관한 기록을 모아 엮은 《효행록》 간행.

1431(세종 13)
삼강의 덕목을 실천하기 위한 《삼강행실도》 편찬.

1762(영조 38)
박성원이 《효경》과 《서명》을 비롯하여 경사와 여러 가지 문헌에서 효와 관련된 각종 교훈과 고사를 정리한 《돈효록》 간행.

① 저잣거리에 나가 행상을 하고 쌀을 짊어지고 와 공양하다[販市負米].

② 부친이 돼지고기를 즐기셨으므로 식사 때마다 반드시 준비하다[常進猪肉].

③ 부친이 병이 들자 대변 맛을 보며 증세를 관찰하고 하늘에 자신으로 대신해줄 것을 빌다[嘗糞禱天].

④ 부친이 위태로운 상황에 처하자 손가락을 깨물어 피를 물려드리다[斫指灌血].

⑤ (악천후로) 기일에 맞추기 어렵게 되자 도깨비불이 나와 길을 인도하다[鬼火前導].

효, 성리학의 근본　평강平康 채씨蔡氏 채홍념蔡弘念의 효행을 담은 《채씨효행도》 삽화(허련, 1869). 성리학의 사회윤리는 충, 효, 열로 요약할 수 있는데, 조선에서는 효를 인간 윤리의 기본으로 강조했다. 효는 조선 사람들의 일상에서 효친孝親의 도리로 항상 존재했고 상황에 따라 '충'도 되었다. 조선의 역대 왕들도 효를 근간으로 한 삼강오륜의 보급에 많은 관심과 노력을 기울였다. 세종대의 《삼강행실도》, 정조대의 《오륜행실도》 등의 간행은 효가 사회의 근본적인 관념으로 인식되고 있었음을 보여준다. 또한 조선시대는 효를 정치의 근본이며 교육의 방침으로 정하였다. 이에 《효경》, 《소학》 등의 윤리서와 이이의 《격몽요결》과 같은 책을 통해 효를 이상으로 하는 교육원리를 제시했다. 이처럼 효는 조선시대의 지배적인 윤리규범으로 뿌리를 내렸고 가정과 사회, 국가를 지탱하는 근본이념으로 중요시되었다.

성리학을 위한 텍스트

효자 박성, 《주자가례》를 실천하다

부유한 양반 집안에서 태어난 박성은 어릴 때부터 유교문화를 접하면서 자랐다. 아버지 사눌은 33세에 모친상을 당했는데, 지나치게 슬퍼하다 병이 들어 일찍 죽었다. 이때 박성의 나이가 아홉 살이었다. 그의 어머니 역시 효성이 깊었으며, 과부가 되자 남편의 상복을 9년간 입으니 사람들이 그 정렬貞烈에 탄복했다고 한다. 이런 가정에서 자라면서 박성은 자연히 효孝와 열烈이라는 유교의 기본 가치를 몸으로 느끼고 또 배웠을 것이다. 그래서 박성은 아홉 살의 어린 나이에도 아버지의 상을 잘 치러내어 사람들을 감동시킬 수 있었다.

한 사람이 어떤 인간으로 자라나는지는 어떤 집안에서 무엇을 보고 들었는지에 따라 크게 영향을 받는다. 따라서 한 사람을 성리학적 인간으로 만드는 데는 그 사람의 가정환경이 결정적인 역할을 한다. 16세기 대표적 성리학자인 이이李珥에게는 다음과 같은 일화가 있다.

> 5세에 신申 부인의 병이 위독해 온 집안이 어쩔 줄을 모르고 있었는데, 선생은 몰래 외할아버지의 사당祠堂에 들어가 기도하고 있었다. 그의 이모가 마침 지나가다 보고 경탄하며 달래어 안고 돌아왔다.•

출처: 《율곡전서栗谷全書》 권 35, 〈행장行狀〉.

이 글을 쓴 이는 이이가 어버이에게 효도하는 것이 그의 타고난 천성이었다고 설명했다. 하지만 그가 사당에 들어가 기도한 것은 천성이 아니라 문화의 영향이다. 16세기 후반에는 거의 모든 사대부의 집안에 가묘家廟가 설치되어 유교식 제례가 행해졌을 뿐만 아니라 일상생활에서도 가묘가 그 중심에 자리 잡고 있었다. 따라서 다섯 살이 된 어린 아이조차 가묘의 종교적 의미를 느끼고 있었고, 이에 그곳에서 어머니의 병이 낫기를 기원했던 것이다. 박성이 아홉 살의 나이에 부친상을 예법에 맞게 치른 효자가 될 수 있었던 것도 그의 집안에 자리 잡았던 유교적 생활양식의 영향으로 보아야 할 것이다.

조선시대에 한 인간을 성리학적 인간, 특히 성리학적인 효자로 만드는 데 결정적인 역할을 한 것이 《주자가례朱子家禮》의 보급과 실천이었다. 고려 말기 성리학 도입 이후 사람들의 삶에 생긴 가장 큰 변화는 상제례의 변화였다. 유학자들은 불교를 이단으로 배척하면서 불교식 상제례를 비난했고, 대신에 《주자가례》에 따라 가묘를 설립하고 유교적 상제례를 시행할 것을 강조했다. 그러나 오래된 예속은 쉽게 바뀌지 않았다. 왕조가 바뀐 지 한 세기가 지난 뒤에도 여전히 불교식 상제례를 행하는 관료들이 적지 않았다.

국가는 이러한 상황을 개선하기 위해 가묘를 설립하지 않는 사대부들은 처벌하고 유교적 상제례를 실천하는 사람은 포상하며, 향교에서 《주자가례》를 가르치고 과거에 응시하기 위한 자격 요건으로 그에 대한 일정한 지식을 요구하기도 했다. 한편에서는 《주자가례》의 실천을 가정의 전통으로 확립하려는 노력을 기울이는 사대부들도 있었다. 그들은 가훈家訓의 형식으로 유교적 상제례의 실천을 강조하거나, 자신이 죽을 때 자식들에게도 유교식 상제례에 따를 것을 당부하기도 했다.

이러한 국가의 노력과 사대부들의 실천이 서서히 성과를 거두어가면서 유교식 상제례는 점차 조선 사회에 정착하게 된다. 박성이 가묘를 새로 경영하게 된 것도 바로 이러한 분위기 속에서였다. 그의 집안에 언제부터 가묘가 만들어지고 유교식 상제례가 행해졌는지는 확실하지 않다. 아마 가묘가 있었더라도 예제禮祭를 그대로 따른 것은 아니었을 수도 있다. 그러나 박성은 가묘를 새로 경영하고 제기祭器를 마련해서 한결같이 고례古禮의 의식에 따랐다고 한다. 그가 따른 고례는 《주자가례》 이외의 다른 것이 아니다.

사대부 집안에 사당이 세워지고 《주자가례》에 따른 유교적 상제례가 정착되었을 때 그 집안의 아이들은 어릴 때부터 자연스럽게 성리학적인 효에 접근할 수 있었다. 성리학에서 상제례는 효를 실천하는 구체적인 행위 가운데 가장 중요한 것이기 때문이다. 문집에 실린 〈묘비명墓碑銘〉에는 다음과 같은 내용이 있다.

천성이 지극히 효성스러워 어머니를 섬긴 20년 동안에 낯빛을 보고 마음을 살펴서 봉양하기를 지극히 하고 첫닭이 울 때에 반드시 잠자리를 보살폈다. 어머니께서 돌아가시자 여러 날 음식을 전혀 입에 넣지 않았고, 소상小祥 때 비로소 보리밥을 먹었으며 3년 동안 이밥을 먹거나 육장을 먹은 적이 없었다. 상사喪事는 한결같이 의례대로 치렀으며 여막廬幕에서 슬피 우는 것이 지나쳐 뼈만 남을 정도였다. 평소에는 새벽에 가묘에서 배알拜謁하고 봄·가을 제사에는 병이 났더라도 친히 임했는데, 흘쩍이며 두려워하는 것이 마치 조상이 흠향歆饗하는 것을 보는 것 같았고, 제사가 끝나면 몹시 슬퍼했다.

위의 글에서 보듯이 효의 실천은 여러 가지 모습으로 나타나지만 대표적인 것이 바로 상제례였으며, 특히 매년 이루어지는 제례를 가장 중요하게 여겼다. 따라서 '봉제사奉祭祀'는 조선시대 성리학적 인간의 생활양식 가운데 가장 중시되었다.

그런데 박성의 경우 이 봉제사에 문제가 생겼다. 제사를 계승할 아들이 일찍 죽었기 때문이다. 이럴 때 제사를 계승하기 위해 양자를 들이는 것이 효자로서의 의무였고, 박성 역시 먼 친척 조카인 민수를 양자로 들여 조상의 제사를 받들도록 했다. 더구나 그 양자의 관례冠禮까지 치렀다. 《주자가례》에는 유교적 상례와 제례뿐만 아니라 관례도 실려 있지만 당시에 이 관례를 시행하는 사대부는 거의 없는 형편이었다. 이미 딸이 있음에도 다시 양자를 들이는 것도 일반화되지 않았던 시기였다. 박성은 그만큼 유교적 가례 실천에 적극적이었다. 그의 가르침을 받고 자란 민수 또한 부모에게 효도하기 위해 노력했으며, 박성이 죽은 후에는 아버지의 벗들을 찾아다니며 행장과 묘갈명을 받아 선친의 뜻을 남기고자 노력했다.

《소학》을 배우고 익히다

유교적 생활양식이 자리 잡은 집안에서 가장 중요하게 여기는 것은 자녀의 교육이다. 특히 아들에 대한 교육은 집안의 흥망과 관련된 것으로 생각했다. 박성의 집안도 마찬가지였다. 그는 5세에 책을 읽을 정도로 총명해 부모의 기대를 한몸에 받았다. 그러나 아홉 살에 아버지를 여의었고, 이에 어머니는 "아버지가 살아 계실 때에는 네가 기이한 재주가 있다고 말씀하셨는데 지금은 모두 끝장이다"라고 걱정했다. 조선시대에 어린이들에게 한자를 알려주고, 한문의 구두句讀를 깨치게 하며, 어느 정도까지의 학문적 소양을 갖추도록 가르치는 것은 부형父兄의 역할이었다. 따라서 집안에 그런 부형이 없을 때는 교육에 큰 문제가 생겼다. 박성의 어머니가 걱정한 이유도 바로 이 때문이었다. 그러나 박성은 여기서 포기하지 않고 스승을 찾아갔다.

박성이 처음 가르침을 받은 스승은 곽간郭赶이라는 사람이었다. 그는 박성과 같은 마을에 살았던 것으로 보이는데, 박성은 곽간을 좇아 배우면서 유교경전을 이해하고 시문을 지을 수 있는 능력을 갖추었을 것이고, 이를 바탕으로 과거공부에 힘을 쏟았던 것 같다. 그 결과 그는 19세 되던 해(1568, 선조 원년) 생원시에 합격할 수 있었다.

과거공부에 열심이던 그는 배신裵紳에게 《대학大學》을 배우면서부터 새로운 학문 세계를 접한다. 배신은 박성과 마찬가지로 현풍 출신으로, 조식曹植과 이황李滉 두 선생에게 모두 배운 선비였다. 기록에 따르면 박성은 배신에게 '위기지훈爲己之訓'을 들었다고 했다.

16세기 무렵의 성리학자들은 공부를 '위인지학爲人之學'과 '위기지학爲己之學'으로 나누었다. 전자는 남의 이목을 생각해서 하는 학문을, 후자는 자신의 인격을 수양하기 위해 하는 학문을 가리킨다. 《퇴계선생언행록退溪先生言行錄》 가운데 〈교인敎人〉이라는 항목에 나오는 이황의 설명을 들어보면 이 두 가지 공부의 차이는 다음과 같다.

'위기지학'은 도리道理를 우리 인간이 당연히 알아야 할 것으로 삼고, 덕행

德行을 우리 인간이 당연히 실천해야 할 것으로 여긴다. 이는 가까운 데서부터 공부를 시작해 마음으로 터득하고 몸으로 실천하기를 기약하는 것이다. 그러나 '위인지학'은 마음으로 터득하는 일이나 몸으로 실천하는 일에는 힘쓰지 않고, 거짓으로 꾸며서 남들의 평판에만 관심을 두어 명성이나 칭찬을 구한다. 이런 것은 남의 이목을 생각하여 하는 공부이다.

위의 글에서 두 가지 공부의 가장 큰 차이는 인간의 도리와 덕행을 마음으로 터득하고 몸으로 실천하는지에 달렸다고 했다. '위인지학'은 경전을 외우고 시문을 짓는 일에 힘써 과거와 녹리祿利를 꾀하는 공부이기 때문에 인간의 도리를 터득하고 덕행을 실천하는 일과는 거리가 멀다는 것이다. 여기서 말하는 도리와 덕행이란 곧 성리학의 윤리도덕과 행동규범을 말하는 것으로, 성리학적 실천윤리를 깨닫고 실행에 옮기는 공부가 곧 '위기지학'이었다. 흔히 이 '위기지학'을 가리켜 도학道學이라 했고, 이러한 공부를 하는 사람을 가리켜 도학자라고 했다. 그리고 이 도학자가 다름 아닌 성리학적 인간을 대표하는 사람이다.

《소학》은 이러한 성리학적 윤리도덕과 행동규범을 집대성한 서적으로 조선시대에 성리학적 인간을 형성하는 데 《주자가례》와 함께 가장 중요한 역할을 했다. 이 책은 마당에 물 뿌리고 비질하는 행동부터 시작해서 어른의 부름에 대답하고 나아가는 태도 등의 기본적인 예절, 어버이를 사랑하고 어른을 공경하며 스승을 존대하고 벗과 사귀는 도리, 마음을 단속하고 덕성을 기르는 방법 등을 가르친다.

우리나라에 《소학》이 도입된 것은 고려 말이었으며, 조선왕조에서는 이를 관학교육에서 필수 교과로 삼았다. 관학교육은 이 책을 사서삼경의 공부로 나아가기 전에 반드시 익혀야 할 것으로 규정했고, 과거에 응시하고자 하는 사람은 《소학》의 이해 여부를 먼저 검증받아야 했다. 이를 위해 이 책을 널리 보급해 향교에서 반드시 가르치도록 하고, 스승이 후진들을 가르치거나 부형이 자제들을 가르칠 때도 이를 우선하도록 권장했다.

불론 국가의 이러한 《소학》 보급 노력이 바로 성리학적 인간 형성이라는 결과를 가져오는 것은 아니었다. 관학교육에서 이를 필수 교과로 삼았지만 관학교육의 특성상 과거 준비를 위한 교육이라는 틀을 벗어나지는 못했다. 따라서 《소학》 교육 역시 과거에 필요한 범위 이상을 벗어나지 못하는 한계를 보이기도 했다. 이 책을 외우고 이해해 과거에 대비하는 것과 일상생활에서 이 책을 따라 성리학적 실천윤리를 실천하는 것은 전혀 차원이 다른 일이었다. 그러나 국가는 《소학》 교육에 끊임없이 관심을 기울였고, 그 결과 스스로 《소학》 교육과 실천에 앞장서는 사람들이 나타나기 시작했다. 이들이 바로 성리학적 인간이었다.

조선시대에 《소학》의 실천과 교육에서 가장 모범적인 인물로 꼽히는 이가 바로 김굉필金宏弼이었다. 그의 벗인 남효온南孝溫의 《사우명행록師友名行錄》에는 그의 생애에 관한 다음과 같은 기록이 보인다.

처음에 김종직金宗直에게 가르침을 청하니 김종직은 바로 《소학》을 가르치면서 "진실로 학문에 뜻을 둔다면 이 책에서부터 출발해야 한다"고 했다. 공은 명심해 게으르지 아니했으니 특출한 행실이 비할 데 없었다. 평상시에도 반드시 갓을 쓰고 띠를 매고 있었으며 밤중이 되어서야 잠을 자고 닭이 울면 일어났다. 사람들이 혹시 나라의 일을 물으면 반드시, "《소학》을 읽는 동자가 어찌 알리요" 했다. 일찍이 시를 지었는데, "글을 업으로 삼아도 오히려 천기를 알지 못했더니, 《소학》 책 속에서 그전의 잘못을 깨달았네"라고 했다.

도학자로서의 김굉필을 단적으로 표현한 말이 곧 '소학동자小學童子' 였다. 그것은 그가 그만큼 《소학》에 실려 있는 성리학의 윤리도덕과 행동규범을 철저하게 실천했음을 의미한다. 후일 박성도 그에게 배우기를 청하는 사람이 있으면 반드시 《소학》을 읽도록 권하면서 "성현을 배우고자 한다면 이 책만 한 것이 없다. 한훤당寒暄堂(김굉필의 호)의 학문도 여기서 나오지 않았는가!"라고 언급했다.

박성은 제자들에게 《소학》의 중요성을 강조했을 뿐 아니라 일상생활에서 그 내용을 실천하기 위해 스스로 노력했다. 그중에서도 유교적 상제례의 시행은 《주자가례》의 실천일 뿐만 아니라 《소학》의 실천을 대표하는 것이다. 그 외에도 박성의 일상생활에 대해서는 그의 행장에 다음과 같은 기록이 있다.

누이들을 시집보낼 적에 화목하고 사랑하는 정을 다했으며, 서모庶母와 서제庶弟 또한 어루만지고 편안히 지낼 수 있도록 했다. 집에 거처할 때는 내외의 자리를 바르게 하고 남녀의 구별을 엄격하게 해, 전란에 떠돌아다닐 때도 토실土室을 달리해 나누어 거처했다. 친척이 비록 소원하고 천하더라도 은혜와 예를 다했으며, 고을 사람들을 대할 때 공손하고 삼가기를 극진

1단계
《천자문》

2단계
《십팔사략》《통감절요》

3단계
《소학》《대학》《중용》《논어》《맹자》《시전》《서전》《역경》《예기》《근사록》《가례》《심경》《자치통감》《주자대전》《성리대전》

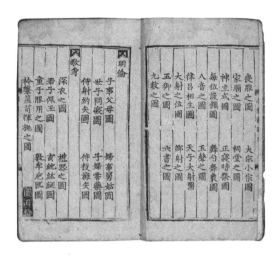

아동용 유학수신서　《소학》이란 송 주희가 어린이들에게 유교의 기본 내용을 가르치기 위해 편찬한 책이다. 이 책이 우리나라에 들어온 연대는 분명치 않으나, 저자인 주자가 남송 사람으로서 고려의 중·말기에 해당하고, 고려 말기에 주자학이 대두된 것으로 미루어 고려 말기인 것으로 짐작된다.

조선시대 아동용 교재로 알려진 《소학》이 기본 윤리서로서 수용, 보급된 것은 이 책을 통해 민간에까지 유교윤리를 널리 보급시켜 유교적 사회질서를 확립하려는 데 그 목적이 있었다. 그리하여 《소학》은 조선 사람이면 누구나 반드시 익혀야 할 윤리서로 널리 교육되었다.

《소학》의 구성은 내편과 외편으로 되어 있는데, 내편은 다시 입교, 명륜, 경신, 계고, 외편은 가언, 선행으로 되어 있다. 입교에서는 태교에서부터 시작해 가정교육 방법을, 명륜에서는 부자, 군신, 부부, 장유, 붕우 등 오륜의 도리를, 경신에서는 마음가짐, 몸가짐에서부터 외복의 제도, 음식 예절 등을 밝혔으며, 계고에서는 한나라 이전 고대 중국의 성현들의 고사를 인용해 위의 여러 편의 가르침을 실증했다. 가언과 선행은 한대 이후 송대에 이르는 사이에 있었던 어진 사람들의 교훈이 되는 말과 행실을 수록한 것이다. 《소학》에서 삼대강령(입교·명륜·경신) 중 명륜이 가장 많은 부분을 차지하고 있는데, 이것은 유교윤리의 핵심인 삼강오륜의 인륜을 중시한 것이다.

세자의 입학식   1817년(순조 17)에 순조의 맏아들 효명 세자의 성균관 입학례를 기록한《왕세자입학도첩》중〈입학도〉. 세자는《소학》
과《주자가례》를 배울 수 있는 나이가 되면 성균관 대성전을 참배하고 명륜당에서 입학례를 치렀다.

조선의 역대 왕들은《소학》의 교육과 진흥을 위한 여러 정책을 마련해 실시했다. 세종은 종학宗學에 입학한 종친에게《소학》을 가르
치게 하고 회강시 통과여부에 따라 상벌이 주어졌다. 또한 문종이 8세가 되던 해 세종은 옛 제도에 따라 입학례를 거행하면서 세자로
하여금〈소학제사小學題辭〉를 읽게 했다. 숙종(1694)은 자신이 친히 지은 서문을 붙여《소학제가집주小學諸家集註》를 간행했다. 이를 통
해 조선시대에는 사대부의 자제는 물론 왕실의 종친이나 세자의 교육에 까지《소학》의 중요성을 인식해 제도에 반영토록 했음을 알
수 있다.

히 했다. 그러나 몸가짐을 엄숙하게 하고 의논이 준엄했으므로 나쁜 자들은 두려워하고 피했다.

이처럼 행장에 나온 박성의 삶은 그가 《소학》을 실천하는 모습, 즉 성리학적 인간으로 살아간 모습을 잘 보여준다.

성리학적인 삶

여러 벗들과 사귀다

박성은 배신에게 배우면서 비로소 '위인지학'인 과거공부 외에 또 다른 학문의 세계가 있음을 알게 되었다. 그러나 그는 여전히 과거를 위해 제가諸家의 글을 섭렵하고 과거에 필요한 글을 짓는 데 몰두하고 있었다. 그러던 그가 마침내 과거공부를 포기하기에 이른 것은 생원시에 합격한 지 10여 년이 지난 뒤였다. 그를 온전히 '위기지학', 즉 성리학적 학문세계로 이끈 사람은 다름아닌 정구鄭逑였다. 그는 경상도 성주星州 출신의 선비로, 배신과 마찬가지로 조식과 이황의 양문하를 드나들었던 인물이다.

박성은 정구가 '올바른 학문'에 종사한다는 말을 듣고는 그와 더불어 학문을 강론해 크게 깨우쳤다고 한다. 이 '올바른 학문'이 다름 아닌 '위기지학'이며 도학으로서의 성리학임은 말할 것도 없다. 정구와

정구(1543~1620)
어려서부터 신동이라 불렸으며, 7세 때 《논어》와 《대학》을 배워 대의를 이해했다. 12세 때 그의 종이모부이며 조식의 고제자였던 오건吳健이 성주향교의 교수로 부임하자 그 문하생이 되어 《주역》 등을 배웠다. 1563년(명종 18)에 이황·조식에게서 성리학을 배웠다. 그 이듬해 상경하여 과거 시험장까지 갔다가 시험에 응하지 않고 귀향했고, 그 뒤로는 과거를 단념하고 구도의 일념으로 학문에만 열중했다. 1580년 창녕현감을 시초로 그 이듬해에 사헌부지평, 1582년에 군자감판관에 제수되었으나 신병을 이유로 사임하고, 1584년 동복현감에 이어, 1585년에 교정청의 교정랑이 되어 《경서훈해經書訓解》, 《소학언해》, 《사서언해》 등의 교정에 참여했다. 1613년 계축옥사 때 영창대군을 구하려 했으며, 1617년 폐모론 때에도 인목대비를 서인으로 쫓아내지 말 것을 주장했다. 이를 계기로 만년에 정치적으로 남인으로 처신하지만 서경덕·조식 문인들과 관계를 끊지 않았기 때문에 사상적으로는 영남 남인과 다른 요소들이 많았으며, 뒤에 근기남인 실학파에 영향을 주었다.

사귄 다음에 그는 과거공부가 사람의 마음을 파괴한다는 것을 절실히 깨닫고 다시 과거에 응시하지 않았다. 그때부터 그는 오로지 '위기지학'에만 힘을 쏟았던 것이다.

정구는 박성을 가리켜 '도의교道義交'라고 일컬었다. 이처럼 도의로써 사귀는 인간관계를 일반적으로는 '사우지교師友之交'라고 한다. 성리학적 인간 형성에 교육 못지않게 중요한 역할을 한 것이 바로 이 '사우지교'였다.

박성을 성리학적 인간으로 만드는 데 결정적인 역할을 한 것은 정구와의 사귐이었지만, 그의 '사우지교'가 정구 한 사람에만 그치지는 않았다. 조목趙穆, 최영경崔永慶, 정인홍鄭仁弘, 김우옹金宇顒, 김면金沔, 조호익曹好益, 장현광張顯光, 이후경李厚慶 등 당시 영남의 뛰어난 선비들이 그와 도의로써 절차탁마하는 선배였고 벗이었으며 후배였다.

조선시대 양반 선비들의 일상생활에서 '봉제사'에 버금가는 중요성을 갖는 존재는 바로 '접빈객接賓客'이었다. '접빈객'은 좁게는 집에 찾아오는 손님들을 접대한다는 의미지만 넓게 본다면 선비들의 일상적인 교유 전체를 의미한다. 그들이 서로 사귀면서 왕래하는 대상은 무척 다양했다. 친인척과 같이 혈연이나 혼인으로 맺어진 사람들은 물론이고 같은 고을의 선비들이나 관속 등 지연적인 관계를 맺고 있는 사람들도 있었다. 소과나 대과에 같이 합격한 인물들이나 관청에서 함께 근무했던 동료도 중요한 교유 대상이었다. 그런 다양한 교유관계 가운데 특히 중요한 의미가 있는 만남은 다름 아닌 스승이나 벗들과의 교유였다.

사우들과의 교유는 직접 서로의 집을 찾아가거나 특정 장소에서 만나기도 하지만 일상적으로는 주로 편지글을 통해 이루어졌다. 당시 선비들의 교유, 특히 학문적 논의에 가장 중요한 수단은 편지를 주고받는 것이었다. 박성은 후배인 이후경에게 보낸 편지에서, 학문의 진전은 말을 많이 하는 데 있는 것이 아니라 다만 묵묵히 공부를 더해 몸과 마음으로 체험하는 것이라는 이후경의 말을 듣고 학문의 진전이 무엇을 의미하는지 알 수 있었다고 했다. 또 학문을 하는 데 기질을 변화시키는 것이 무척 어렵다고 지적하고 만일 기질을 변화시키지 못한다면 배운다고 말할 수 없다고 했다. 그들의 교류가 어떠한 형태였으며, 그들이 지향하는 학문이 어떤 것이었는지를 쉽게 알 수 있는 글이다.

사우들과의 교유, 즉 함께 성리학적 윤리도덕과 행동규범을 실천하려 했던 선비들의 사귐을 통해 조선 사회에서 성리학적 인간의 형성은 점차 가속화되기 시작했다. 박성도 그러한 교유의 한가운데서 정구와의 만남을 통해, 그리고 다른 사우들과의 만남을 통해 온전한 성리학적 인간이 되어갔던 것이다.

출처의리를 실천하다

조선시대 선비들이 성리학적 인간으로 자라나는 과정에서 한 번쯤 겪게 되는 갈등이 있었다. 다름 아닌 과거 응시를 둘러싼 갈등이었다. 15세기까지 사대부들은 과거제도의 긍정적인 측면만을 강조했다. 그들에게 과거를 통해 벼슬에 나아가는 것은 더없이 영예로운 일이었다. 그러나 16세기에 접어들면서 사대부들의 과거에 대한 태도가 점차 달라졌다. 그들은 과거 자체를 부정하지는 않았으나 과거를 무조건 긍정하지도 않았다. 이 시기 선비들의 이러한 이중적 태도를 잘 보여주는 자료로 이황과 이이의 다음과 같은 글을 들 수 있다. 우선 이이는 과거를 부정적으로 평가하는 이유를 성혼成渾에게 보내는 편지에서 다음과 같이 말했다.

> 과거는 비록 근세에서 일반적으로 마땅히 행할 도의라고 하지만, 그 행위는 구슬을 자랑해 파는 것과 비슷하니, 이로 말미암아 그 도를 행하고자 한다면 아마 불가능할 것입니다.…… 반드시 임금이 공경을 다하고 예를 다하면 그제야 마음을 고쳐 한 번 나아가서 온 천하를 잘 살게 하며 공을 이 백성에게 펼 것인데, 어찌 재주를 팔고 재능을 겨루어 성공과 실패를 한 사람 시관試官의 눈으로 결정지어서 성현의 출처를 바랄 수 있겠습니까?*

출처: 《율곡전서栗谷全書》 권9,
〈답성활원答成活原〉.

위의 글은 과거를 통해 벼슬에 나아가서는 결코 도를 행할 수 없어서 과거시험 준비에 매진하는 것이 바람직한 길이 아니라는 점을 명확히 하고 있다. 과거를 통해 벼슬에 나서는 것은 의리를 잊고 녹봉만을 따르는 행위이며, 벼슬에 빠져 물러날 줄 모르는 사람이 되는 길이라고 본 것이다. 그러나 이이 자신도 과거를 통해 벼슬에 나아갔듯이, 조선시대 선비들은 과거를 결코 부정할 수만은 없었다. 이황은 제자인 금난수琴蘭秀에게 보낸 편지글에서 그 이유를 다음과 같이 설명했다.

> 우리나라의 풍속이 초야에 이름 없는 사람은 가끔 자기 몸 하나로 부지할 수 없는 우려가 있습니다. 더구나 어버이의 마음이 자제에게 바라는 것이

958(고려 광종 9)
과거시험 첫 실시.

1084(선종 1)
삼년일시三年一試(식년시) 제도 도입.

1393(태조 2)
성균관에서 조선 최초 생원시 실시.

양반관료의 등용문   〈평생도〉10폭 병풍 중 과거시험장 풍경을 그린 〈소과응시小科應試〉(작자 미상, 19세기)와 1795년 정조가 화성행궁 낙남
헌에서 과거시험 합격하는 장면을 담은 〈낙남헌방방도洛南軒放榜圖〉. 시험을 통해 관리를 선발하는 등용문인 과거제도는 고려시대부터 시행
되었으나 조선시대에 정비되었다. 과거에는 문과·무과·잡과가 있었지만, 고려와 조선시대에는 문관들이 주도하는 문치주의 시대였으므로
문과가 가장 중시되었다. 과거시험은 모두 3차에 걸쳐 치러지는데, 1차 시험인 초시는 지방에서 치르는 향시라 한다. 이 향시에 합격하며 서

1398(태조 7)	1406(태종 6)	1894(고종 31)
성균관에 명륜당 건립.	각 도의 향교와 생도 수를 규정함.	갑오경장으로 성균관을 근대적 교육기관으로 개편, 과거제도 폐지.

올로 올라와 2차 시험인 복시를 치르고 복시에 합격하면 마지막으로 국왕 앞에서 전시를 치른다. 전시에서는 불합격 없이 갑과(3명)·을과(7명)·병과(23명)로 등급을 정했다. 갑과 중 1등을 장원이라 했으며, 이들 33명은 등급에 따라 종6품에서 정9품까지 품계를 받았다. 현직 관리로서 과거에 합격한 자는 1~4품까지 품계를 더해 받았는데 과거는 현직 관료에게도 매우 중요했다. 현직 관료도 과거에 합격해야 고급 관료로 승진할 수 있었기 때문이다. 이는 조선 양반관료제의 중요한 특성이었다.

오로지 입신양명立身揚名하는 데 있으니 말세에 과거를 보는 일을 어찌 폐지할 수가 있겠습니까. 그래서 정주程朱의 문하에서도 과거에 응시하지 않은 사람이 적었고 스승도 금하거나 말리지 않았던 것입니다. 이러한 뜻도 깊이 생각해서 과거공부도 겸해야 합니다.●

출처: 《퇴계집退溪集》 권36, 〈답금문원答琴開遠〉.

위의 글에서 이황은 양반 신분을 유지하고 부모에게 효도하기 위해서는 어쩔 수 없이 과거에 응시해야 한다고 밝혔다. 따라서 '위기지학'을 하면서 과거공부도 겸해야 한다고 보았다.

과거에 대한 이중적인 시각은 16세기 선비들에게 일반적이었고, 박성 역시 마찬가지였다. 그는 생원시에 합격하고 성균관에서 유학하며 과거공부에 몰두하던 중 29세에 모친상을 당했고, 그 상을 벗은 뒤에는 다시 과거에 응시하지 않았다. 그때 30세를 갓 넘었으니, 과거공부를 계속하기에 그리 늦은 나이는 아니었다. 그가 과거를 향한 뜻을 접은 것은 아마 이때 정구를 만나 '올바른 학문'을 접하면서 과거공부가 사람의 마음을 파괴한다고 느끼기 시작했기 때문일 것이다. 부모님이 살아계셨다면 자신의 뜻대로 과거공부를 그만둘 수는 없었겠지만 상을 치른 이후에도 부모에게 효도하기 위해 과거 준비를 계속해야 할 의무는 없었고, 일찍이 생원시에 합격한 것만으로도 양반 신분을 유지하기에는 충분했기에 그는 미련 없이 과거공부를 그만둘 수 있었던 것이다.

과거에 응시하지 않았다고 해서 박성이 벼슬길을 완전히 포기한 것은 아니었다. 성리학적 인간에게는 올바른 학문으로 자신의 몸을 닦는 '수기修己'와 함께 자신이 깨우친 도리로 다른 사람을 이끌어나가는 ‘치인治人’ 역시 중요한 과제였다. 그들이 배운 《대학》에는 유자儒者의 사업으로 ‘자기 몸을 닦고[修身], 집안을 가지런히 하며[齊家], 나라를 다스리고[治國] 천하를 평안하게 하는 것[平天下]’을 들고 있다. 이 ‘치인’을 실현하기 위해서는 벼슬에 나아가야 할 필요가 있었다.

박성은 곽간에게 배우면서 “선비가 세상에 태어났으면 마땅히 하는 사업이 있어야 하니, 어찌 하루하루 날을 보내 초목과 똑같이 썩겠는가” 하고는 더욱 학문에 힘썼다고 한다. 이때 박성이 생각한 사업이 다름 아닌 ‘치인’이었고, 이를 위해 그는 과거공부에 몰두했다.

비록 박성이 과거 준비는 그만두었지만 선비로서 마땅히 안고 가야 할 ‘치인’의 책무까지 포기한 것은 아니었다. 언제든지 그 책무를 다할 기회가 주어진다면 기꺼이 나아가는 것 역시 성리학적 인간의 바른 도리였다. 당시에는 이러한 생각을 하는 사람들이 과거를 통하지 않고도 천거와 같이 벼슬에 나아갈 수 있는 길이 있었고, 이를 통해 ‘치인’을 실현할 수 있었다.

박성 역시 그의 학행이 드러나 34세에 참봉에 천거된 이후 여러 차례 천거가 있었으나 나아가지 않았다. 그러다 42세 되던 해에 사포서司圃署*의 사포司圃(정6품)에 제수되자 벼슬길에 나아갔다. 이때가 1591년(선조 24)으로 임진왜란이 일어나기 한 해 전이었다. 벼슬길에 오른 지 한 달이 지나자 공조좌랑에 임명되었으나 다음 해 봄에 사직하고는 고향으로 돌아왔다. 조정에서는 그를 이산尼山현감에 제수했으나 부임하지 않았다. 44세 되던 해 가을 안음安陰현감에 제수되자 다시 부임해 14개월 동안 벼슬살이를 했다. 그러나 당시 권력을 잡고 있던 사람에게 미움을 산 일이 있어 병을 핑계로 사직했다. 이후 고향

사포서
조선시대 궁중에서 소용되던 채소와 과일의 재배를 관장하던 관청.

으로 돌아가는 길이 왜병들에 의해 막혀 청송靑松의 주왕산 아래로 들어갔다. 그 후에도 계속해서 여러 관직에 제수되었으나 한 번도 출사하지 않았다.

벼슬길에 나섰다가 그만두기를 반복하는 박성의 이러한 처신은 어떤 의미가 있는 것일까? 그 의미를 이해하려면 성리학적 인간이 실천해야 하는 도리 가운데 가장 중요하다고 할 수 있는 출처의리에 대한 이해가 필요하다. 조식은 "사군자士君子의 큰 절개는 오직 출처 한 가지뿐이다"라고 했다. 출처의리에 어긋난 처신을 한다면 그가 아무리 뛰어난 학문적 업적을 남기고 행실을 바르게 했다고 하더라도 사군자로서의 자격을 상실한다는 것이다. 선비가 군자로 처신하기 위해서는 출처의리를 지키는 것이 그만큼 중요하다는 의미이다.

그렇다면 이 출처의리란 무엇인가? 출처란 나아가 벼슬하는 일[出]과 재야에 머무는 것[處]을 뜻하며, 이 출出과 처處의 마땅함을 가리켜 출처의리라고 한다. 선비는 벼슬에 나아가기 전에 자신의 능력이 주어진 직책을 감당할 수 있는지 심각하게 고민해야 한다. 평소 수양과 공부를 통해 덕행과 능력을 갖춘 다음 벼슬에 나아가야 하며, 주어진 직책을 맡을 수 있는 능력이 있는지를 판단해 출처를 결정해야 한다. 그리고 자신이 그러한 능력을 갖추고 있다 하더라도 당시의 군주와 대신이 어떤 자질을 가진 인물인지, 또 어떤 태도를 보이는지 잘 살펴 처신해야 한다. 군주와 대신이 제대로 된 인물이 아니면 애초 벼슬에 나아가지 않아야 하며, 벼슬에 나아갔더라도 즉시 물러나야 한다. 사대부의 이러한 처신이 곧 군신 사이의 의리를 실천하는 것이라고 해서 출처의리라고 일컫는다.

박성이 벼슬에 나아가고 물러나기를 반복했고, 마침내는 아무리 불러도 나아가지 않았던 것도 이러한 출처의리를 실천하고자 함이었다. 특정한 시점에 출과 처 가운데 어느 쪽을 선택하는 것이 출처의 의리에 합당한지를 판단하는 일은 개인의 몫이었다. 박성은 짧은 기간의 벼슬살이를 제외하고는 대부분 재야의 선비, 즉 처사處士로 머무는 쪽을 택했다. 그의 행장에는 이렇게 적혀 있다.

공은 안음현에서 잠시 시험한 뒤로는 세도世道를 어찌할 수 없음을 더욱 절실히 깨달았다. 그리하여 궁벽한 지역으로 은둔하고 또 병을 깊이 앓고 있었으므로 비록 여러 차례 은혜로운 명령을 입었으나 취임하지 아니해서 장차 세상을 잊을 듯이 여겼다. 그러나 나라를 걱정하는 한 생각은 일찍이 마음속에 게을리 한 적이 없었다.

박성 역시 '치인'의 책무를 다하기 위해 출사했다. 그러나 안음현을 다스리면서 자신이 할 수 있는 일이 없음을 깨닫고, 이런 상태에서 계속 벼슬살이를 하는 것은 녹봉을 탐내는 것에 불과하다고 생각했다. 그는 더는 관직에 머무를 수 없었고, 그 이후 다시는 벼슬에 나아가지 않았다. 박성은 당연히 이러한 처신이 출처의리에 합당하다고 생각했을 것이다.

처사의 삶을 즐기다

16세기에 접어들면 벼슬길에 나아가기를 거부한 선비들이 등장하는 한편, 벼슬길에 나아가지 못한 선비들도 많이 생겼다. 이처럼 유교

벼슬살이 조선 양반의 일생을 그린 〈평생도〉(전 김홍도 17세기 말) 중 양반의 벼슬살이를 볼 수 있는 두 폭. 관리의 등용문인 과거에서 장원급제 후의 〈삼일유가三日遊街〉와 왕을 모시는 당상관 판서의 행차 모습을 그린 〈판서행차判書行次〉다. 사람이 태어나서 죽을 때까지 기념이 될 만한 경사스러운 일들을 골라 그린 풍속화가 〈평생도〉다. 벼슬을 지낸 인물의 공적을 기리고 중요한 벼슬생활을 기록으로 남기기 위해 제작된 것으로 조선시대 선비들의 인생관과 출세관이 표현되어 있다.

적 소양을 갖추고도 벼슬을 하지 못하거나 하지 않는 선비를 가리켜

〈인곡유거仁谷幽居〉(정선, 1676) 부분

처사라고 한다. 박성 역시 생애의 대부분을 처사로 보냈다. 처사로 지내던 그의 생활을 행장 가운데서 옮기면 다음과 같다.

> 시냇가에 초당을 짓고 현판을 학안재學顏齋(안연顏淵을 배우는 집)라 했으며, 동쪽 행랑은 사물四勿(《논어》〈안연〉편에 나오는 "예가 아니면 보지 말고 예가 아니면 듣지 말고 예가 아니면 말하지 말고 예가 아니면 행동하지 말라"는 뜻), 서쪽 행랑은 박약博約(《논어》〈자한〉편의 "부자께서는 차근차근 사람을 잘 이끌어 나로 하여금 글을 넓게 배우고 예에 따르도록 했다"는 글에서 취함)이라 이름하고는 항상 그 가운데서 《논어》를 보았다.…… 공이 청부靑鳧(청송)에 우거하고 있을 때 나(박성의 행장을 지은 장현광) 또한 한두 친구들에게 부탁해 골짜기가 잇닿은 마을에 임시로 우거하고 있었다. 이때 서로 왕래하기가 편리했으므로 여러 번 공을 만나 가르침을 받았으며, 혹은 산자락으로 나아가고 혹은 교외나 수석水石이 좋은 사이에서 술잔을 잡고 달을 맞이하며 돌에 기대어 물을 구경하다가 혹 날이 저물어 함께 베개를 베고 자다가 흩어진 것이 모두 몇 번이었던가.

이 글은 《논어》를 즐겨 읽고 그 책에 보이는 '사물'과 '박약'의 가르침을 실천하려는 박성의 모습, 벗들과 어울려 풍류를 즐기는 박성의 모습을 더없이 잘 표현하고 있다.

이런 생활 속에서 박성은 장차 세상일을 잊은 듯이 보인다. 그러나 그는 나라를 걱정하는 생각을 잠시도 게을리한 적이 없었다. 박성을 포함한 이들 처사의 특징은 재야에 있으면서도 나라와 백성에 대한 관심을 계속 둔다는 점이다. 재야의 선비도 여전히 '치국평천하'의 사업을 담당해야 할 도덕적 책무를 지고 있다고 여겼다.

박성이 공조좌랑의 벼슬을 그만두고 고향에 내려와 있을 때 임진왜란(1592)이 발발했다. 그는 비록 국가의 녹을 먹는 벼슬아치는 아니었지만 나라를 위해 자신이 할 수 있는 일을 찾았다. 마침 현풍 근처의 합천에서는 정인홍이, 고령에서는 김면이, 의령에서는 곽재우郭再祐가 의병을 일으켰다. 박성은 이들에게 군량을 조달하는 역할을 자임하고 힘껏 곡식을 모집해 의병진의 군량이 자못 여유가 있게 했다. 이때 김성일金誠一이 초유사招諭使로 내려와 박성에게 참모가 될 것을 청하니 이를 쾌히 승낙했다. 정유년(1597)에 다시 왜병이 쳐들어오자 이원익李元翼이 체찰사體察使로 내려와 그를 불러 참모로 삼았다.

이처럼 박성은 처사의 몸으로 의병에 가담해 그 책무를 다하려고 노력했고, 또 선조에게 상소해 당시의 폐해를 지적하고 시정할 것을 요구하기도 했다. 1597년(선조 30) 5월에 올린 〈논시폐소論時弊疏〉에서 그는 우선 피폐한 민생과 문란한 기강을 거론하고 이를 바로잡기 위한 16조의 건의사항을 차례로 제시하면서, 이 모든 조항의 근본은 왕이 열심히 공부해 이치를 밝히고 마음을 바르게 하는 것이라고 했다. 임금의 마음을 바로잡고 훌륭한 인재를 거두어 쓰며, 절의와 염치를 기르면 나라가 다스려지고 천하가 평안해진다는 것이 성리학자들의 공통된 생각이었으며, 박성의 생각 역시 여기서 조금도 벗어나지 않았다.

박성이 올린 상소에는 당시 선비들의 대립을 적나라하게 보여주는 내용도 있었다.

이이는 권세와 직위가 성하지 않았던 날에 이미 간사한 당에 뿌리를 박고서 속으로는 남을 해칠 꾀를 품고 겉으로는 양쪽을 조정하려는 의사를 보여서 그 지위와 세력이 족히 사류를 배척하고 모함할 만해지자, 비로소 감추었던 형체를 드러내어 공공연하게 사류를 배척했으니, '귀신 같고 붙여우 같다' 함은 이를 일컬음인가 합니다. 성혼은 이이와 결탁해 마침내 간당의 괴수가 되었으니 실로 분간하기 어려운 소인입니다.…… 지난 기축년(1589)에 정여립의 옥사가 일어나자 저 성혼의 무리가 벼슬에 나갈 준비를 하고 서로 경하해 말하기를, "이 기회를 타서 사사로운 원한을 갚을 것이다" 하면서 (최)영경이 옥사에 관련되었다고 무고해 반드시 죽을 곳에 넣고야 말았는데, 그 일을 지휘하고 사주한 자는 성혼이고 죄를 얽어서 무함한 자는 정철 등이었습니다. 이에 신神이 분개하고 사람이 원망해 하늘이 성내어 외적을 부른 것이니, 원컨대 전하께서는 순舜이 사흉四凶에게 죄준 뜻을 본받으시고 공자가 정사를 어지럽히는 대부를 죽인 일을 본받으시옵소서.

출처: 《대암집大庵集》 권4, 〈논시폐소論時弊疏〉.

이 글에서 박성은 이이와 성혼을 노골적으로 비난하고, 심지어 이들 때문에 왜군이 침략하게 된 것이라고까지 말하고 있다. 모두가 알고 있듯이 이이와 성혼은 당시의 대표적인 성리학자였다. 이이는 워낙 잘 알려졌으니 여기서는 성혼에 대한 후세 사람들의 평가 가운데 하나를 들어보겠다. 1635년(인조 13) 성균관 유생 270여 명이 이이와 성혼의 문묘종사를 건의하는 소문疏文을 올리면서 성혼에 대해 다음과 같이 말했다.

이황을 뒤이어 유림의 종사宗師가 된 이가 두 사람이 있으니, 바로 문성공文成公 이이와 문간공文簡公 성혼입니다.…… 신臣 성혼은 천품이 돈후하고 장중해 독실히 배우고 힘써 실행해 언행이 한결같이 《소학》·《가례》로 준칙을 삼았으며, 몸가짐이 엄정해 한 점의 부끄러움도 없고 효제의 품행은 신명과도 통할 만했으며, 안으로 갖춘 덕과 드러난 행동이 모두 뛰어났습니다. 그러므로 신 이이가 그의 독실한 면은 미칠 수 없다고 매번 말했습니다. 일찍이 이이와 사귀며 절차탁마했는데, 서로 뜻이 맞고 도가 통했습니다. 그 뒤 이이는 벼슬에 진출해 세도世道를 담당했고, 성혼은 시골에 묻혀 살면서 비록 임금의 은혜에 쫓겨서 이따금 임금 앞으로 나아오기는 했으나, 그의 속마음은 늘 산야를 잊지 못했습니다.…… 계미년(1583)에 이이가 소인들의 모함을 받았을 당시 성혼은 서울에 와 있으면서 글을 올려 이이를 변호했다가 드디어 한쪽 편 사람들의 미움을 사게 되었습니다.*

출처: 《인조실록仁祖實錄》 권 31, 인조 13년 5월 11일의 기사.

위의 글에서 보듯이 성혼 역시 박성과 다를 것 없는 성리학적 인간이었으며, 박성과 마찬가지로 처사로서의 생활을 바라는 선비였다. 더구나 후세의 선비들 가운데서는 그를 가리켜 이황을 잇는 유림의 종사라고까지 평가하는 이들도 많았다. 그러나 같은 성리학자인 박성은 그 두 사람을 원수같이 여겼고, 심지어 성혼을 죽이라고까지 했다. 동인東人과 서인西人의 대립이라는 선비들 사이의 다툼이 이런 모습으로 드러나고 있었던 것이다.

벼슬에서 물러난 후 청송의 궁벽한 시골에서 처사로서의 삶을 즐기던 박성에게 사람들이 문도를 모아 가르칠 것을 권했다. 벼슬에 나아가지 않은 처사가 세상에 기여할 수 있는 것 가운데 가장 큰 것이 훌륭한 인재를 기르는 것이었다. 그리고 많은 처사들이 제자를 길러 세상에 내놓았다. 하지만 박성은 "나는 사람을 가르칠 만한 학문이 없으며, 또 내가 보니 지금 세상에 혹 문인들이 선량하지 못해 남의 비방을 부르고 자신이 허물을 뒤집어쓰는 자가 있으니, 이러한 무리가 있는 것보다는 차라리 없는 것이 낫다"고 했다. 이는 아마 조식과 정인홍을 경계로 삼은 것으로 보인다.

박성은 처음에는 조식의 제자인 정인홍과 사이좋게 지냈다. 그 둘은 의병활동을 함께한 사이이기도 했다. 그러나 정인홍이 조식의 문집인 《남명집南冥集》의 발문跋文을 지으면서 둘 사이에 틈이 생겼다. 정인홍이 그 글에서 이황을 비난하자, 박성은 이를 시정할 것을 요구하는 글을 보냈다. 정인홍이 각자 자신의 견해를 지키면 그만이지 서로 시비를 가릴 필요가 없다는 답을 보내자 이에 박성은 절교했다. 정인홍이 이황을 비난한 이 글은 이황과 조식의 문도들 사이에 큰 소란을 일으켰고, 결국은 두 사람의 문도들을 갈라서게 했다. 동인이라고 불리던 두 사람의 문도들이 각각 남인과 북인으로 갈라선 것이다. 이황과 조식의 두 문하에 모두 드나들던 선비들도 이제는 한쪽을 택해야 했다.

박성은 이런 분열이 생긴 것은 결국 정인홍 때문이며, 정인홍의 잘못으로 조식에게까지 그 누가 미쳤다고 생각했다. 그리고 이런 생각 때문에 박성은 제자를 거두는 데 그리 적극적이지 않았던 것 같다. 그러나 그에게 배우기를 청하는 제자들이 전혀 없었던 것은 아니었다. 그는 이들에게 무엇보다 먼저 《소학》을 읽게 하고, 특히 행동거지를 조심하도록 일렀다. 또 박성은 제자들에게 자신의 기질을 바꾸는 데 이르러야 비로소 학문을 했다고 할 수 있다고 했다. 심성 수양과 윤리 도덕의 실천을 강조하는 성리학의 교육관을 그대로 따른 것이다.

일반적으로 처사로서의 삶을 살면서 문도 양성 못지않게 힘을 들이는 일이 저술활동이다. 그러나 박성은 "내 문자를 잘하지 못하니, 어찌 감히 글을 짓겠는가. 또 예로부터 성현의 은미한 말씀과 깊은 뜻을 주자周子, 장자張子, 정자程子, 주자朱子가 설명하지 않은 것이 없으니, 배우는 자가 만일 글귀마다 일일이 행한다면 백 년 안에 날마다 쓰기에 겨를이 없을 것이다. 어찌 저술할 필요가 있겠는가. 사람들이 '송유宋儒가 나온 뒤에 굳이 저술할 필요가 없게 되었다'고 말하니 이 또한 한 방법이다"라고 했다. 그래서 그의 사후에 편찬한 문집에 몇 편의 시와 편지글만 있을 뿐이고 학문적인 저술은 없다.

그런데 이제까지 박성을 통해 살펴본 성리학적 인간의 모습에는 당시 다른 성리학적 인간들에게서 쉽게 찾아볼 수 있는 한 가지 중요한 내용이 빠져있다. 향촌사회를 지배하는 재지사족으로서의 모습이 그것이다. 향안鄕案에 이름을 올리고 향소鄕所의 일에 관여하며, 동약洞約·향약鄕約을 조직해 유교윤리를 실천하는 등의 모습이 보이지 않는다. 이는 아직 향촌사회에 재지사족의 지배체제가 보편화되지 않았던 당시 사정과 관련이 있을 것이며, 박성의 경우에는 왜란의 와중에 고향 현풍으로 돌아가지 못하고 연고가 전혀 없던 청송에 우거해야 했던 사정과도 관련이 있을 것이다.

비록 낯선 곳이기는 하지만 청송에서 한가롭게 지내면서 《논어》를 즐겨 읽고, 벗들과 어울려 풍류를 즐기면서 지내던 박성은 1606년(선

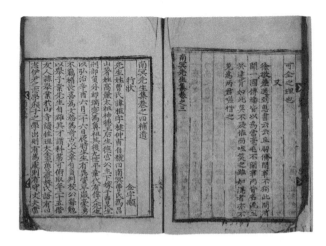

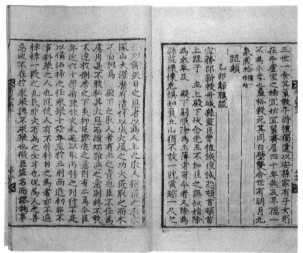

출처는 군자의 큰 절개　16세기 조선의 저명한 유학자 조식(1501~1572)의 문집 《남명집》 중 〈행장〉(위)과 벼슬을 거절하는 〈을묘사직소乙卯辭職疏〉(아래). 《남명집》은 1604년 정인홍 등에 의해 간행되었으며, 1622년 다시 정인홍이 중심이 되어 덕천서원에서 교정해 5권 3책의 목판본으로 재간행되었다.

조식은 16세기 당시 경상좌도의 이황과 나란히 경상우도를 대표하던 유학자로, 우리나라의 유학자들 가운데 선비정신을 대표하는 존재로 여겨진다. 조식은 제자들에게 "출처는 군자의 큰 절개"임을 강조하며 평생 관직에 나가지 않고 처사로 살았으나, 현실 정치와 사회에 대해서는 날선 언어로 비판한 재야 지식인이었다. 〈을묘사직소〉는 1555년(명종 10) 조식이 자신에게 내려진 벼슬을 단호하게 거절하며 올린 사직상소문으로 당시 사회의 문제점을 과감히 지적해 조정을 크게 흔들어놓기도 했다.

조 39) 가을에 돌아가신 어머니의 기일忌日을 만나 슬프게 통곡하다가 열이 치솟고 머리에 종기가 났다. 이 때문에 10월 4일에 별세하니 향년 58세였다. 그의 유명遺命에 따라 관棺을 받들어 청송에서 현풍으로 돌아와 다음 해 봄에 선영 아래에 장례를 치렀다. 조선을 지배하기 시작한 한 성리학적 인간이 그렇게 생을 마감했다.

— 김훈식

지금까지 한국 역사학은 경계의 안과 밖, 경계와 경계 사이를 연결하려는 '관계의 역사학'이 아닌 경계를 구분 짓기만 하는 '경계의 역사학'에 주력해왔다. 세계화와 민족주의, 전통과 근대, 중앙과 지방, 남과 북 등 우리와 밀접한 관련이 있는 주제들을 다룰 때도 관계보다는 주로 단절의 측면에서 보여왔다. 이는 조선시대 학문과 사상 연구에서도 마찬가지다. 지금까지 이 분야에 관한 연구는 인물 중심이었다. 최근 학파 또는 주제 중심의 연구가 이루어지고 있으나 고립적이거나 상호 대립적인 관점이 대부분이다.

시대를 관통하는 공통점보다 개개의 차이점에 주력하다 보니, 학파 연구에도 공통점보다는 차이점을 밝히는 데 더 많은 노력을 기울여왔다. 이처럼 역사를 단절적으로 이해하는 데 익숙하다 보니 조선 중기 사회가 주자 성리학 중심의 단선적 사회가 아니라 다양한 사상 조류가 존재하고 이들이 서로 영향을 주고받던 복선적 사회, 즉 우리가 생각해온 이상으로 역동적이고 개방적인 사회였다는 사실을 잊어버리곤 한다. 또한 실학은 17세기 전반 초기실학부터 19세기 중반 최한기의 기철학(氣哲學)까지 계기적·단계적으로 접근보다는 처음부터 이용후생학파, 경세치용학파, 실사구시학파 등 학파로 나누어서 단절적으로 접근하는 경향이 많았다.

조선 학인들은 가족·학파·지역 등 여러 층위에 걸쳐 다양한 학문적 네트워크를 형성했고, 그 기반 위에서 활발한 학문 교류를 전개했다. 그 결과 개인 또는 집단의 학문적 성격도 그 안에서 위치가 정해졌다. 또한 학문적 네트워크의 성격도 시기별로 조금씩 변화했다. 따라서 앞으로 조선시대 학문과 사상 연구는 개인 또는 집단의 다양한 학문적 네트워크를 복원하는 작업이 함께 이루어져야 한다. 최근 학계에서도 이처럼 관계의 측면에 점점 관심을 높여가고 있으며 구체적인 연구 성과도 하나둘씩 나오고 있다. 이 장에서는 이러한 문제의식을 바탕으로 조선시대 학인들의 학문적 네트워크의 형성 과정을 학파의 성립, 지역 간 학문 교류의 방식과 내용, 학문적 네트워크의 구조를 중심으로 살폈다.

학문적
네트워크의 형성

학파와 학문교류

학파의 형성

학문적 동류의식의 형성

학문적 관계의 기본은 사제관계와 붕우관계, 즉 스승-제자 관계와 동료관계라고 할 수 있다. 이러한 관계는 고려시대의 사학십이공도私學十二公徒*까지 올라갈 수 있으나 그곳의 교육은 주로 관학을 대신한 과거 준비였으므로 학문적 동류同類의식은 약했다고 볼 수 있다.

이는 고려 후기 대표적인 스승-제자 관계였던 좌주座主-문생門生 관계에서도 잘 드러난다. 좌주는 과거급제자가 그 과거의 주시관主試官을 존칭해서 불렀던 말이며, 문생은 주시관이 자신이 감독했을 때 선발한 급제자를 부를 때 사용한 말이었다. 즉 지공거知貢擧(시험관)와 급제자及第者의 관계를 지칭한 것으로 학문적 관계가 기본이 되는 것은 아니었다. 그러나 좌주-문생 관계는 단순히 지공거와 급제자의 사이가 아니라 일생을 두고 지속되었으며 부모-자식과 같은 깊은 관계가 되기도 했다. 특히 고려 후기 신흥사대부들은 이 좌주-문생 관계를 권문세족과 대결하는 과정에서 자신들의 세력을 확장하고 단결하기 위한 방편으로 활용했다.

사학십이(공)도
고려시대 개경에 있었던 12개 사학. 이는 당시 국학이 시설·교육면으로 유명무실해 학업 지망생이나 과거 응시자가 권위 있는 유학자가 세운 사학으로 모여들어 성황을 이룸으로써 다른 현관顯官 퇴직 유학자들도 사숙을 설립하게 된 것이다. 12도의 시초는 1055년(문종 9) 최충이 설립한 구재학당에서 비롯한 것으로, 이후 11개의 사숙이 세워졌다. 이후 고려 말까지 360여 년간 고려 교육의 진흥에 크게 공헌했다. 특히 우리나라 사립학교의 시원으로 작용해 조선시대에 크게 성행한 서원의 발전에 주요한 토대가 되었다.

그 결과 좌주—문생 관계는 조선을 건국하는 힘이 되기도 했으나 조선이 건국되고 난 뒤 왕권이 강화되면서 신하들의 파벌세력으로 간주되어 결국 폐지되고 말았다. 왕이 직접 과거를 감독하는 전시殿試는 이 좌주—문생 관계를 없애는 직접적인 계기가 되었다.

조선 사회에서 학파가 형성되는 시기는 16세기 중반이지만 학문적 동류의식이 본격적으로 대두하는 것은 성종 연간 무렵인 15세기 말 사림세력에 의해서였다. 이들은 훈척의 비리와 전횡을 성리학적 명분론에 따라 비판하고 당시의 사회 모순을 성리학적 이념과 제도의 실천으로 극복하려 했다. 이 과정에서 이들은 강한 정치적·학문적 동류의식을 갖게 되었다.

김종직의 《문인록門人錄》과 김굉필의 《사우문인록師友門人錄》, 정여창의 《사우문인록師友門人錄》, 남효온의 《사우명행록師友名行錄》, 신영희의 《사우언행록師友言行錄》 등과 같이 이 시기에 출현하는 '사우문인록' 또는 '사우록'·'문인록' 등은 이러한 흐름을 반영하는 것이기도 했다. 사우문인록은 말 그대로 스승과 동료·제자들을 모두 수록한 책이고 사우록은 스승과 동료, 문인록은 제자·문인들을 수록한 책이다. 이 시기에 문인록보다는 사우록 또는 사우문인록이 상대적으로 많이 편찬된 까닭은 도통의식보다는 학문적 동류의식이 강했기 때문이라고 할 수 있다. 말하자면 유학 계보의식이 당시까지는 강하지 않았던 것이다.

그러나 중종대(1506~1544) 기묘사림己卯士林이 등장하면서 도덕적 실천을 강조하는 도학적 성격이 강화되고 주자·의리 중심의 도통론道統論이 확립되기 시작했다. 이들이 자신들의 학문적 정통성을 확보하

오현의 문묘종사   오현을 문묘에 종사
할 때 집사로 참여한 인사들이 기념으
로 제작한 《성정계첩聖庭契帖》(1610). 유
학을 국교로 하는 나라에서 공자의 사
당인 문묘에 종사된다는 것은 유학자로
서는 최고의 영광이었으며, 오현의 문
묘종사는 사림의 숙원이었다. 후학들의
학문적 입지도 그만큼 단단해지게 마련
이었다.

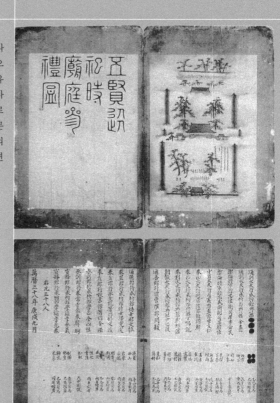

기 위해 정몽주鄭夢周와 김굉필의 문묘종사를 추진하는 과정에서 도통의식이 강화되었고, 그 결과 정몽주→길재→김숙자→김종직→김굉필로 이어지는 유학 계보가 만들어졌다. 나아가 사림이 정권을 장악한 뒤 동방오현東方五賢(김굉필, 정여창, 조광조, 이언적, 이황)의 문묘종사가 추진되어 광해군 시기에 성사됨으로써 정몽주→길재→김숙자→김종직→김굉필→조광조로 이어지는 유학 계보가 확립되었으며, 이것이 이후 조선 사회에 정통으로 자리 잡았다.

또한 성리학에 대한 연구 수준이 높아지고 지역적으로 크게 확산되면서 성리학에 대한 이해의 차이가 드러나기 시작하고 각각 주장하고 강조하는 바도 다르게 나타났다. 이러한 학설의 차이, 지역적 차이 등을 바탕으로 16세기 중반부터 서원을 중심으로 학파가 형성되기 시작했다. 그 결과 유학의 계보의식은 더욱 강화되고 학통은 도통과 밀접한 관계를 갖게 되었다.

이 시기 이러한 경향을 잘 보여주는 것이 연원록淵源錄과 문인록이다. 연원록은 말 그대로 학문의 연원을 밝힌 것으로 문인록과 함께 학문적 동류의식보다는 계보의식, 도통의식이 강하다고 할 수 있다. 시기적으로 제일 먼저 편찬된 연원록으로는 오희길吳希吉의《도동연원록道東淵源錄》이 있다. 오희길은 김인후金麟厚의 문인인 기효간奇孝諫에게 수학하였으며 임진왜란 때《조선왕조실록》을 보존하는 데 큰 공로를 세운 인물이다. 그가 쓴《도동연원록》은 기자箕子 이후 우리나라 역대 명현 99명의 행장과 유문遺文을 여러 문헌에서 발췌해 수록하고 간간이 자신의 견해를 붙여 조선 도학의 줄거리를 세운 것이다.

오희길은 이 책에서 조선 도통의 연원이 기자→정몽주→길재→

1543(중종 39)
풍기군수 주세붕, 최초로 백운동서원 건립.

1741(영조 1)
1714년 이후 건립된 서원 철폐.

1864(고종 1)
47개의 서원만 남기고 전국의 서원을 정비한 서원 철폐.

명현을 제사하고 인재를 키우다 　우리나라 최초의 사액서원인 백운동서원(소수서원)의 전경. 중국 당에서 기원해 송 때 활성화된 서원은 주희가 백록동서원을 세운 이래 크게 성행했다. 우리나라에서는 1543년 풍기군수 주세붕이 고려 학자 안향을 배향하고 유생을 가르치기 위해 순흥에 백운동서원을 세운 것이 처음이다. 이 백운동서원은 이후 이황의 건의에 의해 국가로부터 소수라는 편액과 노비, 서적 등을 하사받아 국가가 공인하는 사액서원이 되었다. 강당·사묘 등의 체제가 정비된 서원은 관료 양성 학교로만 기능한 중국의 서원과 달리 학문과 도덕을 연마하고 향촌·국가의 문제를 토론하는 곳으로 기능했다. 향촌의 선비들이 만나는 장으로서 서원은 자연스럽게 향촌의 여러 문제를 논의하고 여론을 수렴하는 향촌 운영기구의 역할을 했다. 왜란·호란 때의 의병의 발의와 조직화가 서원을 거점으로 이루어지기도 했다. 17세기 후반 숙종대에는 서인과 남인 사이의 정치적 대립이 치열해지면서 붕당 간에 경쟁적으로 서원 조직을 이용하면서 서원의 수가 급증했다. 정치가 학문적 명분과 의리를 중심으로 운영되는 가운데, 각 붕당은 서원을 통해 향촌 사림을 포섭하려 했다. 김장생·송시열·허목 등 당과 영수급의 대학자들은 서원을 중심으로 강학 활동을 펼쳤으며, 이들을 중심으로 형성된 향촌 사림의 여론은 바로 정치의 향방에 영향을 미쳤다.

김굉필→정여창→조광조→이언적→이황→김인후→성혼→이이로 이어진다고 보았다. 도통의 연원을 기자까지 소급하고 호남 출신인 김인후를 포함하고 있으며, 이이를 집대성자로 보는 것이 이 책의 특징이다. 본문에서 다루는 99명 가운데 호남 유학자들이 상대적으로 많은 것도 같은 맥락이다. 이는 학파·지역에 따라 조광조趙光祖 이후 도통의 연결에서 차이가 있음을 보여준다.

17세기에 편찬된 대표적인 연원록은 박세채朴世采의 《동유사우록東儒師友錄》이다. 이 책은 박세채가 발문에서 밝히고 있듯이 조선 도학사우道學師友의 연원이 사라져감을 염려해, 신라의 설총·최치원으로부터 조선의 성혼과 그 문인들에 이르기까지 총 766명의 유학자들의 학문이 어떻게 전수되고 교류되었는지를 정리할 목적으로 편찬한 것이다.

이 책은 각 인물을 서술하면서 자신의 주관적 서술은 피하고 타인이 서술한 자료를 인용하는 방식을 취하면서 인용한 자료의 출처를 대는 등 나름대로 객관성을 추구하고 있다. 그러나 상세함과 분량 면에서 이황·조식학파보다는 이이·성혼학파에 치우치고, 특히 소론의 입장에서 성혼 문인을 위해 다른 어떤 학파보다도 많은 지면을 할애하고 있기도 하다.

또한 《동유사우록》은 정학正學과 도학道學을 기준으로 인물을 취사선택하고 선정된 인물에 대한 호칭도 일률적이지 않다. 즉 자신이 가장 높이 평가하는 인물들은 시호諡號와 호號를 같이 사용하고 '선생先生'이란 호칭도 덧붙였는데 대상자는 정몽주·길재·김굉필·정여창·조광조·김안국·이언적·서경덕·이황·성혼·정구·이이 등 12명이다. 기존의 도통에는 빠져 있는 김안국·서경덕·성혼·정구 등이 포함된

1519(중종 14)
기묘사화로 조광조 등 사림파 축출.

1683(숙종 9)
서인, 노론과 소론으로 분당.

1764(영조 40)
박세채, 탕평론을 제기해 문묘 배향.

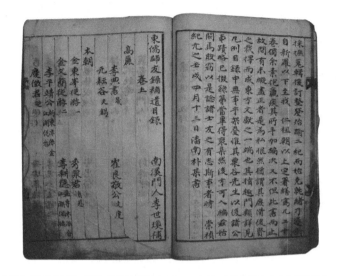

유학자들의 계보　신라시대부터 조선 선조까지 유학자들의 학통을 기록한 《동유사우록》(박세채, 1666(편집)]. 이 책은 학통에 따라 문인 관계를 명기해 학자의 계보와 당론의 대립까지도 쉽게 알 수 있으며, 저자의 주관적 기술은 배제하고 각 학자별 자료와 기록을 인용하며 그 출처를 정확히 밝혀 기술하고 있다.

것이 흥미롭다. 이는 박세채가 다양한 인물과 학파에 맥이 닿아 있음을 보여준다고 할 수 있다.

　그다음으로 시호가 있는 인물들은 시호와 '공公'을 붙여주었으며 시호가 없는 경우는 호를, 호가 없는 경우에는 관직을, 관직이 없는 인물은 자를, 자가 없는 인물은 이름으로 칭했다. 배사背師나 패란悖亂, 모질자媢嫉者 등 유교윤리에 어긋나는 자 역시 이름만 붙여주었다. 또한 인물 중심의 항목뿐만 아니라 세종시성균장교인世宗時成均掌教人, 기묘피화인己卯被禍人, 명종조동몽장교인明宗朝童蒙掌教人 등의 항목을

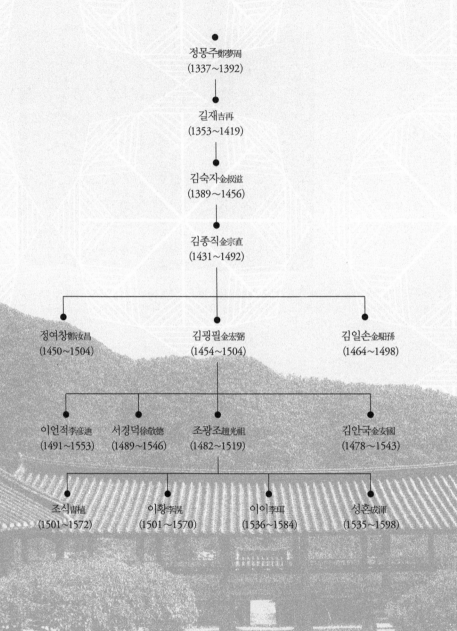

정몽주鄭夢周
(1337~1392)

길재吉再
(1353~1419)

김숙자金叔滋
(1389~1456)

김종직金宗直
(1431~1492)

정여창鄭汝昌
(1450~1504)

김굉필金宏弼
(1454~1504)

김일손金馹孫
(1464~1498)

이언적李彦迪
(1491~1553)

서경덕徐敬德
(1489~1546)

조광조趙光祖
(1482~1519)

김안국金安國
(1478~1543)

조식曺植
(1501~1572)

이황李滉
(1501~1570)

이이李珥
(1536~1584)

성혼成渾
(1535~1598)

설정해 교육을 담당하거나 도학을 밝힌 사람들은 함께 분류했다. 아울러 스승이 둘 이상이면 모두 표시해 학문의 사승관계를 더욱 명확히 알 수 있게 했다.

성리학의 지역적 확산과 학파의 형성

기묘·을사 사화를 통한 훈척의 탄압에도 오히려 성리학을 연구하는 학자들의 수는 비약적으로 증가하고 지역적으로도 크게 확산되었다. 아울러 성리학의 연구 수준이 높아지면서 이에 대한 이해의 차이가 드러나기 시작했고 각각 주장하고 강조하는 바도 다르게 나타났다. 이러한 학설과 지역 차이 등을 바탕으로 16세기 중반부터 서원을 중심으로 학파가 형성되기 시작했다. 먼저 서경덕학파와 이황학파·조식학파·호남학파가 형성되고 그 뒤에 이이학파와 성혼학파가 형성되었다.

서경덕학파는 개성을 중심으로 서울과 경기 북부 지역, 그리고 전라우도 지역에 형성된 학파였다. 서경덕徐敬德은 송도(개성) 출신으로 효행으로 여러 번 관직에 천거되었으나 나아가지 않고 일생을 처사로 보내면서 제자 양성에 힘썼다. 그의 제자로는 이지함·허엽·민순·박순·서기·남언경·정개청 등을 들 수 있는데 이들의 학풍은 주자로부터 상대적으로 자유스러운 모습을 띠었다. 즉 양명학을 수용하거나 삼교회통三敎會通인 경향을 보이고 박학·잡학적인 성격을 가지고 있었고, 상공업을 중시하는 경향을 보이기도 했다. 적지 않은 문인들의 지역적 기반이 해안 지방이어서 학문적 개방성과 상공업 중시 경향이 이와 관련이 있을 것이라는 견해도 있다.

서경덕의 문인들은 선조 초반 적지 않은 세력을 이루고 정국에 영향을 미쳤는데 이는 1576년(선조 9) 서경덕이 우의정으로 추증되는 데서도 짐작할 수 있다. 주로 동인으로 활약하던 이들은, 기축옥사己丑獄事(1589)와 왕세자 책봉 분쟁인 건저의建儲議 사건(1591)을 계기로 동인이 남인과 북인으로 갈라지자 북인에 참여했으며 광해군대(1608~1623)까지 상당한 영향력을 지니고 있다가 인조반정(1623)으로 몰락했다. 그러나 뒤에 나오는 조식학파와 함께 근기남인近畿南人실학파의 형성에 적지 않은 영향을 미쳤다.

이황학파는 영남 지역, 그 가운데서도 안동을 중심으로 한 경상좌도 지역에 형성된 학파였다. 이 지역은 일찍부터 중소지주들의 재지적 기반이 강했으며 이를 기반으로 성리학을 수용해 길재吉再와 김숙자金叔滋를 비롯해 김종직·이언적李彦迪 등 많은 성리학자들을 배출했다. 이 성리학자들도 각자의 문인들을 가지고 있었지만 학문적 수수授受관계는 약했고 학문적인 사승의 성격을 띠며 본격적으로 학파를 형성한 것은 이황에 와서였다.

이황은 50세 이후에는 잠시 성균관 대사성을 지낸 것을 제외하고는 거의 관직에 나아가지 않고 고향 근처 계상서당溪上書堂·도산서당陶山書堂 등에 은거하면서 저술활동과 교육에 힘썼다. 309명이나 되는 문인 수에서도 알 수 있듯이 특히 서당을 통한 후진 양성에 주력해 조목·김성일·류성룡·정구 등 정계와 학계에서 크게 활약했던 인물들을 배출했다. 1567년(선조 원년) 당시 사상계에서 이황의 학문은 상당한 권위를 가지는 것이었으며 1610년 오현五賢에 대한 문묘종사가 이루어지면서 학문적 정통성이 덧붙여졌다.

이황이 죽고 난 뒤에도 그 문인들은 중앙정계에서 광범위한 세력을 형성하고 서경덕·조식 학파와 함께 동인으로 활약했으며 동인이 남인과 북인으로 분화되면서는 남인의 중심세력이 되었다. 그 뒤 이황학파는 김성일·류성룡·정구·장현광을 중심으로 네 분파를 이루어 전개되었으며 이이학파와 함께 조선 사상계의 주류로 자리 잡으면서 중·후기 역사의 전개에 적지 않은 영향을 미쳤다.

조식학파는 영남 지역, 특히 진주를 중심으로 한 경상우도 지역에서 형성된 학파였다. 이 지역 역시 경상좌도 지역과 마찬가지로 고려 말부터 강한 재지적 기반을 바탕으로 성리학을 수용해 김굉필·정여창·김일손 등 많은 성리학자를 배출했는데, 좌도의 이황처럼 16세기 중반 조식에 와서 본격적인 학파를 이루었다. 조식의 사상은 기본적으로 성리학에 기초했으나 노장사상이나 불교 등에 대해서도 포용적이었으며 시문·병법·의학·지리 등 다방면에 조예가 깊었다. 경敬과 의義를 학문의 중심으로 삼고 하학이상달下學而上達을 주장하는 등 학문의 실천성을 강조했으며 출처에 엄격했고 당시 사회 모순에 매우 비판적이었다.

문인으로는 정인홍·최영경·정구·곽재우 등이 있으며 대체로 스승과는 달리 현실 정치에 적극적으로 참여해 동인의 핵심을 이루었다. 임진왜란 때는 의병활동을 활발히 전개했으며 뒤에 서경덕학파와 함께 북인을 형성해 정국을 주도했다. 그러나 인조반정으로 정계에서 축출당했으며 이황과 이이의 사상이 학계 주류로 자리 잡게 되면서 학파로서 거의 기능을 하지 못했다.

파주 등 경기 지역을 중심으로 형성된 이이학파는 이이의 연배가

溪上靜居

계상서당 정선이 그린 〈계상정거도〉(《퇴우이선생진적첩》, 1872). 〈계상정거도〉는 이황이 계상서당에서 《주자서절요》를 집필하고 있는 생전의 모습을 그린 그림이다. 이황은 1551년에 계상서당을 지어 후학을 양성했다.

낮았기 때문에 위의 세 학파보다 늦게 형성되었으며 문인들의 활동 시기도 다른 학파보다 늦었다. 이이학파는 이이가 처음에는 동서분당 속에서 어느 당파에도 들어가지 않고 중립적인 위치에서 양자의 조정을 위해 노력하다가 서인으로 자정自定함으로써 이후 성혼학파와 함께 서인의 중심세력으로 활동했다.

이이학파는 선조 초반에는 이이와 그 교우들을 중심으로 활동했으며 후반에 가면 그의 문인들이 중심이 되어 활동했다. 문인으로는 김장생·조헌·이귀·변이중 등이 있는데 조헌과 이귀 등은 성혼의 문인이기도 했다. 이이학파는 선조 초반 다른 학파와 마찬가지로 활발한 활동을 벌이며 세력을 확대해나갔으나, 이이가 죽고 기축옥사와 건저의 사건 등을 계기로 북인의 집중적인 비판을 받으면서 광해군대까지 중앙정계에서 큰 활약을 하지 못했다. 그러나 김장생의 문인들과 이귀 등이 중심이 되어 인조반정을 일으킴으로써 이후 중앙정계를 주도해갔고 숙종대(1674~1720) 이이·성혼의 문묘종사를 성사시켰다. 이는 이이의 학문이 국가적으로 공인받았음을 의미하는 동시에 이황의 학문과 대등한 위치에 올라서서 조선 사상계의 주류로 자리 잡게 되었음을 의미했다.

이이학파와 마찬가지로 성혼학파도 파주를 중심으로 한 경기 지역에서 형성되었다. 성혼은 조광조의 문인이며 유일遺逸(벼슬하지 않은 선비)로서 당시 신망이 높았던 성수침成守琛의 아들로, 정치적으로는 이이와 같은 입장이었으나 학문적으로 이황의 견해에 동조해 이이와 이기심성理氣心性 논쟁을 벌이기도 했다. 그러나 그의 사상이 이황과 같은 것은 아니었으며 기대승奇大升과 이이·이황의 사상을 절충했다고 할 수 있다.

문인으로는 오윤겸·강항·안방준 등과 이이의 문인이기도 한 조헌·이귀 등이 있었다. 성혼학파는 스승이 이이와 절친한 관계로 이이학파와 함께 정치적 입장을 같이해서 서인으로 활동했다. 그러나 문인의 상당수가 이이의 문인과 겹치고 그 세력이 크지 않았기 때문에 다른 학파보다는 학파로서의 독자성이 약했다. 더욱이 성혼이 기축옥사와 임진왜란 때의 일로 북인의 비판을 받으면서 정계를 은퇴하고 향촌으로 물러나는 바람에 중앙정계에서는 거의 독자적인 활동을 하지 못하고 이이학파에 참여해 활동하는 정도에 그쳤다. 그러나 이이학파에 완전히 흡수된 것은 아니었으며 나름의 학문적 특성을 유지하다가 17세기 후반 서인이 노론과 소론으로 갈라질 때 소론의 학문적 기반이 되었다. 즉 윤증尹拯과 최석정崔錫鼎을 비롯해 당시 소론으로 활약했던 여러 인물이 성혼과 직간접으로 연결되고 비슷한 학문적 경향을 보이는 것이다.

호남 지역에도 다양한 학문집단이 형성되었으며 크게 송순宋純계열과 서경덕계열로 나눌 수 있다. 송순·김인후·이항·기대승 등 송순계열 인물의 사상은 서로 학설의 차이가 없지 않았지만 크게 보면 정통 주자성리학에 가까웠다. 이들의 견해는 이항→김인후→기대승→송순의 순서로 이이의 견해와 비슷했는데, 송순은 이이의 기발이승일도설氣發理乘一途說과 비슷한 학설을 이이가 자신의 견해를 체계화시키기 이전부터 주장하기도 했다. 말하자면 이들의 사상이 이이학파의 학설 정립에 선구적인 역할을 했다.

반면 박순·노수신·정개청·정여립 등 서경덕계열 인물들의 사상은 대체로 주자성리학과는 어느 정도 거리가 있으며 오히려 북송北宋의 소옹·장재와 명明의 나흠순의 학문, 양명학 등을 계승한 점이 없지 않았다. 우주론에서 선천先天과 후천後天을 구분하고, 인성론에서는 인심人心과 도심道心을 체용體用관계로 보고 수양론에서 지행합일知行合一을 주장하는 한편, 산수算數·역학易學·무武를 강조하는 것 등이 이에 해당한다고 할 수 있다.

또한 이 시기 호남사림은 같은 학파 내에서, 또는 학파를 초월해 수준 높은 학문적 토론과 논쟁을 벌였는데[*], 이는 조선 학자들의 주자성리학에 대한 이해 수준을 한 단계 높이고 나아가 그들이 독자적인 사상체계를 구축하는 데 결정적인 역할을 했다. 당시 호남사림의 사상은 규모나 이론에서도 당대 최고 수준이었다. 이러한 학문적 축적을 기반으로 송순과 서경덕 양 계열은 명종 말부터 서서히 정계에 진출하기 시작해 선조대(1567~1608)에 본격적으로 중앙정계에서 주도적인 역할을 했다. 기대승·유희춘·박순 등 선조 초에 고위관료로 활약했던 인물 중의 상당수는 송순·서경덕계열의 호남사림이었다.

그 밖에 강원·황해·평안·함경도 지역에도 성리학이 퍼지면서 학자들이 배출되었으나 다른 지역처럼 독자적인 학맥이나 학파는 형성하지 못하고 앞에서 언급한 학파들에 개별적으로 속했던 것으로 보인다.

성리학이 조선 사회에 뿌리내리고 저변이 확대되면서 다양한 학파들이 형성되었으며, 사림이 중앙정계의 주도세력으로 등장함에 따라 각 정파는 이러한 학파들을 기반으로 성립되는 측면이 강했다. 따라서 학파와 정파는 서로 밀접한 관계를 가지고 전개되었으며 이것이

당시 호남 지역에 일어난 학술 논쟁으로 박상과 승려 해공상인解空上人의 무극설無極說 논쟁, 이항과 김인후·기대승의 태극논변太極論辨, 노수신과 김인후·이항·기대승의 인심도심 논쟁人心道心論爭, 김인후와 정지운의 〈천명도天命圖〉 논의 등이 있었다.

조선 중기에 하나의 중요한 특징이 되었다.

학문 교류의
방식과 내용

지방관 역임을 통한 학문 교류

16세기 조선에서 성리학이 이론적으로 크게 심화되는 데는 학파뿐만 아니라 지역 간의 활발한 학문 교류에 힘입은 바가 크다고 할 수 있다. 특히 16세기 호남과 영남 지역의 성리학은 규모나 이론 수준에서 당대 최고였는데 이는 호남·영남 사림 간의 학문 교류가 크게 기여했다. 기호 지역과 호남·영남 지역과의 교류도 활발했는데 당시 지역 간 학문 교류는 지방관 역임과 유배, 교제와 서신 등 다양한 형태로 이루어졌다.

먼저 지방관 역임을 통한 학문 교류는 김종직과 김안국金安國·노진盧禛 등의 사례를 통해 살펴볼 수 있다. 15세기 말 성종대(1470~1494)부터 중앙정계에 진출하기 시작한 영남사림의 종장宗匠이었던 김종직은 길재의 문인이었던 김숙자의 아들로 그의 집안은 부향인 선산과 모향인 밀양을 재지적 기반으로 한 영남의 대표적인 사족가문이었다. 그를 위시한 신진사류들은 성리학적 명분론에 근거해 훈척의 비리와 전횡을 비판하고 당시 사회의 모순을 성리학적 이념과 제도의 실천으로 극복해나가려 했다.

또한 이들은 법률적 강제로서의 형정刑政보다 이념적 지배로서의 교화敎化를 우선시해 성리학 수신서인 《소학》과 의례서인 《주자가례》를 중앙과 향촌에서 자신들의 이상을 실현해가는 양대 기반으로 삼았다. 또한 향음주례鄕飮酒禮와 향사례鄕射禮 등을 시행하기 위해 향촌사회에서 유향소 복립운동을 전개하기도 했다.

김종직이 호남 지역과 인연을 맺기 시작한 때는 유향소 복립운동을 전개하던 시기인 1487년(성종 18) 6월부터 1488년 5월까지 전라도관찰사와 전주부윤을 역임하면서였다. 당시 호남 지방은 음사淫祀가 성행했는데 김종직이 부임해 여러 읍을 순행하면서 독서를 권장하고 향음주례와 향사례를 시행했다. 실제로 전주에서는 1488년 3월 3일 향음주례와 향사례를 시행한 기록이 남아 있다.

광주 무등산에 올라 시를 읊기도 했던 김종직이 호남사림과 교류한 구체적인 기록은 보이지 않으나 나주 출신의 최부崔溥가 그의 문인록에 올라 있다. 그가 언제 김종직의 문인이 되었는지는 명확히 알 수가 없으나 한때 그의 처향인 해남에 거주하면서 사위인 유계린과 나질을 비롯해 윤효정·임우리 등을 가르쳐 김종직의 학문이 호남 지역에 전해지는 데 이바지했다.

김안국은 지방관 역임과 문인 양성 등을 통해 호남 지역과 관계를 맺었다. 김굉필에게서 학문을 배웠던 그는 동문수학한 조광조와 함께 중종대(1506~1544) 개혁의 핵심인물이었다. 그러나 조광조와는 달리 예속서적의 간행·보급과 소학실천운동, 향약보급운동 등 성리학적 사회질서를 확립하고 향촌을 교화하는 점진적인 개혁에 더 관심이 있었다.

학문적으로도 조광조와는 달리 성리학뿐만 아니라 천문·지리·의학·이문史文·한어漢語 등 실용적인 학문에 조예가 깊었던 그는 기묘사화 이후 20년 동안 여주·이천의 향리에서 학문 연구와 제자 양성에 힘썼으며 뒤에 다시 관직에 복귀해 기묘사림의 복권에 힘썼다. 문인으로는 김인후·유희춘을 비롯해 허엽·백인걸·이여·정종영 등이 있다.

김안국은 1519년(중종 14) 4월부터 기묘사화가 일어난 직후인 12월까지 전라도관찰사를 지냈으며 잠시 전주부윤을 겸직하기도 했다. 전라도관찰사로 부임하기 1년 전인 경상도관찰사 때와 마찬가지로 호남 지역에서도 《소학》과 향약 시행 등 향촌 교화에 힘썼다. 그는 기묘사림의 학문적 전통을 선조대 사림에게 연결하는 교량 역할을 했다. 즉 이언적·권벌·이황 등을 통해 영남사림과 연결되기도 하고 김인후와 유희춘을 통해 호남사림에게도 학문적 영향을 주었다.

함양 출신 노진은 김인후·유희춘·기대승·이항 등과 함께 '호남오현湖南五賢'으로 불리기도 했는데 1536년(중종 31) 남원의 대표적인 사족이며 기묘사림인 안처순安處順의 딸과 결혼해 호남과 인연을 맺었다. 그는 담양부사로 2년, 전주부윤으로 3년을 재직했다.

노진은 처가가 호남의 대표적인 사족인 데다가 5년 이상을 호남 지역의 지방관을 역임한 것을 계기로 호남의 많은 인물과 교유했다. 김인후의 시문집 《하서집河西集》에는 노진의 집에서 김인후와 노수신·양응정·김희년 등이 모여 지낸 기록이 보이며 송순의 면앙정시단俛仰亭詩壇에 참여해 〈차면앙정운次俛仰亭韻〉, 〈경차송상공순유운敬次宋相公純留韻〉 등의 시를 남겼다. 또한 기대승의 만사輓詞와 김인후의 제문·만사 등을 썼으며 장인인 안처순의 행장을 짓기도 했다.

선비들의 교유　　정자나무 아래 차려입은 선비들이 둘러 앉아 시 짓는 모습을 묘사한 〈사인시음士人詩吟〉(강희언, 18세기). 지식을 얻어 다른 이들과 함께 누리는 것이 선비들의 교유다. 성리학의 형이상학적 관념들이 철학으로 실천되기까지 선비들의 다양한 방식의 교류는 결코 멈출 수 없는 도리였다.

그가 호남사림과 학문적으로 교류한 내용은 구체적으로 보이지 않으나 담양부사로 재직했던 1562년(명종 17) 노수신과 인심도심설에 대해 토론한 글이 남아 있고, 행장에서 조식이 그의 고상지취高尙之趣에 감탄하고 이항李恒 역시 그의 자득지실自得之實에 탄복했으며 세상의 학자들이 그를 방문해 사귀기를 원하지 않는 자가 없다고 한 것으로 보아 학문적인 교류도 당연히 이루어졌다고 보는 것이 타당할 것이다.

노진과 호남사림과의 관계는 그가 죽은 뒤 호남사림이 쓴 수많은 만장과 제문에서도 잘 드러난다. 박순·김천일·변사정·이후백·양응정·정철·이항·백광훈·윤의중·김인후 등 이루 헤아릴 수 없을 정도로 많은 호남의 유학자들이 그의 죽음을 애도했다. 또한 호남사림은 남원에 창주서원을 세워 그를 배향했다.

유배를 통한 학문 교류

유배를 통한 학문 교류는 김굉필과 조광조·노수신 등을 통해 살펴볼 수 있다. 특히 김굉필은 호남사상계에 학문적으로 큰 영향을 미쳤다. 김종직의 문인으로 조광조의 스승이기도 했던 그가 호남과 인연을 맺게 된 것은 순천에 귀양 와서 죽기까지 4년 동안 지내면서였다. 이때 최산두催山斗와 유계린柳桂鄰·최성춘 등이 그에게서 학문을 배웠다. 기묘명현己卯名賢(기묘사화로 화를 입은 사림)인 최산두는 광양 출신으로 김굉필에게 수학하면서 서울로 올라가 조광조·김정·김안국·김식 등과 교유했는데 당시 사람들은 이들을 '낙중군자회洛中君子會'라 일컬었다. 또한 유성춘·윤구와 함께 '호남삼걸湖南三傑'로, 조광조·양팽손·기준과 함께 '기묘사학사己卯四學士'로 일컬어지기도 했다.

유계린은 김굉필뿐만 아니라 장인인 최부에게도 학문을 배웠으며 이를 자신의 아들인 유성춘과 유희춘에게 전해주었다. 《미암집》에 수록된 〈정훈庭訓〉은 바로 유희춘이 부친의 언행과 가르침을 정리해놓은 것이다. 결국 김굉필의 학문은 최산두·유계린·김안국을 거쳐 김인후·유성춘·유희춘에게 이어지고 그것이 다시 문인들에게 전해져 호남사림의 학맥 형성에 크게 기여했다고 할 수 있다.

조광조 역시 그의 스승인 김굉필과 마찬가지로 호남사림에게 끼친 영향이 적지 않았다. 17세 때 희천에 귀양 가 있던 김굉필을 찾아가 성리학을 배운 그는 이 사상이 당시의 사회 모순을 해결하고 새로운 시대를 이끌어갈 수 있는 이념이라 확신하면서 더욱 학문 연구에 전념했다.

이후 조광조는 1515년(중종 10) 문과에 합격해 청요직인 삼사의 관직에 진출함으로써 중종대 개혁의 핵심인물로 등장한 이래 승진을 거듭해 3년 만인 1518년에는 사헌부 대사헌에 올랐다. 그리고 동료들과 함께 현량과賢良科 시행과 위훈삭제僞勳削除 등 급진적인 개혁을 추진하다 결국 기묘사화의 화를 입어 능주로 귀양 가서 한 달 만에 사사賜死당했다. 비록 한 달간의 짧은 시간이었으나 조광조의 유배와 뒤이은 죽음은 호남 지역 사림들에게 큰 충격과 학문적 감화를 주었으며 호남유학이 도학적·실천적 성격을 가지게 되는 데 결정적 역할을 했다.

당시 조광조와 함께 활동하던 호남사림으로는 최산두·양팽손·윤구·유성춘·박소·박상·고운 등이 있었다. 이들은 모두 기묘명현이었고, 그중에서도 최산두와 양팽손은 기묘사림의 핵심인물로 지목받았다. 특히 양팽손은 조광조와 절친한 사이로 기묘사화로 삭탈관작되어 능주의 옛집으로 낙향했다가 마침 그곳으로 귀양 온 조광조와 같이 지내면서 그의 죽음을 옆에서 지켜보고 직접 시신을 수습하기도 했다. 조광조가 능주로 유배될 당시 그를 따라 낙향하거나 관직을 버리고 은둔한 호남사림도 적지 않았다.

노수신은 호남에 귀양 와서 19년 동안 살면서 호남성리학을 이론적으로 풍성하게 한 인물이었다. 이항의 사촌누이의 아들이기도 했던 그는 상주 출신으로 을사사화(1545)에 연루되어 순천에 유배되었으며 그해 양재역벽서사건良才驛壁書事件*이 일어나 다시 진도로 귀양지가 옮겨졌다. 그곳에서 김인후·이항·나사율·김천일 등과 인심도심설에 대해 논하는 등 호남사림들과 활발하게 학문적 교류를 했다. 이후 선조가 즉위하면서 유배에서 풀려나 정계에 복귀해 대사헌·부제학·이조판서 등을 역임하고 우의정까지 오르면서 사림정치를 정착시키는데 크게 기여했다. 그러나 기축옥사(1589)가 일어나자 정여립과 김우옹을 천거했다는 이유로 파직되어 그해 죽었다. 그는 정계에 복귀한 뒤에는 대체로 동인 중에서도 서경덕·조식학파의 인물들과 교유가 많았으며 문인으로는 백광훈·노대하·소오·심희수 등이 있다. 그의 학문은 휴정休靜과 선수善修 등 승려와도 교분이 있었고 양명학과 나흠순羅欽順의 영향을 받아 정통 주자성리학과는 차이가 있었다. 노수신은 인심도심설에서도 나흠순*의 도심인심체용설道心人心體用說을 그대로 받아들여 많은 학자로부터 비판을 받았으나 호남 지역에서 서경덕계열의 사상이 형성되는 데 기여했다.

양재역벽서사건
1547년(명종 2) 외척으로 정권을 잡고 있던 윤원형 세력이 반대파 인물들을 숙청한 사건이며, 정미사화라고도 한다.

나흠순(1465~1547)
호는 정암, 명의 유학자로 기氣를 떠난 이理는 없는 이기일체론理氣一體論이라는 주자학의 새로운 경지를 열었다. 이를 '기氣의 철학'이라고 하며, 주자의 '이理의 철학'의 수정이었다. 왕양명王陽明과의 논쟁은 유명한데, 양명의 '치량지설致良知說' 주장은 나흠순에게서 자극받은 것이다.

교제·서신을 통한 학문 교류

학문 교류에서 가장 많은 부분을 차지하는 방식은 교제·서신이다. 예안의 대표적인 사족가문 출신인 이현보李賢輔는 호남사림과 문학을 중심으로 교유한 인물이다. 1498년(연산군 4) 문과에 합격하고 영천군수, 충주목사, 안동부사 등 8개 고을의 수령을 지냈으며 경상도관찰사도 역임했다. 그는 지방관으로 부임하는 고을마다 향교에서 석전釋奠을 행하고 학생들에게 공부를 장려했으며 군민들과 함께 향음주례·향사례를 행하고 양로연養老宴을 베푸는 등 성리학적 사회윤리를 향촌사회에 보급하고 문풍을 진작시키는 데 힘썼다.

또한 한편으로는 고향 주위 경치 좋은 곳에 애일당愛日堂을 비롯한 여러 정자를 짓고 강호가도江湖歌道로서 처사적 풍류를 즐기며 〈어부가漁父歌〉, 〈농암가聾巖歌〉 등의 시조를 지어 영남시단嶺南詩壇의 문을 열었으며 박상·소세양 등 호남사림과도 교유했다. 《눌재집訥齋集》에 실려 있는 〈차이비중부양로연시운次李棐仲父養老宴詩韻〉은 이현보가 안동에서 양친을 맞아 양로연을 벌이고 조정으로 돌아가는 길에 박상朴祥에게 들려 시를 보여주고 화작和作하기를 원해 박상이 차운次韻한 것으로, 이 시기 영남과 호남사림의 문학적 교류의 모습을 잘 보여주고 있다.

호남성리학의 형성 과정에서 서로 영향을 주며 가장 밀접한 관계를 맺었던 인물은 이황이었다. 그는 교제·서신 등을 통해 호남사림과 학문적 교류와 논쟁을 하면서 자신의 이론을 확립해나갔으며 이는 호남사림들도 마찬가지였다. 또한 송순의 면앙정시단에 참여하고 김인후와도 시를 주고받는 등 문학적 교류도 활발히 했다.

이황은 1559년(명종 14)부터 1566년까지 8년간 기대승과 우리나라의 대표 철학논쟁인 사단칠정논쟁을 벌였다. 여기서 이황은 이기호발설理氣互發說을 주장했고, 이에 기대승은 이기공발설理氣共發說을 주장했다. 이 논쟁은 뚜렷한 결말을 보지 못하고 끝났으나 조선 학자들의 주자성리학에 대한 이해 수준을 한 단계 끌어올리는 데 결정적인 역할을 했다.

이어 송순도 1570년 이황과의 편지를 통해 이황의 이기호발설을 비판하고 기발이승설氣發理乘說을 주장했다. 유희춘은 이황과 학문상에 의심나는 곳이 있으면 서로 물어봤을 뿐만 아니라 《어록해語錄解》를 같이 편찬하고 《속몽구분주續蒙求分註》를 보내 교정을 요청하기도 했다. 박광전朴光前은 이황을 찾아가 그의 문인이 되고 스승으로부터 받은 《주자서절요朱子書節要》를 연구하면서 의문점이 생기면 질문했으며 임억령林億齡은 이황과 만나 시를 주고받으며 시에 대해 논쟁을 벌이기도 했다.

호남사림에 대한 이황의 학문적인 영향은 《도산급문제현록陶山及門諸賢錄》에 담양의 유희춘, 나주의 박순, 보성의 박광전, 광주의 기대승, 장흥의 문위세, 해남의 윤강중·윤흠중·윤단중, 창평의 양자징, 순천의 김윤명, 화순의 조대중, 무장의 변성온·변성진 등 호남사림 13명이 문인으로 등재된 사실에서도 잘 드러난다.

또한 조식은 지리산을 여러 번 유람했는데 그때 호남사림들이 일행에 합류해 교류하기도 했다. 조식의 누이가 호남사림인 이공량과 결혼해 호남으로 시집가는가 하면 임진왜란 때 의병장으로 활약한 박성무가 조식에게 학문을 배운 뒤 김천일 문하에 출입하는 등 경상우도 사림과 호남사림과의 교류도 적지 않았던 것으로 보인다.

쉰 살 아들의 재롱 잔치　《애일당구경첩愛日堂具慶帖》에 수록된 〈화산양로연도花山養老燕圖〉(1519)와 〈분천헌연도汾川
獻燕圖〉(1526). 이현보에게 90세가 넘은 부모가 생존해 있는 것을 기념해 그의 지인들이 증정한 그림과 송축시를 모아
엮은 책이 《애일당구경첩》이다. 이현보는 94세의 아버지 이흠과 92세의 숙부, 82세의 외숙부 등을 중심으로 구로회를
만들었고, 당호를 '봉양할 수 있는 날을 하루하루 아낀다' 라는 의미의 '애일당愛日堂' 으로 지었다. 이 책에 수록된 〈화
산양로연도〉는 이현보가 안동 부사 재직할 당시 80세 이상의 노인들을 초청해서 양로연을 베푼 것을 묘사한 그림이다.

이 양로연에는 이현보의 부모뿐 아니라 사족과 천민의 부모까지 참석하게 했다. 그리고 이 잔치가 있던 날 이현보는 부모님을 기쁘게 하기 위해 어린아이처럼 색동옷을 입고 춤을 추었다고 전해진다.

〈분천헌연도〉는 이현보가 고향인 안동의 분천으로 내려와 부모의 생신에 올린 연회 장면이다. 이때 이현보의 나이는 60세였다. 연회는 분강변과 애일당이 있는 언덕 위에서 베풀어졌다. 그림의 왼쪽 상단에 종택, 오른쪽 바위 위에 애일당과 강각, 그 아래에 분강의 뱃놀이 풍류가 보인다.

17세기 대표적인 예서禮書로는 김장생의 《가례집람家禮輯覽》·《의례문해疑禮問解》와 정구의 《오선생예설분류五先生禮說分類》가 있는데 여기서는 호서와 영남 지역의 학문 교류 모습을 살펴볼 수 있다. 《의례문해》를 보면 543개 항목에 달하는 예에 관한 방대한 문답 내용이 수록되어 있으며, 여기에 참여한 예학자 14인 가운데 영남 지역의 학자로는 정구와 신식·황종해 등이 있다. 이들과의 문답 내용을 살펴보면 김장생과 정구 사이에는 1건, 김장생과 신식 사이에는 20건, 김장생과 황종해 사이에는 60건이 기록되어 있다. 이 밖에도 김장생과 정구는 서신을 통해서 여러 번 예에 관해 의견을 주고받았으며, 김장생이 신식과 주고받은 내용은 신식이 《가례언해家禮諺解》를 교정하는 데 크게 도움을 주기도 했다. 황종해는 정구와 김장생의 문인록에 동시에 기재되어 있는 인물로 그와 김장생과의 교류 내용은 지역·학파 간의 다른 예설들을 치밀한 검토를 통해 바로잡고 조화롭게 정립하려는 모습을 보여주고 있다.

17세기 대표적인 영남 예학자인 정경세鄭經世 또한 김장생과 예에 관한 서신을 주고받았다. 김장생은 "예학이 박식해 이황보다 못하지 않으며 함께 학문을 논할 사람은 오직 이 사람뿐이다"라고 할 만큼 정경세를 높게 평가했다. 또한 양자의 예학 교류에 김장생의 문인이자 정경세의 사위인 송준길宋浚吉이 참여한 사실이 눈에 띈다.

이처럼 17세기 전반까지만 하더라도 조선 사회는 서로 다른 붕당끼리 혼인도 자유롭게 하고 학문 교류도 활발히 했는데, 이는 예학을 비롯한 학문의 수준을 높이는 데 적지 않은 기여를 했다.

학문적
네트워크의 구조

16~17세기 조선의 학인들은 가족·학파·지역 등 여러 층위에 걸쳐 다양한 학문적 네트워크를 형성했다. 그리고 그 기반 위에서 활발한 학문 교류를 전개했으며 개인 또는 집단의 학문적 성격도 정해졌다. 조선시대 학문과 사상의 발달 역시 학문적 네트워크의 형성과 교류에 크게 힘입었다고 할 수 있다. 그러나 학문적 네트워크는 교류라는 개방적 측면만 있는 것이 아니라 대립과 단절이라는 폐쇄적 측면도 있다. 특히 17세기 중반 이후에는 교류보다는 대립과 단절의 측면이 커졌는데 이는 예송禮訟과 주자 절대화 경향에서 잘 드러난다.

조선에서는 이미 15세기 말부터 사림들에 의해 삼대三代의 예에 의한 교화가 강조되기 시작하고 중종대에 들어오면 《국조오례의國朝五禮儀》*나 한·당례보다 《주자가례》와 《의례儀禮》가 강조되면서 '국조오례의파'와 '고례파古禮派'의 전례논쟁이 벌어졌다. 이어 16세기 중반 《주자가례》 중심의 생활규범서인 제례서祭禮書가 출현하고 동시에 《주자가례》에 대한 학문 연구가 시작되었다. 16세기 후반에 가면 문장과 시부, 즉 사장詞章을 중시하는 일부를 제외하고는 성리학을 공부하는 학자들의 대부분이 예에 관심을 가졌으며 예에 관한 글을 썼다고 해도 과언이 아니었다.

17세기에 들어와서도 예는 양란兩亂으로 해이해진 예적 질서의 회복이 강조되면서 더욱 중시되었다. 나아가 예로 나라를 다스리면 다

국조오례의
세조대 편찬 사업이 시작되어 1474년(성종 5) 강희맹, 정척 등에 의해서 완성되었다. 《세종실록》〈오례〉를 기본으로 하여 《통전》, 《홍무예제》 등 한대 이후의 예서와 《상정고금례》 등 조선의 예서를 참조하여 만들어졌으며 《경국대전》과 함께 국가의 기본 예전禮典이 되었다.

스러지고 가르침도 예교禮敎보다 앞서는 것이 없으며 학문도 예학보다 절실한 것이 없다는 생각이 널리 퍼져갔다. 예가 사회를 이끌어가는 하나의 방도로서 부각되었으니 예치禮治가 바로 그것이다.

17세기는 '예학의 시대'라고 할 정도로 예학이 발달했으며, 그 바탕에는 예학자들 사이에서 활발하게 전개된 학문 교류가 있었다. 이들은 붕당에 관계없이 의문이 생기는 예설과 그 근거에 대해 서로 의견을 주고받았으며 그것을 자신의 예학과 예서에 반영했다. 또한 예가 치국의 방도로 대두하면서 예학 연구는 심화되고 그 과정에서 분화된 각 학파의 예학의 차이는 전례논쟁을 통해 표출되었다. 중종대 시작된 왕실의 전례논쟁은 선조대 흑립黑笠·백립白笠 논쟁, 광해군대 공빈추숭恭嬪追崇, 인조대 원종추숭元宗追崇 등을 거치면서 그 논쟁의 수준이 점점 높아져 갔으며 예송은 그 대립의 정점이라고 할 수 있다.

예송에서 이이학파의 서인은 《주자가례》와 《의례》 등을 강조하며 신권臣權의 입장에서 왕사동례王士同禮를 주장했다. 왕실에 적용되는 예와 일반 사대부에게 적용되는 예가 똑같아야 한다는 것이다. 반면 서경덕·조식학파의 학문을 계승한 근기남인은 《주례》와 《예기》 등을 강조하며 왕권의 입장에서 왕사부동례王士不同禮를 주장했다. 왕실의 예가 일반 사대부에게 적용되는 예와 같을 수 없다는 것이다.

결국 예송은 표면적으로는 효종의 상에 자의대비가 삼년복을 입을 것인가 기년복을 입을 것인가(1659년 1차 예송), 그리고 효종비의 상에 기년복을 입을 것인가 대공복을 입을 것인가(1674년 2차 예송) 하는 복제의 문제였지만, 근본적으로는 17세기 사회에서 각 학파 내지 붕당이 나름대로 학문적 기반 위에서 자신들의 노선의 정당성을 주장한 전형적인 '정치형태로서의 전례논쟁'이었다.

즉 예송은 성리학과 예학의 심화, 친가·장자 중심의 가족제도로의 변화, 학파·붕당 간의 긴밀성, 신권의 성장, 양란 이후 국가 재건의 방법 등 당시 정치·사상적인 면뿐만 아니라 사회 모든 분야의 요인들이 종합적으로 결합되어 왕실의 전례 문제를 매개로 표출된 것이다. 나아가 예송에서의 사상적 차이는 중세 사회체제에 대한 관점의 차이로 연결되었다. 그래서 예송은 조선 후기 사회체제가 변화해가는 상황에서 반드시 겪어야만 했던 하나의 과정이었다. 그러나 두 차례의 예송을 거치면서 붕당 간의 대립은 격화되고 급기야는 하나의 붕당이 정국의 주도권을 독점하게 되면서 붕당이 급격하게 교체되는 환국이 계속 일어났다. 이는 사상적 차이에 의한 정치적 대립이 정점에 달했다는 사실을 의미하는 동시에 그 사상이 사회적 변화 속에서 현실적 기능을 제대로 하지 못하기 시작했다는 것을 의미했다.

17세기 후반 이후 본격화되는 주자 절대화 경향도 이와 궤를 같이 하는 것이었다. 인조반정(1623) 이후 정국의 주도권을 잡은 이이학파의 서인은 숙종대 이이·성혼의 문묘종사를 성사시켰다. 이는 이이의 학문이 국가적으로 공인받았음을 의미하는 동시에 이황의 학문과 대등한 위치에 올라섰음을 의미했다. 그리고 이들은 주자의 학문을 절대화함으로써 자신들의 학문적 기반을 공고히 하려고 했는데 이는 송시열宋時烈의 《주자대전차의朱子大全箚疑》와 한원진韓元震의 《주자언론동이고朱子言論同異攷》 등의 작업으로 뒷받침되었다. 이들은 주자의 본뜻에 충실함으로써 당시 조선 사회의 모순을 해결할 수 있다고 생각했다.

반면 주자의 학문을 상대화하고 육경六經과 제자백가諸子百家 등에서 모순 해결의 사상적 기반을 찾으려는 경향도 17세기 후반부터 본격화되었다. 윤휴尹鑴와 박세당朴世堂이 그 대표적인 인물이다.

서경덕 사상의 영향을 받은 윤휴는《대학》·《중용》을 비롯해《효경》·《주례》등의 경전에 대해 독자적인 해석을 했으며 박세당 역시 양명학과 노장사상의 영향을 받아 주자의 학설을 비판했다. 또한 두 사람 모두 인격천人格天으로서의 천天을 리理보다 상위에 상정함으로써, 인격천을 부정하고 이법천理法天만을 인정해 천을 태극·리와 동일한 것으로 설정한 주자의 학문·체계와는 다른 모습을 보였다. 그러나 이들은 당시 권력을 장악하고 있던 서인(노론)의 강한 공격을 받아 사문난적으로 몰려 죽음을 당하기까지 했다. 이러한 상황에서 이황의 이기론발설을 지지하는 이현일李玄逸이 이이의 사상에 대해 본격적으로 비판하면서, 학문적으로 위기의식을 느끼고 있던 이황학파의 영남 남인과 이이의 학문을 조선 성리학의 정통으로 만들려는 이이학파의 노론 사이에 성리학의 이기론理氣論을 둘러싼 논쟁이 치열하게 전개되었다.

이현일은 이황학파 내에서도 이황의 학설과 다른 경향을 보였던 장현광·정경세 등의 학설을 비판해 김성일-장흥효-이현일로 이어지는 흐름을 이황학파의 정통으로 수립하려고 했다. 이러한 학통의 강화는 이이학파의 주자 절대화에 대한 대응의 성격도 가지는 것이었다.

18세기 학계에서 경京·향鄕, 즉 서울과 지방의 분화가 일어나는 가운데 사회 모순을 해결하려는 '실학實學'이라는 새로운 사상 경향이 생겨나 근기남인 실학파와 북학파, 소론실학파 등이 형성되고 양명학이 사상계의 일단을 차지하기도 하지만, 주자 절대화를 추구하던 성리학을 대신할 정도의 힘을 가지지는 못했다.

더욱이 19세기 세도정권이 등장하면서 성리학은 더욱 경직되어갔으며 지배 기술만 고도로 발달한 세도정권의 핵심 사상가들에게 남은 것은 송시열이 세운 일당 전제의 노론세도론老論世道論뿐이었다. 이들은 체제를 유지하기 위해 조금이라도 개혁적인 요소를 가진 사상은 가혹하게 탄압하거나 체제 유지에 장애가 되지 않는 한에서만 허용했다. 그리고 이러한 상황은 일반민들의 전면적인 저항을 불러일으킬 수밖에 없었다.

— 고영진

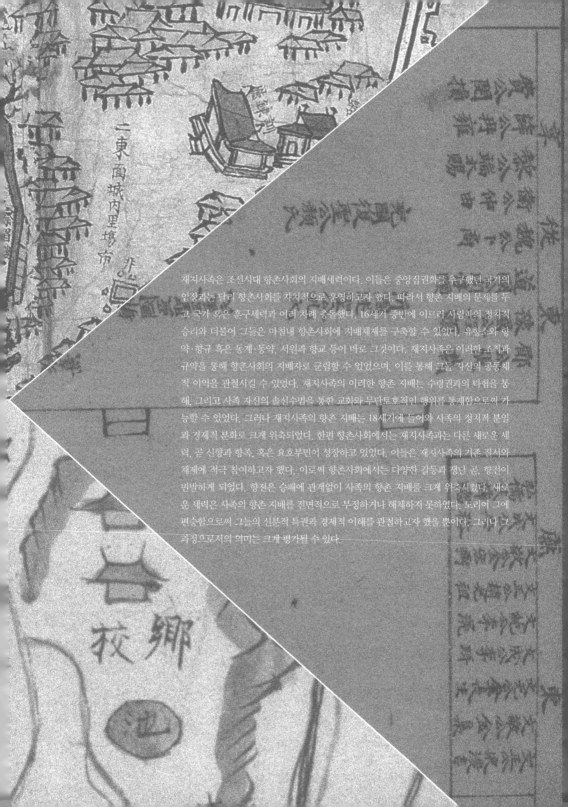

재지사족은 조선시대 향촌사회의 지배세력이다. 이들은 중앙집권화를 추구했던 국가의 입장과는 달리 향촌사회를 자치적으로 운영하고자 했다. 따라서 향촌 지배의 문제를 두고 국가 혹은 훈구세력과 여러 차례 충돌했다. 16세기 중반에 이르러 사림파의 정치적 승리와 더불어 그들은 마침내 향촌사회에 지배체제를 구축할 수 있었다. 유향소와 향약·향규 혹은 동계·동약, 서원과 향교 등이 바로 그것이다. 재지사족은 이러한 조직과 규약을 통해 향촌사회의 지배자로 군림할 수 있었으며, 이를 통해 그들 자신의 공동체적 이익을 관철시킬 수 있었다. 재지사족의 이러한 향촌 지배는 수령권과의 타협을 통해, 그리고 사족 자신의 솔선수범을 통한 교화와 무단토호적인 행위를 통제함으로써 가능할 수 있었다. 그러나 재지사족의 향촌 지배는 18세기에 들어와 사족의 정치적 분열과 경제적 분화로 크게 위축되었다. 한편 향촌사회에서는 재지사족과는 다른 새로운 세력, 곧 신향과 향족, 혹은 요호부민이 성장하고 있었다. 이들은 재지사족의 기존 질서와 체제에 적극 참여하고자 했다. 이로써 향촌사회에서는 다양한 갈등과 쟁단 곧, 향전이 빈발하게 되었다. 향전은 승패에 관계없이 사족의 향촌 지배를 크게 위축시켰다. 새로운 세력은 사족의 향촌 지배를 전면적으로 부정하거나 해체하지 못하였다. 도리어 그에 편승함으로써 그들의 신분적 특권과 경제적 이해를 관철하고자 했을 뿐이다. 그러나 그 과정으로서의 의미는 크게 평가될 수 있다.

재지사족,
향촌의 지배자가 되다

사족의 향촌 지배, 그 성립과 변화

재지사족과
향촌 지배

첨설직·동정직·군공
첨설직添設職(군공을 포상하기 위
해 설치된 실직 없는 관직)·동정
직同正職(산직)·군공軍功은 모두
정원이 제한된 실직의 한계를
극복하고 많은 사람을 관료체
제에 흡수하기 위해 마련된 직
제로 일종의 명예직이다.

조선시대 향촌사회의 지배세력을 재지사족在地士族이라고 한다. 재
지사족은 대체로 고려 말에 첨설직·동정직·군공*·과거 등을 통해 이
족吏族에서 사족화士族化한 계층이다. 이들의 상당수는 일찍부터 중앙
의 관료로 활동하다가 왕조교체와 이후 수차례의 정변을 겪으면서 본
향 또는 처향·외향을 따라 낙향해 향촌사회에 재지적 기반을 확보하
고 있었다. 따라서 재지사족이란 '재경在京'에 대칭되는 지역적 범위
로서의 '재지在地'와, '이족吏族'에 대칭되는 신분으로서의 '사족士族'
을 지칭한다. 또한 이들은 고려 말에서 조선 초기 이래 이족에서 분화
되는 과정에서 그들이 거주하고 있던 읍치邑治 지역을 벗어나 부근의
임내任內 지역이나 인근 타읍의 외곽지대로 복거卜居하거나 이주하는
것이 일반적인 현상이었다.

우리가 잘 아는 이황 가문도 고려 말에는 경상도 진보현의 향리로
읍치 지역에 거주하고 있었다. 그러다가 14세기 중엽 현리縣吏였던 이
석李碩이 사마시에 합격하고, 아들 이자수李子脩가 홍건적 격퇴에 공을
세워 송안군松安君에 봉해짐으로써 사족화했다. 이후 본관지 진보를

이탈해 안동부 풍산현 마애를 거쳐 15세기 중엽에는 부북府北 주촌으로 이거했다. 그 후 15세기 말 퇴계의 조부인 계양繼陽이 예안현 온계에 복거하게 되면서 진성 이씨는 안동과 예안의 재지사족으로 자리 잡게 되었다.

여기서 복거란 새로운 거주지를 개척해 이주함을 의미한다. 재지사족의 새로운 근거지가 되었던 군현의 외곽 지역인 속현屬縣, 향·소·부곡 등 흔히 임내라 불리는 이들 지역은 15, 16세기 초반까지만 하더라도 거의 개발되지 않았다. 재지사족은 이들 임내 지역을 적극적으로 개발해 새로운 경제적 기반으로 삼았다. 그리고 이를 통해 향촌사회는 물론이고, 점차 조선 사회를 주도하는 정치세력으로 성장해갔다. 16세기 중반 이후 훈구파에서 사림파로의 정치 지배세력 교체는 이 같은 과정의 결정판이었다.

재지사족은 조선왕조에 들어와 향촌 지배조직인 유향소留鄕所를 조직해 향사례와 향음주례 등을 실시하면서 자치적으로 향촌사회를 지배해나갔다. 그러나 조선왕조의 중앙집권화 정책과 이를 대행하고 있던 훈구세력은 재지사족의 향촌 지배를 인정하지 않았다. 이로써 유향소는 1406년(태종 6)에 혁파되었다. 재지사족은 15세기 말에 이르러 향촌에만 머물지 않고 중앙정계로 적극적으로 진출했다. 이들을 사림士林 또는 사림파士林派라고 한다. 이들은 중앙정계에 진출한 이후 16세기 중반에 이르기까지 유향소 복립, 사창제社倉制 시험, 향약보급운동 등을 전개했다. 또한 향촌사회에서는 유향소의 건립, 향안·향규의 작성, 향약의 실시, 서원의 건립 등을 적극적으로 추진했다. 이렇듯 16세기에 이르러 재지사족이나 사림파의 향촌사회에 대한 관심은 더욱 고조되었다. 이들이 향촌사회에 관심을 둔 연유는 그들의 기반이 향촌사회에 있었을 뿐만 아니라 성리학의 학문적 발전과 이를 토대로 한 정치적 성장에 말미암은 것이었다. 그러나 다른 한편으로는 당시 향촌사회에서 전개되고 있던 사회 문제와 더욱 직접적으로 관련되어 있었다.

16세기 향촌 문제는 '민의 유망流亡'이나 '민생의 곤궁困窮'으로 표현된다. 향촌 문제에 대한 구체적인 모습은 당시 지방수령의 보고서를 통해 확인할 수 있다. 즉 임진왜란(1592)과 그리 멀지 않은 16세기 중·후반에 충청도 단양군과 경상도 언양현에서는 호구戶口와 군정軍丁의 감소, 곧 민의 유망으로 더는 독자적인 행정구역을 유지하기 어렵다고 했다. 결국에는 한 명의 민도 남아 있지 않게 될 것이니 차라리 속현이 되는 것만 못하다고도 했다. 이러한 문제를 가져온 것은 다름 아닌 감당하기 어려운 부세 부담 때문이었다. 이러한 보고를 접한 사신史臣은 "한 고을의 폐단으로 전국을 추측한즉 그러하지 않은 곳이 없다"고 했다. 즉 봉건 정부의 혹심한 부세수탈은 농민의 도망을 불러왔고, 농민의 도망은 마침내 군현의 존립까지도 위태롭게 했던 것이다. 그리고 이러한 사정은 비록 과장되었다 하더라도 한두 군현만의 문제가 아니었음이 분명하다.

이 같은 문제는 이황과 이이에 의해 '나라가 흐트러지고 망하는 화근'으로 인식되거나, '교화에 앞서 민생의 안정'을 주장하는 근거가 되었다. 민의 유망이라는 심각성은 왜적의 침입을 예견하면서도 도리어 '민심의 동요'를 우려하지 않을 수 없게 했다. 16세기 민의 유망 현상은 이렇듯 심각했고, 향촌사회에 기반을 둔 재지사족 혹은 사림파가 무엇보다도 우선 해결해야 할 문제였다. 그렇다면 16세기 민의 유망이라는 사회문제는 어디에서 비롯된 것인가?

우선 사림파의 관점에서 이 문제를 파악한다면, 근본적인 원인은 중앙집권화 정책하에서 정부의 가혹한 부세수탈과 그 핵심에 있었던 중앙관료 또는 훈척세력의 불법적인 농민수탈 때문이었다. 이 같은 이해는 훈구파에 대한 사림파의 정치적인 비판이었지만 당시 향촌 문제의 일단을 집약적으로 표현해준 것이기도 했다. 이러한 사림파의 훈구파 비판은 분명히 타당했다. 그러나 민의 유망이 중앙집권세력의 불법적인 행위나 봉건 정부의 부세수탈에서만 오는 것은 아니었다. 그것은 재지사족 자신들의 경제적 활동에서도 말미암은 바가 적지 않았다.

재지사족은 고려 말 조선 초 이래로 사족화하는 과정에서 '읍치' 외곽지대를 개발해 대규모의 토지를 확보했다. 이를 일컬어 농장農庄이라 했다. 이 시기에는 황무지가 곳곳에 널려 있어, 노동력만 풍부하다면 농장 개설은 그리 어려운 일이 아니었다. 재지사족은 농장을 개설하는 과정에서 주위 농민들을 전호화佃戸化하거나 그들의 토지를 탈점하고, 주인이 있는 묵밭陳田을 자신들의 소유물로 만들기도 했다.

양반들의 농장은 여러 곳에 산재해 있었다. 자녀균분상속이 이루어져 처가나 외가로부터도 상속받았고, 또 개간이 활발하게 진행된 결과였다. 이들 농장을 경영하려면 많은 노비 노동력이 필요했다. 거주지 인근의 농장은 지주인 양반이 노비들을 동원해 가작家作의 형태로 직접 경영했고, 먼 곳의 토지는 노비들에게 작개지作介地와 사경지私耕地로 나누어주어 경작게 했다. 작개지의 수확물은 주인이 차지했고, 사경지는 노비들의 몫이었다. 물론 토지 소유자와 생산자가 생산물을 똑같이 나누는 병작竝作이 통행되기는 했지만, 일반적인 경영 방식은 아니었다. 아직 토지 소유권이 확립되지 않았기 때문에 함부로 타인에게 경작권을 넘길 수 없었기 때문이다.

재지사족층은 노비 노동력의 확보를 위해 한편으로는 훈척세력의 불법수탈이나 무거운 부세 부담을 견디지 못하고 몰락하는 양인농민을 포섭해 노비로 삼고, 다른 한편으로는 이렇게 확보된 노비들에게 양인과의 교혼交婚을 권장했다. 재지사족층은 이러한 과정을 통해 노비 수를 급속히 증가시켜나갔다. 그 결과 민의 절반이 노비라는 말이 나올 정도였다. 양인농민의 몰락과 노비화, 이 또한 '민의 유망'이었다.

재지사족에 의한 농장과 노비의 확대는 결국 양민과 민전의 침탈이었다. 재지사족의 이러한 행위는 국가권력이나 지방 수령과의 충돌을 일으킬 수 있었다. 이러한 경우 재지사족은 중앙집권화를 추구하는 중앙권력으로부터 무단토호武斷土豪로 지목되어 무참한 패배를 맛보기 일쑤였다.

재지사족의 토호화는 중앙권력이나 지방수령과의 갈등뿐만 아니라 그 직접적인 피해자인 하층민과의 관계에서도 문제가 되지 않을 수 없었다. 농민들은 유망 또는 도망이라는 소극적인 저항은 물론 도적이 되어 적극적으로 저항하기도 했다. 명종대(1545~1567)의 임꺽정 난은 이 같은 사정의 일단을 잘 보여준다.

관권官權과의 충돌이나 농민들의 다양한 저항은 그 어느 것이나 향촌사회 재지사족의 안정을 우선적으로 위협했다. 이러한 사정에서 16세기 재지사족은 향촌사회의 안정에 더 적극적인 관심을 가질 수밖에 없었다. 그리고 향촌사회의 안정을 항구적으로 보장할 수 있는 방법은, 불법의 일차적 책임자인 훈구세력이나 관권의 일방적인 지방통치를 배제하거나 견제하고 나아가 자신들의 무단행위도 규제해야 했다. 전자는 사림파가 훈구세력을 배제하고 국정을 주도하게 되면서 일정 부분 해결할 수 있었지만, 후자 곧 그들 자신의 무단행위는 여전히 해결해야 할 중요한 문제였다. 재지사족의 향촌 지배는 이 같은 과제를 안고 있었다.

16~17세기 향촌 지배의 확립과 구조

향촌 지배의 확립 과정

재지사족이 조선 초기 이래 향촌 지배세력이라고 할 때, 이들의 향촌 지배는 왕조교체에 따른 신분의 재편성 과정에서 시작되어, 유향소가 각 군현에 설치되면서부터 점차 실현되어갔다고 할 수 있다. 그러나 재지사족이 향촌 지배세력으로 독점적인 지위를 확보하거나 그들의 지배체제를 확립해가는 과정은 그리 간단하지만은 않았다. 이들의 향촌 지배는 기존의 향촌사회를 실질적으로 장악하고 있었던 향리세력을 배제하고 통제할 수 있어야 했으며, 나아가 조선 초기 이래 지방세력을 인정하지 않았던 중앙집권화 정책과 이에 편승한 중앙의 훈구 또는 훈척세력들의 불법적인 농민 지배를 극복해야 가능했기 때문이다.

재지사족과 마찬가지로 고려 말 조선 초 토착세력의 후예이며, 같은 토성土姓의 성관에서 분화되어 호장층을 세습해온 재지이족在地吏族은 비록 군현 지배자의 지위에서 지방관아의 행정 실무자로 전락했지만 여전히 지방의 행정업무를 매개로 수령과 사족 사이에서 독자적인 영역을 확보하고 있었다. 경상도 풍기군의 〈군사등록郡司謄錄〉을 보면, 이들이 이족의 명부인 단안壇案과 집무소인 부사府司·군사郡司를 중심으로 독자적이고도 엄격한 조직과 체계를 갖추고 있었음을 확인할 수 있다. 또한 이들 일부는 16세기 초반에 이르기까지 사족과 함께 향안을 구성하기도 했는데, 이는 사족의 고을로 알려진 안동의 〈가정향안嘉靖鄉案〉(1530)에 향손鄉孫(향리의 본손本孫·여서女壻·외손外孫)이 참여하고 있었던 것에서 확인된다.

사족이 향촌 지배에서 향리세력을 완전히 배제할 수 있었던 시기는 지역에 따라 사정이 달랐지만, 일찍부터 사족세력이 형성된 지역에서조차 대체로 16세기 중·후반에 이르러서야 가능했던 것으로 보인다. 이는 아직 사족세력이 형성되지 못한 지역에서는 향리가 여전히 향촌 사회를 장악하고 있었음을 의미한다.

조선시대 재지사족의 향촌 지배를 위한 자치조직으로 기능했던 것은 유향소였다. 유향소는 고려 말에서 조선 초에 이르러 재경관인들의 조직인 경재소京在所와 함께 고려의 사심관 제도에서 분화되어 각 군현별로 선후의 간격을 두고 설치되어갔다. 그러나 재지사족층의 강한 자치성향은 점차 왕권의 대행자인 수령과 대립하거나 백성을 침학함으로써 중앙집권화에 역행하는 경향을 띠게 되었다. 이로써 유향소는 1406년(태종 6)에 혁파되었다. 이는 향촌사회에서 재지사족의 자치적 활동을 전면적으로 봉쇄하는 조치였다. 따라서 향촌사회에 기반을 두었던 사림세력에게는 유향소의 복립이 절실한 문제였다.

15세기 후반에 중앙정계로 진출한 사림파 세력은 유향소 복립운동을 적극적으로 추진했다. 유향소 복립운동은 많은 논란 끝에 1488년 (성종 19)에 성사되었다. 그러나 복립된 유향소는 사족세가 강한 영남의 일부 지역을 제외하고는 경재소를 통해 훈구대신들이 장악했다. 유향소를 복립한 사림파는 도리어 다시 혁파를 주장해야 하는 처지가 되었다. 이로써 성종대의 유향소 복립을 통한 사림세력의 향촌자치운동은 좌절되고 말았다. 이에 사림파는 언관言官활동을 통해 훈구대신의 비행을 직접적으로 규탄하는 방식으로 선회했다. 그러나 이 또한 무오사화戊午士禍(1498)를 통한 훈구파의 직접적인 보복을 불러왔고, 결과적으로 사림파의 향촌자치운동은 크게 위축될 수밖에 없었다.

사림파의 향촌자치운동이 실패할 수밖에 없었던 가장 큰 이유는 사림세력 자체의 힘이 미약했기 때문이다. 복설된 유향소를 훈구파가 장악한 사실은 사림의 미약한 세력을 잘 보여준다. 사정은 중종반정 이후에도 크게 달라지지 않았다. 사림세력은 여전히 소수였다.

사림파는 중종 연간에 이르러 향촌 지배를 위한 새로운 방법으로 여씨향약呂氏鄕約의 보급운동을 전개했다. 이로써 《주자증손여씨향약 朱子增損呂氏鄕約》이 언해되고, 조정의 명령으로 전국적으로 실시되기도 했다. 그러나 이 역시 기묘사화를 통한 훈척세력의 반격에 의해 중단되었으며, 많은 사림파 관료들도 화를 면하지 못했다.

향약 실시에 대한 논의는 이후 명종을 거쳐 선조 연간(1567~1608)에도 계속되었지만, 과거의 논의를 그대로 반복하는 차원은 아니었

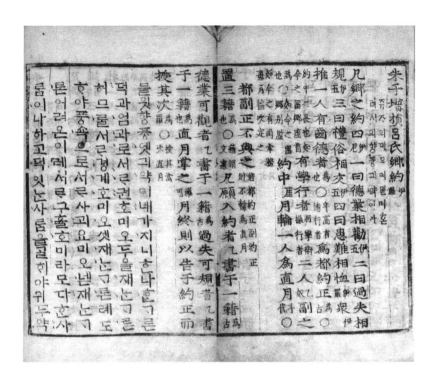

1406(태종 6)
전국 유향소 혁파.

1518(중종 13)
김안국 《여씨향약언해》 간행.

1519(중종 14)
조광조의 개혁 정치 실패(기묘사화), 향약
폐지.

김안국의 향약보급운동　　김안국이 민을 교화하고 풍속을 바로잡기 위해 《주자증손여씨향약》을 언해한 유교 교화서 《여씨향약언해》. 중국
북송의 여씨 형제가 지은 《여씨향약》에 주자가 본문을 손질하고 주석을 붙인 것이 《주자증손여씨향약》이다. 이것이 우리나라에 전래된 시기
는 고려 말·조선 초 주자학의 수용으로 《주자대전》이 들어온 무렵이다. 중종 때 조광조를 비롯한 신진사류가 향약보급운동을 전개하면서 그
폭넓은 보급을 위한 방법의 하나로 《주자증손여씨향약언해》본을 간행했다.
김안국은 1517년 경상도관찰사로 부임해 향교에 각종 향약 관련 서적을 간행, 널리 보급했으며, 이를 통해 교화사업에 힘썼다. 1519년 다시
조정에 들어와 참찬이 되었으나 같은 해 기묘사화가 발생해 겨우 화를 면하고 파직되어 경기도 이천에서 후진 양성에 힘썼다.

다. 위로부터의 일방적인 실시가 아니라 개별 향촌 단위에서의 자율적인, 또는 고유의 동계洞契나 향도香徒조직을 이용한 실시가 논의되기도 했고, 단순히 《주자증손여씨향약》을 보급하는 데 그치지 않고 우리의 풍속에 맞도록 적절하게 줄여 간편하게 하자는 데까지 논의가 이르고 있었다. 이 같은 진전의 배경에는 성리학에 대한 이해의 심화와 사림파의 정치적 성장이 있었다. 또한 이러한 과정을 거치면서 이황과 이이의 '조선적 향약'이 마련되기도 했고, 사림파가 훈구파를 축출하고 국정을 주도하는 위치에 설 수 있게 되었다.

　사림파는 그들의 정치적인 우위가 확인된 선조 연간 이후 유향소와 향약 등을 통해 자치적인 향촌 지배체제를 확립해나갔다. 그리고 이 과정에서 촌락 내부의 다양한 공동체 조직을 흡수해 재편성하기도 했고, 서원 건립을 적극적으로 추진하기도 했다. 이렇게 해서 향촌사회는 재지사족 중심의 지배체제를 구축할 수 있게 되었다. 그러나 곧이어 닥친 임진왜란(1592)과 경재소의 혁파(1603)는 재지사족의 향촌 지배체제에 큰 변화를 가져왔다. 임진왜란은 조선 사회 전반에 걸쳐 큰 피해를 주었지만, 그중에서도 좀 더 결정적인 타격을 입은 세력은 전국적인 범위에서 토지와 노비를 소유하고 있던 훈구세력이었다. 토지의 황폐화와 노비의 사망이나 도망과 같은 노동력의 감소에서 오는 경제적인 몰락은 더 이상 그들을 정치 주도세력으로 존재할 수 없게 했다. 재지사족 역시 임진왜란을 겪으면서 유향소와 향안의 소실, 많은 향원의 사망 등 큰 피해를 입었지만 난 중에는 의병활동을 통해, 난 후에는 복구작업에 적극적으로 참여함으로써 그 피해를 최소화할 수 있었다. 그리고 의병활동을 통해 비록 일시적이었지만 향촌사회

하층민을 직접 지배할 수도 있었는데, 의병활동의 명분과 전공戰功은 중앙권력에 대해 자신의 영향력을 확대할 수 있는 유용한 방법이기도 했다. 사실 재지사족의 의병 활동은 그들이 왜란 전에 확립한 향촌 지배조직을 통해 가능한 것이었다. 이러한 사정을 바탕으로 재지사족은 임진왜란 후의 향촌사회를 그들 중심으로 새로 정비하고 강화해갈 수 있었다.

경재소가 혁파된 것은 바로 이러한 임진왜란 직후였다. 즉, 임진왜란으로 향촌사회의 피폐와 훈구세력의 몰락, 재지사족의 성장이라는 분위기 속에서 경재소의 혁파는 크게 문제가 되지 않았다. 재지사족은 경재소의 혁파로 중앙권력이나 관료들의 향촌사회에 대한 통제와 간섭에서 벗어날 수 있었다. 그러나 이것이 곧 재지사족의 독자적인 향촌 지배나 향촌 지배의 확대를 의미하는 것은 아니었다. 사족의 성장이 미미했던 지역에서는 경재소의 혁파가 도리어 사족세력의 위축을 가져오는 결과를 초래했고, 무엇보다도 유향소 좌수座首에 대한 임면권任免權이 경재소에서 수령에게 귀속됨으로써 수령권에 대한 견제는 사실상 어려워지게 되었기 때문이다. 수령의 좌수 임면권은 조선 후기에 이르러 유향소가 향청鄕廳으로 좌정하면서 향리의 작청作廳과 함께 수령의 지방통치조직의 하나로 예속되어 가는 단서를 제공하기도 했다.

재지사족의 향촌 지배체제는 이러한 과정을 거치면서 확립되었다. 그러나 사족의 향촌 지배체제가 완전한 자치권이나 독자적인 지배권의 행사를 의미하는 것은 아니었다. 사족의 향촌 지배체제는 기본적으로 조선 초기부터 줄곧 추구해온 중앙집권화와 그 연장선상에서 결코 부정되지 않았던 수령권에 대해 한정적으로 기능할 수밖에 없

재지사족의 의병활동　임진왜란 때 창녕의 화왕산성을 수비했던 의병의 명단을 기록한 《창의록》. 의병활동은 향촌 지배질서를 유지하고 여론을 형성하던 재지사족들이 주도했다. 재지사족들은 임진왜란을 비롯해 정묘호란과 병자호란 등 나라에 위기 상황이 발생할 때마다 의병을 모집해 활약했다. 이들은 개인 재산으로 군량미를 조달하기도 했으며, 부대마다 지켜야 할 군율을 정하기도 했다.

火旺守城圖

倡義錄 九仭

也
一起山曹先生當初倡義於西閣西癸巳甲午間撰
　　　　　　　　　　　　　　　　朝
赴陣下嶺堅之捷昂澤之後多立奇功名顯
一先生倡義初三嘉人權瀁宜寧人沈大生慕鄉兵
賊兩下相助軍勢
著而竟不八於此錄斯固未可知也
一丁酉八月二十九日先生遭八城
空於瑟山麗避亂葬蔚珎八城諸賢分番堅守倭
寇未撤歸之前終不空城
一自壬辰至丙申畊錄昔乃倡義錄也

었다. 조선시대 재지사족의 향촌 지배는 바로 이 같은 한계를 전제로
한다.

향촌 지배의 조직과 규약

재지사족의 향촌 지배조직은 크게 유향소와 향약류, 그리고 서원·
향교 등을 들 수 있다. 물론 이러한 조직은 지역 특성에 따라 없을 수
도 있고, 있더라도 체계적으로 조직화되었던 것도 아니었다. 따라서
지역마다 개별적 또는 독자적으로 존재했지만, 재지사족이라는 공통
의 인적 기반 위에 상호 긴밀하게 연결되어 있었다. 고려 말 조선 초
에 이르러 각 군현 사족에 의해 조직되었던 유향소는 중앙집권화 정
책과 사림파의 정치적 활동에 따라 설치와 폐지를 반복하고 있었다.
재지사족은 조선 초 이래 유향소를 조직하면서 향리들의 단안壇案을
대신해 향안을 작성했고, 유향소와 향안 등 향촌 지배의 전반적인 운
영원리를 규정한 향규鄕規를 작성했다. 따라서 유향소와 향안, 향규는
불가분의 관계를 갖는다.

향안이란 군현 사족의 명부이다. 따라서 향안은 각 군현의 지배세
력인 사족의 실체를 잘 보여준다. 재지사족은 향안을 모체로 한 향회
鄕會를 통해 일향의 공론을 주도하고, 좌수와 별감別監을 추천·임명해
유향소를 장악했다. 향안은 유향소와 마찬가지로 군현에 따라 빠르고
늦음의 차이가 현격했는데, 대부분 지역에서는 대체로 임진왜란 전후
의 시기에 작성되었다.

향안을 사족의 명부라 하더라도 애초부터 그러했던 것은 아니다.
사족의 신분적 범주가 확립된 것은 16세기 초·중반을 거치면서였다.

향촌 선비들의 사랑방 병산서원 만대루(전면)와 유림의 향회(오른쪽 상단). 중국 당나라에서 기원하여 송나라 때 정비된 서원은 주희가 백운동서원을 세운 이래 크게 성행했다. 우리나라에서는 1543년(중종 38) 풍기군수 주세붕이 고려 학자 안향을 배향하고 유생을 가르치기 위해 순흥에 백운동서원을 세운 것이 처음이다. 이후 서원은 학문과 도덕을 연마하고 향촌·국가의 문제를 토론하는 곳으로 기능했다. 향촌의 선비들이 만나는 장으로써 서원은 자연스럽게 향촌의 문제를 논의하고 여론을 수렴하는 향촌 운영기구의 역할을 했다.

병산서원은 류성룡과 그의 셋째 아들 류진을 배향하고 있다. 고려 말 풍산현에 있던 풍산 류씨의 서당을 류성룡이 이곳으로 옮겨와 제자들을 길러냈고 그의 사후에 제자들이 존덕사를 세우고 류성룡의 위패를 모셨다. 1863년(철종 14) 병산이라는 사액을 받아 사액서원으로 승격되었으며 많은 학자를 배출해내었다.

대표적인 사족 고을로 알려진 안동도 1530년(중종 30)의 향안을 확인하면 16세기 후반의 관점에서는 사족으로 볼 수 없는 부류, 즉 서얼이나 향리 후손들도 포함되어 있었다. 사족은 이들에 대한 축출을 지속적으로 전개한 끝에 대체로 16세기 후반에 이르러 그들 중심으로 향안을 정비했다. 이처럼 향안이 작성되고 정비되어간다는 것은 사족의 향촌 지배체제가 확립되어간다는 것을 의미한다. 향안이 유향소 구성원들의 명부라면, 향규는 유향소의 구성과 역할, 향안의 입록과 운영 등 향촌 지배조직의 전반적인 운영원리를 제시하고 있다. 향규 역시 향안과 마찬가지로 군현별로 16세기 후반에 이르러 점차 정비되고 체계화되어 갔다. 이 같은 모습을 안동 향사당鄕射堂의 향규에서 확인할 수 있다.

안동의 향규는 재지사족 향촌 지배의 구체적인 내용을 잘 보여준다. 현존하는 안동의 향규로는 1588년(선조 21)의 〈구규舊規〉와 1605년에 이를 수정한 〈신정십조新定十條〉가 있다. 〈신정십조〉는 '중향임重鄕任', '엄회의嚴會議', '후이륜厚彝倫', '정향안正鄕案', '명예속明禮俗', '존고년尊高年', '금비위禁非違', '치이서治吏胥', '균요역均徭役', '훈동몽訓童蒙' 으로 구성된 10조에 각기 세부적인 항목을 제시하고 있다.

안동에서 1605년에 새로운 향규를 마련한 까닭은 〈구규〉가 체계적이지 못했기 때문이기도 하지만, 그보다는 경재소의 혁파와 관련되었기 때문으로 보인다. 경재소는 향임鄕任의 임면과 향규 제정권 등으로 유향소를 실질적으로 장악하고 있었다. 따라서 안동의 재지사족은 경재소체제하에서 마련되었던 〈구규〉와는 다른 〈신정십조〉의 제정을 통해 독자적인 향촌 지배를 모색할 수 있었던 것이다.

향약은 도입 초기에는 《주자증손여씨향약》이 감사나 수령을 통해 보급되다가, 사림파가 중앙정계에서 주도권을 장악하기 시작한 선조 이후에는 '조선적 향약'의 실시로 전환되었다. 그러나 이러한 전환은 관권에 의한 전국적 범위의 일률적인 실시가 아니라 향촌 단위의 개별적 실시로 바뀌어나갔다. 조선적 향약의 전범이 된 것은 이른바 '퇴계향약'과 '율곡향약'이다.

퇴계와 율곡의 향약은 사실 유향소 구성원을 대상으로 한 향규에 가까운 것이었다. 그러나 이들 향약은 이후에 일반적인 향약으로 발전하는 기초가 되었다. 1602년 이황의 제자 김기金圻는 퇴계향약을 토대로 해서 전형적인 향약의 체계를 완성했다. 김기는 향약의 제정과정을 다음과 같이 말하고 있다.

> 사약四約은 대략 〈여씨향약〉을 모방했고 벌조罰條는 오로지 퇴계 선생의 향약을 사용했다. 기타 길흉상조吉凶相助와 환난상구患難相救, 춘추春秋의 강신講信은 우리나라 인민의 풍속에 통행되던 것이다. …… (향약을 제정한) 본뜻은 인심人心을 바르게 하고 풍교風敎를 두터이 하고자 함이다.

출처: 김기, 〈향약鄕約〉, 《북애집北厓集》.

즉, 김기의 향약은 향약의 일반적인 형식인 〈여씨향약〉의 사약(덕업상권·과실상규·예속상교·환난상휼)을 기초로 해서, 퇴계향약과 길흉에 상조하고 환난에 상구相救하며 춘추로 강신講信(향약구성원들간의 모임) 하던 인민의 풍속이 결합한 형태이다. 여기서 인민의 풍속이란 촌락 단위에서 운영되고 있던 사족의 족계族契·동계洞契와 하층민의 향도계香徒契 등을 지칭하는 것이다. 조선 후기의 향약은 대체로 이러한 형태를 갖추고 있었고, 사족 또는 성리학 중심의 인심과 풍교를 바르고 두터이 하는 것을 목적으로 했다.

인민의 풍속으로 지칭되듯이 당시의 촌락사회에는 길흉과 환난에 상부상조하며 춘추로 모임을 가졌던 다양한 공동체 조직이 있었다. 그 구체적인 존재는 족계·동계 혹은 동린계洞隣契·향도계 등으로 불리고 있었다. 이들 공동체 조직의 기원은 고려시대 불교신앙결사체였던 향도로 거슬러 올라간다. 향도는 고려 말 조선 초에 이르러 점차 사족층과 농민층을 각기 중요 구성원으로 하는 족계(혹은 동계)와 향도계로 분화·발전했다.

이들 촌락 공동체 조직 역시 임진왜란을 전후로 크게 변화하고 있었다. 이러한 변화는 향약의 수용과 보급에 따른 영향을 받기도 했고, 왜란으로 촌락사회가 피폐해졌기 때문이기도 했다. 물론 변화를 주도했던 것은 사족의 족계였다. 족계는 혈연적 기반에서 벗어나 촌락의 공동체 조직으로 전환하면서 농민의 향도계와 상하합계上下合契의 형태로 결합해나갔다. 그리고 상하 신분질서와 유교적 윤리규범을 강조함으로써 점차 향약화했다. 이러한 족계·동계를 동약이라 이름할 만하다. 16~17세기 동계·동약은 군현 단위 유향소와 향약의 하부조직으로 기능했고, 재지사족은 이를 통해 그들의 기반인 촌락사회에 대한 지배력을 행사할 수 있었다.

서원과 향교를 장악하고 있었던 세력도 재지사족이었다. 향교는 관학官學으로서 조선 초기부터 군현을 단위로 설치, 운영되었다. 지방에 유학이 전면적으로 보급되지 않았던 설립 초기에 교육기관으로서 향교의 역할은 매우 중요했다. 그러나 유학이 발달하고 서당과 서원 등

유성

향교 대성전에 전배하다 정조가 어머니 혜경궁 홍씨의 회갑연을 기념해 화성에 행차해 벌였던 각종 행사를 그린 《원행을묘정리의궤》(1795) 중 〈향교알성도〉. 이 그림은 왕이 향교의 대성전(문묘)에 전배하는 장면이다. 향교의 대성전에는 공자에서 주희에 이르는 21명의 중국 성현과, 설총에서 박세채에 이르는 15명의 우리나라 유학자들의 위패가 모셔져 있다.

교육시설이 확충되면서 그 기능은 점차 상실되어갔다. 향교에는 문묘
文廟가 설치되어 있었고, 이에 대한 제향은 향촌사회에서 중요한 의식
이었다. 사족은 이 석전제釋奠祭를 주관해 향촌 지배층으로서 위상을
확인하고 있었다. 또한 향교 교생들의 명부인 교안校案은 유향소의 향
안, 서원의 원안院案과 함께 향촌사회에서 중요한 삼안의 하나였다.

한편 서원은 16세기 초반 이래 수령의 협조와 군현 단위 사족 공론
에 의해 적극적으로 창설되기 시작했다. 재지사족은 서원을 통해 성
리학의 본질을 추구하고 실천함으로써 이상적인 도학정치를 실현하
는 근거지로 삼고자 했다.

이상에서 살핀 재지사족의 다양한 향촌 지배조직과 규약은 결코 서
로 배치되거나 계기적으로 그 기능을 수행했던 것은 아니었다. 이들
제諸 조직은 병렬적이고 상호 보완적이며, 그리고 종횡으로 연결되어
있었다. 이로써 재지사족은 중앙집권화 정책의 와중에서도, 그리고
농민층의 지속적인 저항에도 향촌사회에서 일정하게 그들의 향촌 지
배를 관철할 수 있었다.

16~17세기
향촌 지배의 내용과 성격

수령권과의 관계, 견제와 타협

재지사족의 향촌 지배는 수령의 지방통치와 대립적이거나 병렬적

인 것은 아니었다. 조선 초기부터 중앙집권화를 추구해온 정부는 지방에서 중앙권력의 대행자인 수령권에 대항하는 어떠한 행위도 용납하지 않았다. 따라서 재지사족의 향촌 지배는 관권에 의해 일차적으로 한정되는 가운데 양보와 타협을 통해 운영될 수밖에 없었다. 이러한 사정에서 재지사족의 수령권과의 마찰은 무단토호로 규정되어 무참한 패배로 귀결되게 마련이었다. 1576년(선조 8)의 진주호옥晉州豪獄과 1579년 안동의 권심행權審行 사건이 그 대표적인 사례이다.

진주호옥은 주리州吏였던 강세운姜世雲을 이방으로 임명하는 문제에서 시작되었다. 강세운은 당시 영의정이었던 권철權轍에게 자신의 이방 임명을 청탁했고, 권철은 진주목사로 부임하는 구변具抃에게 이를 부탁했다. 그러나 강세운의 이방 임명에 대해 당시 유향소 좌수를 비롯한 진주의 사족들은 그가 상단인上壇人이 아니라는 이유를 들어 강하게 반대했다. 이러한 사실이 조정에 알려지자 진주는 "호강豪强세력이 강해 다스리기 어려운 고을"로 매도되었고, 좌수를 포함한 관련자 수십 인이 투옥되는 사태로 전개되었다. 권심행은 안동의 대표적인 재지사족이었다. 그는 안동 향약의 임원이었던 권의權儀의 아들이며, 이황의 문하에서 수학해 류성룡柳成龍, 경상병사 김부필金富弼 등과도 교분이 두터웠다. 그는 당시 탐학한 안동현감을 탄핵하려다가 도리어 무단토호로 지목되어 갖은 고초를 겪었다.

진주와 안동의 두 사건은 재지사족과 중앙권력 또는 수령과의 관계를 잘 보여주고 있다. 이러한 사정으로 재지사족의 향촌 지배 규약에는 수령과의 원만한 관계를 유지하기 위한 다양한 조치들이 구체적으로 제시되었다. 예를 들어 수령의 읍정邑政 수행에 대한 시비는 엄히 금지되었는데, 사족 스스로가 분수를 지키는 것이 곧 보신하는 계책임을 강조하고 있다. 그뿐만 아니라 수령을 헐뜯거나, 수령을 맞이하고 전별하는 자리에 일없이 불참하는 것도 금지되었다. 유향소에서 향음주례를 행하거나, 향규를 개정할 때에도 수령에게 보고해야 했다. 조세와 부역에 대한 성실한 응답도 강조되었고, 이를 둘러싼 여러 불법적인 행위나 하층민에 대한 직접적인 침학 등 수령의 읍정과 관련된 모든 것이 엄히 금지되었다. 물론 수령의 부당한 조치에 대해 관정官廷에 나아가 억울함을 호소한다는 조항이 제시되기도 했으나 이것은 예외적인 경우였다.

다양한 향촌 규약에 언급된 이러한 조치들은 재지사족과 수령권 또는 국가권력과의 관계를 원활히 하고 나아가 상호 이해관계를 일치시켜 사족의 향촌 지배를 가능하게 했다. 수령 또한 원활한 지방통치를 위해서는 사족의 적극적인 협조가 필요했다. 따라서 수령과 재지사족은 상호 보완적 혹은 타협적인 관계를 유지할 수밖에 없었다.

재지사족의 향촌 지배에서 향리에 대한 통제는 엄격하고도 광범했다. 향리는 군현의 행정실무를 담당했기 때문에 이들에 대한 통제 여부는 재지사족 향촌 지배의 성패와 직결되었다. 따라서 향리에 대한 규제는 '원악향리元惡鄕吏'라는 포괄적인 것에서부터 공무를 빙자한 다양한 작폐 등에 이르기까지 구체적으로 명시되어 있다. 이러한 내용은 다음의 안동 향규에서 확인할 수 있다.

상호장上戶長과 이방吏房은 상·중단안上中壇案에서 근신勤愼한 자를 뽑는다.

출처: 〈십조향규十條鄕規〉, 구규 내이삼절목舊規內二三節目.

치이서治吏胥(향리를 단속하는 조목): 민간에 출입해 함부로 거두어들이는 자. 각 담당 향리와 결탁해서 폐단을 일으키는 자. 수령을 속여서 정령政令을 어지럽히는 자. 공물貢物을 함부로 더 많이 거두는 자. 향중鄕中에서 무례해 풍속을 손상시키는 자. 모점冒占한 양민을 숨겨 부리는 자. 권세를 좇아 본역本役을 회피하고자 하는 자. 양민의 여자나 관비官婢를 첩으로 삼는 자. 서원書員으로 권력을 남용해 폐단을 일으키는 자.

출처: 《영가지永嘉誌》 권5, 〈향사당鄕射堂〉, 신정십조 新定十條.

위의 안동 향규는 사족이 군현의 행정실무를 담당하고 있던 향리에 대한 인사권과 이들의 활동 전반을 장악·통제하고 있었음을 보여준다. 그러나 향리에 대한 이 같은 규제와 통제가 실질적으로 가능했는지에 대해서는 의문이 남을 수 있다. 그것은 16세기 중반에 이르기까지 향리는 행정실무를 매개로 향촌 지배세력으로서 일익을 담당하고 있었을 뿐만 아니라 향리에 대한 통제는 곧 수령에 대한 견제를 의미하는 것이기 때문이다.

해주와 안동 등지에서는 향리와 서원에 대한 선악적善惡籍을 운영하고 있었다. 특히 안동은 유향소에서 향리와 관속官屬의 과실을 적발했다가 처벌한 이른바 '악적惡籍'의 일부가 현존하고 있다. 여기에는 1623년(인조 1)에서 1651년(효종 2)에 이르기까지의 향리와 관속 등 42명의 비리와 그 처리 결과가 기록되어 있다. 비리의 내용은 주로 부세 운영과 관련된 것이었으나 그 외에도 관비의 작첩作妾, 공무 태만, 상급기관에의 사족 참소讒訴 등이었고, 처벌 내용은 당시 향리들이 고통스럽게 생각했던 경주인京主人으로의 차출, 처벌 후 배상賠償, 혹은 본직에서의 해임 등이었다. 경주인은 말하자면 각 군현에서 파견한 서울 출장소장이었는데, 18~19세기와는 달리 당시에는 향리들에게 고역으로 인식되고 있었다.

이러한 사례들은 재지사족이 유향소나 향약을 통해 군현의 행정실무를 담당하고 있던 향리에 대한 인사권과 그들의 활동 전반을 장악하고 통제했음을 보여준다. 그러나 한편에서는 향리에 대한 재지사족의 지배와 통제가 일방적으로 관철되었던 것만은 아니었다. 관비의 작첩, 공형公兄의 문서작성 기피, 도사都事에게 참소해 고을에 해를 미치게 한 향리들의 행위 그 자체가 이미 사족의 통제 밖에 있었음을 의미하는 것이기 때문이다. 향리와 관속에 대한 통제는 다름 아닌 그들에 대한 직접적인 통제이기도 했지만, 결국 민에 대한 재지사족의 지배와 수령에 대한 간접적인 견제이기도 했다.

하층민의 지배, 교화와 부세 운영

양인과 노비로 구성된 농민층은 재지사족의 직접적인 교화敎化와 지배의 대상이었다. 교화란 애민愛民이라는 유교적 명분론에 입각한 지배와 통제의 다른 이름이었다. 농민층에 대한 재지사족의 교화와 지배는 중층적으로 이루어지고 있었다. 촌락 단위에서는 족계·동계와 동약이, 군현 단위에서는 향규나 향약이 있었고, 향교와 서원 역시 이러한 역할을 담당하고 있었다. 16~17세기 재지사족은 이러한 중층적인 향촌 지배조직을 통해 하층민을 지배할 수 있었고, 사적 개별적 이해가 아닌 사족 공동의 이익을 실현할 수도 있었다.

교화의 구체적인 내용은 가족과 향당 구성원 간의 윤리규범을 강조하는 것과 더불어 향촌사회질서를 어지럽히는 하층민들의 모든 행위를 대상으로 하고 있었다. 즉 하층민으로 '양반을 능욕하는 자'는 물론이고, 의복과 거마車馬를 분수에 넘치게 갖춰 상하신분질서를 어지럽히거나, 농사를 게을리하거나, 다른 지역민을 끌어들이는 행위까지도 규제의 대상이 되었다. 특히 자기나 타인의 상전에 무례불손한 노비는 유교적 윤리규범에서 가장 중요시되는 '부모-자식'의 관계로 병치시켜 엄하게 다스렸다. 이 시기 재지사족과 농민은 신분적인 상하관계뿐만 아니라 경제적으로는 지주-전호 관계를 가진다. 이러한 사정에서 교화라는 것은 결국 양반 중심의 신분질서와 지주제의 안정적인 유지를 위한 성리학적 지배질서, 바로 그것이었다.

그러나 양반층은 하층민에게 계급적인 이해만을 일방적으로 강요할 수는 없었다. 사족과 국가권력의 다양한 수탈로 하층민의 소농 경제가 극히 불안정해졌으며, 하층민의 저항과 몰락이 끊이지 않았기 때문이다. 또한 하층민은 질병과 자연재해로부터도 늘 위협받는 상황이었기 때문에 여기에 대한 대응도 필요했다. 사족 중심의 지배질서 확립이란 농민의 안정 위에서 가능한 것이기 때문이다.

재지사족은 농민의 안정 문제를 일차적으로 향약이나 혹은 촌락 단위 동계·동약에서의 상부상조를 통해 해결하려 했다. 그 내용은 대체로 수·화재와 도적, 장례와 상례에 재물로써 서로 돕고, 질병으로 농사가 어려우면 노동력의 지원이나 병작을 알선하는 것이었다. 그러나 이것이 근본적인 대책이 될 수는 없었다. 농민의 안정을 위협하는 가장 직접적인 문제는 무엇보다도 과중한 부세 부담이었다. 농민의 몰락 원인을 국가권력의 과도한 부세수탈에서 찾고 있던 재지사족은 부세 운영을 통해 소농 경제의 안정을 추구하지 않을 수 없었다. 이러한 부세 운영의 모습은 안동과 현풍의 향규에서 구체적으로 확인할 수 있다.

안동의 향규 〈신정십조〉에서의 한 조목은 '요역을 균등히 함[均徭役]'이다. 그 구체적인 내용은 부역이나 잡역을 마련할 때, 향소鄕所에서는 관청의 호구와 토지대장을 참고해 그 다과多寡와 허실虛實을 살피거나 8결結 단위로 세금 내는 법에 따라 경중을 비교해 공평하고 균등하게 요역을 분배하는 것이었다. 또한 호한豪悍함을 믿고 땅을 함부로 차지하고 있으면서도 세금에 등한시하는 자와 토지를 숨겨 요역에 응하지 않는 자는 관청에 보고해 처벌하게 했다. 현풍의 향규도 이와 비슷한 내용을 담고 있다. 즉, 모든 세금을 분정分定할 때에는 향소가 규약에 따라 온 고을에 알려 공론[僉議]으로 결정하고, 힘들고 쉬움을 분간해 균일하게 하는 데 힘쓸 뿐만 아니라 크고 작은 폐단도 적극적으로 수소문해 고을 회의를 통해 혁파할 것을 천명하고 있다.

이 같은 규정은 유향소가 부세 운영의 실질적인 책임을 지고 있었음을 보여주고 있다. 그리고 부세 운영의 대원칙은 균등한 부담에 기초하고 있으나, 한편에서는 농민을 고통스럽게 하는 폐단도 적극적으로 혁파할 수 있었음을 의미한다. 사족은 이러한 부세 운영을 통해 농민의 부담을 균등히 나누고자 했지만, 다른 한편에서는 사족 자신의 부세 문제를 해결할 수도 있었다. 사족 또한 부세 부담에서 자유로운 것은 아니어서, 이러한 부세 운영에 참여함으로써 점차 양반층으로서의 신분적 특권을 관철시킬 수 있었던 것이다.

재지사족 향촌 지배의 구체적인 내용으로서 교화와 부세 운영은 별개의 것이 아니라 상호 보완적으로 기능하고 있었다. 부세 운영에의 참여는 결국 교화라는 사족의 명분론적 농민 지배를 보완하는 물적 토대였던 셈이다. 따라서 교화와 부세 운영권의 분리는 당대인들에게 "걸으라고 하면서 발을 자르는 것"으로 이해되었다.

사족의 자기규제와 공동체적 대응

재지사족의 향촌 지배에서 가장 주목되는 현상은 사족 자신에 대한 규제이다. 주요 내용은 가족·향당 구성원 간의 윤리규범과 사족 상호 간의 상부상조를 솔선수범해 농민을 교화하는 것은 물론이고, 농민에 대한 다양한 침학까지도 엄격히 금지하고 있었다. 향규의 다양한 내용과 향약의 〈상인약조上人約條〉가 바로 그것이다.

사족의 자기규제 중에서도 특히 주목되는 내용은 농민에 대한 직접 또는 공권력을 통한 침탈이나, 환곡還穀을 갚지 않고 부역에 임하지 않는 무단토호적인 행위에 대한 엄격한 규제이다. 이러한 재지사족의 자기규제는 농민의 저항이나 국가권력과의 충돌이 향촌사회의 안정을 저해한다는 데서 오는 불가피한 조치였다. 그러나 사족은 자기규제라는 최소한의 양보를 통해 향촌사회에서 신분적으로나 경제적으로 그들의 이익을 최대한 보장받을 수 있었다.

16~17세기 재지사족은 향촌 지배를 통해 향촌사회에서 신분적으로나 경제적으로 그들 자신의 이익을 최대한 보장하고자 했다. 그러나 재지사족의 향촌 지배는 사족 개인이나 가문 단위의 사적인 이해가 아니라 일향一鄕 단위에서의 사족 공동의 이익이라는 차원에서 추구되었다. 사족 공동의 이익, 이것이 바로 자기규제의 궁극적인 목적이었다. 그러나 사족 공동의 이익을 추구하기 위해서는 우선 사족 상

호 간의 경제적인 균등이 확보되어야 했다. 그리고 사족 간의 경제적인 균등성은 이 시기 상속제도를 통해서 이루어지고 있었다.

16세기에는 토지와 노비의 철저한 분할주의에 입각한 자녀균분상속제가 관행이 되고 있었다. 따라서 어느 특정 자녀만의 성장이나 몰락을 방지하고 중소지주적인 경제적 기반을 계속해서 보장할 수 있음과 동시에 노비 또는 전호농민의 저항에 형제와 족친族親이 공동으로 대응할 수 있었다. 이러한 균분상속제는 16세기 사족의 경제적 분화를 최소화해 사족 내부의 안정을 담보할 수 있게 했다. 그러나 사족 내부의 이 같은 노력에도 그것을 획득하는 과정에는 선후가 있을 수밖에 없었고, 더욱이 학문적인 성향에 있어서나 성리학에 대한 이해에도 일정한 차이를 가질 수밖에 없었다. 이러한 사정은 재지사족의 자기규제적인 향촌 지배가 그 내부에서 쉽게 받아들여지지 않았을 것임을 의미한다. 이런 사정은 흔히 '퇴계향약'으로 이해되는 이황의 《(예안)향입약조禮安鄕立約條》가 당시 향사당에 게시되지 못했던 것에서 확인된다.

이황은 그의 〈향입약조〉를 향사당에 게시하려 했으나 받아들여지지 않았다. 고을 사족들의 의론이 일치하지 않았기 때문이었다. 향사당에의 게시는 임진왜란 후 그의 제자들에 의해 성사되었지만 애초의 내용과는 다소 달랐다. 자기규제에 대한 가장 중요한 두 조목인 "많은 인호人戶를 예속시켜놓고 관역官役에 응하지 않는 자"와 "조부租賦에 힘쓰지 않고 요역徭役의 면제를 도모하는 자"는 중벌로 다스린다는 내용이 훗날 게시된 현판에서는 빠진 것이다. 이러한 맥락을 미루어 볼 때 〈향입약조〉의 향사당 게시가 반대에 부딪혔던 데는 다름 아닌 이황의 〈향입약조〉가 가지는 자기규제에 대해 일부 사족들의 불만이 있었기 때문이라는 것을 알 수 있다.

재지사족이 자기규제를 통해 사족 공동의 이익을 추구했다 하더라도 농민층과의 대립·갈등을 근본적으로 해소할 수는 없었다. 그것은 어디까지나 사족 자신의 이해를 우선으로 전제한 다음에 실행되는 농민에 대한 양보였기 때문이었다. 따라서 농민층의 저항은 계속될 수밖에 없었다.

재지사족 향촌 지배의 또 다른 목적은 바로 이 같은 농민의 저항에 대해 공동체적인 대응을 모색하는 것이었다. 이것은 유향소의 설치나 향안의 작성에서, 그리고 그들의 향촌 지배를 위해 마련된 여러 규약 그 자체가 웅변해주고 있다. 하층민의 다양한 저항에 대한 공동체적 대응은 심지어 그들 가문의 노비나 계원契員 노복들의 사소한 행위에까지 미치고 있었다. 가령, "정情으로 가히 용서할 수 있는 자"라도 '첨의僉議[鄕中公論]'나 '족계·동계의 공적인 일[契中公事]'로 처리하게 했다. 재지사족의 향촌 지배는 이 같은 공론을 바탕으로 운영되어 사족 공동의 이익을 추구할 수 있었으며, 공동의 이익을 추구해 공론을 형성할 수도 있었다. 따라서 18세기 이후 향촌사회 지배층의 분열은 곧 향론·공론의 분열을 의미하는 것이며, 이것은 또한 재지사족의 '향권 상실'로 이해되기도 한다.

18~19세기 향촌 지배의 변화와 '새로운 세력'의 등장

변화의 양상과 요인

재지사족의 향촌 지배는 17세기 후반을 거쳐 18세기에 들어서면서 크게 변화했다. 그 구체적인 양상은 그들의 향촌 지배조직과 규약에서부터 다양한 형태로 전개되었다. 향약은 16세기 후반에 이르러 성리학에 대한 이해의 심화와 함께 조선적 향약으로 정착되면서 사족의 향촌 지배조직으로 자리했다. 그러나 18세기 이후 향론의 불일치, 곧 사족의 정치적 분열과 경제적 분화는 군현 단위에서 사족의 자율적인 향약 실시를 사실상 불가능하게 했다. 이에 따라 사족이 아닌 수령에 의해 실시되고 운영되던 '수령향약'이 등장했고, 일향 단위가 아닌 촌락 단위의 동약洞約 형태로 실시되기도 했다. 이러한 사정에서 임진왜란 후의 동약은 곧 향약으로 표현되기도 했다. 따라서 향약과 동약의 차이는 사실상 애매모호해졌다.

동계·동약은 18~19세기에도 사족의 촌락 지배조직으로 여전히 기능하고 있었다. 그러나 더 이상 향촌 지배의 하부조직으로 존재하지는 않았다. 군현 단위의 지배조직이 유형무실하게 되었기 때문이기도 했지만, 사회·경제적인 변화에 따라 촌락이 크게 성장했기 때문이었다. 이 시기의 촌락은 국가의 지방 지배와 부세 운영의 기본 단위로 성장해 있었다. 그리고 재지사족의 촌락 지배는 전全 촌락적이고 일률적인 것이 아니라 그들의 직접적인 지배력이 미치는 범위에서 관철될 뿐이었다. 물론 여기에서도 문제는 있었다. 서얼이나 하층민의 저항이 다양하게 전개되었기 때문이다. 사족은 수령의 권위에 의지하거나, 길흉사와 환난에 대한 상부상조를 강화하거나, 세금을 대납하고 공동의 토지를 확보하는 등 불안정한 소농경제의 재생산 기반을 확보하여 하층민의 저항에 적극적으로 대응함으로써 촌락 지배를 유지해 갈 수 있었다. 그러나 이전의 일방적인 지배와는 크게 달랐다.

서원 역시 일향 사족의 공론에 의해 건립되었던 기존과는 달리 문중이 중심이 되어 문중 인물을 제향하는 '문중서원門中書院'이 난립하는 폐단을 야기했다. 또 지역사회의 주류 당색과는 다른 인물을 배향하는 서원이 건립됨으로써 격렬한 향중쟁단을 일으키기도 했다. 향교는 일찍부터 교육기관으로서 기능을 상실했지만, 여기에서 거행되는 석전례釋奠禮는 사족에게 중요한 의식이었고 당연히 사족이 주관해야 할 몫이었다. 그러나 수령이 서얼이나, 기존의 지배세력이 아닌 인물을 차정함으로써 향전鄕戰이 야기되기도 했다.

그러나 무엇보다도 큰 변화의 양상을 보였던 것은 유향소였다. 유향소는 향리의 인사권이나 부세 운영권 등 수령의 지방통치와 중첩된 기능을 갖고 있었다. 따라서 면리제面里制의 실시, 지역주민 연대 책임제도인 오가통제五家統制의 실시, 지방군사의 감독과 조련을 규정한 〈영장사목營將事目〉의 반포, 공동납共同納의 강화 등을 통한 국가의 향촌 정책에 유향소는 직접적인 영향을 받을 수밖에 없었다. 이러한 국가의 향촌 정책으로 18~19세기 유향소는 재지사족 향촌 지배조직의 성격보다는 점차 수령의 군현통치를 보조하는 존재로 인식되었다. 이에 따라 과거에는 고을 영수領袖로 지칭되었으나 이 시기에 이르러서는 아관亞官으로 불리거나 관가官家의 이목耳目으로 인식되었다. 이러한 사정에서 사족은 유향소를 꺼리게 되었고, 향임으로 나아가는 것도 수치스럽게 여겼다.

유향소의 지위 격하는 그 모체였던 향안에서도 나타났다. 향안은 18세기 후반 이후 대부분 지역에서 더 이상 작성되지 못했다. 많은 지역에서 더 이상 향안이 작성되지 못했다는 것은 유향소의 상실과 함께 향안으로 상징되는 사족의 향촌 지배체제에 큰 변화가 생겼음을 의미한다. 더욱이 이러한 상황에서 향론은 분열되었고, 이러한 분열은 향전으로 비화하기도 했다. 물론 이 같은 양상은 지역과 재지사족의 존재형태에 따라 서로 다르게 전개되었다.

재지사족은 조선 후기에 이르러 지역에 따라서는 사족과 향족鄕族으로 분화되기도 했다. 사족이 주로 일찍이 중앙관직으로 진출했다가 처향과 외향을 따라 낙향해온 타읍사족他邑士族 출신이었다면, 향족은 재지 토착세력인 이족에서 사족화한 토성사족土姓士族 출신이었다. 사족이 유향소를 기피했다면, 향족은 적극적으로 참여해 향임이 되었다. 유향분기儒鄕分岐란 바로 이 같은 분화를 말한다. 그러나 호남과 달리 영남에서는 이 같은 분화가 미미했다. 영남의 토성사족은 타읍사족과 마찬가지로 재경관료로 적극 진출했기 때문이었다. 일례로 안동에서는 유향의 구별도 없었고, 19세기 말에 이르기까지 사족이 유향소 좌수와 별감이 되는 것도 전혀 문제가 되지 않았다.

18~19세기 재지사족 향촌 지배체제에서 나타난 이 같은 변화는 기존의 사족지배집단이 독점적으로 장악하고 있던 다양한 향촌 지배조직 상호 간의 유기적인 결합과 보완관계를 더 이상 유지할 수 없게 했다. 사족 향촌 지배체제의 해체란 우선 이 같은 조직 상호 간의 유기

적인 결합과 보완 관계의 해체를 의미하며, 나아가서는 16~17세기 재지사족이 군현 단위에서 실현하고 있었던 향리에 대한 인사권, 그리고 이를 통한 수령권의 견제, 부세 운영을 통한 하층민의 지배 등이 크게 제약되거나 불가능해졌음을 의미한다.

이 같은 현상을 가져온 요인에는 국가의 향촌 정책이 크게 작용했다. 사족의 향촌 지배권은 관권과의 타협을 통해서 기능을 할 수 있었기 때문이다. 더욱이 19세기 후반 강화된 수령권은 이전의 향촌질서와는 전혀 다른 이른바 '수령-이향吏鄕 수탈체제'를 형성했다. 수령의 지방통치에 사족이 아닌 이향이 등장한 것이다. 사족이 타협을 통해 견제와 통제를 했다면, 이향은 결탁을 통해 수령과 함께 수탈의 주체로 나섰다. 삼정문란三政紊亂은 이러한 수탈체제의 결과적 산물이었다. 사족은 향권을 두고 도리어 농민과 함께 수령과 이향에 저항해야 하는 처지가 되었다. 1862년(철종 13)에 전국 각지에서 발생한 임술농민항쟁에서 이를 확인할 수 있다.

18~19세기 사족의 향촌 지배를 크게 제약하고 있었던 것은 국가 정책의 변화나 이향의 등장이라는 외적 조건에서 오는 것만이 아니라 사족이 더 이상 향론을 일치시킬 수 없었던 내적 한계에서 오는 결과이기도 했다.

18~19세기에는 농민층뿐만 아니라 사족 내부에서도 심각한 계층분화가 진행되고 있었다. 즉 양반 신분층 내부에서 대지주와 몰락 양반으로의 계층 분화 현상은 우선적으로는 농업생산력의 발전, 상품화폐경제의 발달 등에서 오는 것이었지만, 다른 한편으로는 17세기 이후부터 전개되고 있던 적장자嫡長子 중심 상속제의 관행에 따른 것이기

도 했다. 적장자 중심 상속제에서 특정 가문의 성장과 몰락은 자연스러운 현상이 되었고, 시간의 경과에 따라 성장하는 가문과 몰락하는 가문 간의 격차는 더욱 심화되었다. 따라서 18세기 이후 향촌사회의 운영에 대지주와 몰락 양반과의 이해관계는 더는 일치되기 어려웠다.

적장자 중심 상속제의 관행은 종법宗法이 이미 보편화되었음을 의미한다. 종법은 종적縱的인 부계父系혈통을 확립했지만 사족 상호 간의 횡적인 연대를 단절시키고 있었다. 아들과 딸, 장자長子와 차자次子의 차별은 결과적으로 조선 양반사회에서의 횡적 연대를 차단하면서 특정 조상을 중심으로 한 가문이나 문중이라는 종적 결합만을 강요했다. 이러한 종법 아래에서 혼인과 상속을 매개로 한 향촌의 양반 공동체 사회는 더 이상 유지될 수 없었으며, 이제 향촌은 가문과 가문, 문중과 문중이 대립하고 경쟁하는 체제로 전환되었다. 이러한 상황에서 일향 범위의 공론, 즉 향론은 더는 형성될 수 없었다. 그러나 이러한 현상을 재지사족의 향촌 지배권의 상실이나 포기로 이해하는 것은 성급하다. 비록 일향 단위에서 지배조직의 독점과 이를 통한 공론의 형성은 어려웠지만, 사족의 신분적·경제적 특권은 여전히 인정되고 있었고, 이 같은 변화에 대한 대응도 적극적으로 모색되고 있었기 때문이다.

대지주는 수령이나 중앙권력과의 결탁을 통해, 또는 독자적으로 향촌사회에서 농민을 지배할 수 있는 경제 외적 강제를 상대적으로 쉽게 창출할 수 있었다. 이들은 다름 아닌 토호적 존재였다. 이 시기 토호에 의한 사적 지배는 도리어 확대되고 있었다. 그러나 사족 대다수의 입장에서는 여전히 공동체적 농민 지배가 절실했다. 사족은 농민

하회마을　낙동강 일대의 풍경을 담은 〈하회도병풍〉(이의성, 1828) 중 하회마을을 담은 〈화회도〉다. 안동 하회마을은 풍산 류씨 가문을 중심으로 형성된 조선시대 전형적인 동성촌이다.

에 대한 타협과 양보를 통해, 또는 그들의 거주 촌락 단위에서 동성 간의 혈연적 결집을 통해 이를 관철시키고 있었다. 대구大丘 부인동夫 仁洞이나 광주廣州의 경안이리慶安二里 등에서 볼 수 있듯이 하층민과 의 협의를 통한 동약의 실시가 전자의 예라면, 동성촌락의 발달은 후 자의 예가 된다. 비록 전 사족적인 또는 전 촌락적인 차원에서가 아니 라 하더라도 사족의 촌락 지배는 여전히 관철되고 있었다.

'새로운 세력' 의 성장과 향전

18세기는 사회·경제적으로 큰 변혁기였다. 18세기 변혁은 생산력 의 발전, 상품화폐경제의 발달과 이에 따른 사회신분제의 변동 등으 로 요약될 수 있다. 이러한 사회·경제적인 변화는 향촌사회에서 '새 로운 세력' 의 존재를 키워내고 있었다. 여기서 새로운 세력이란 향촌 사회를 장악하고 있던 기존의 재지세력인 재지사족과 향리가 아닌 존 재들을 의미한다. 이들은 신향新鄕[新儒]과 향족鄕族[鄕品·鄕班], 혹은 요 호부민饒戶富民 등으로 표현되었으며 재지사족의 기존 지배조직에 참 여나 향임 진출에 적극적이었다. 이들 중 신향은 주로 서얼을 지칭하 나, 향족은 지역적인 사정에 따라 다양하게 존재하고 있었다. 향족은 대체로 유향분기 과정에서 향임鄕任을 담당했거나 과환科宦(과거급제 와 벼슬)과 혼벌婚閥(혼인관계로 맺어진 세력)을 잃고 경제적으로 몰락해 가고 있던 기존의 사족가문, 또는 16~17세기의 사족 지배체제에 참 여할 수 없었던 하층 양반 등으로 이해된다. 요호 혹은 부민층은 신분 과 무관하게 경제적인 의미로 사용되기도 하지만, 일반적으로는 18~19세기 사회·경제적 발전에 적극적으로 대응하면서 수령의 지방통치 말단 조직에 참여하고 있던 계층이라고 할 수 있다.

18세기에 들어와 왕권강화의 기초로 수령권의 강화가 모색되고, 사회·경제적인 변화와 더불어 부세 또한 면리를 기초로 운영되면서 면리임面里任의 역할은 더욱 커졌다. 이러한 사정은 국가 또는 수령의 지방 지배에서 새로운 세력에 대한 관심을 더욱 증대시키고 있었다. 사족의 향촌 지배체제 아래에서 사회적 활동이 거의 봉쇄되어 있었던 새로운 세력은, 그들이 처한 사회적·신분적 제약에서 벗어나고자 관권과의 결탁을 절실히 필요로 했다. 또한 이들이 사회·경제적인 변화 속에서 부를 축적하며 성장하고 있었다는 점은 궁핍한 국가재정의 보충이나 빈발하는 기민饑民의 구휼을 위한 재원의 확보라는 측면에서 주목을 받았다. 이 시기에 전개된 납속納贖과 권분勸分은 바로 이들을 그 주된 대상으로 하고 있었다. 요호부민층의 일부는 향임이나 면리임 등 향촌 지배조직에 참여함으로써 '수령-이향수탈체제'의 말단에 편승할 수 있었다. 그러나 대다수의 요호부민은 여전히 수탈의 대상일 뿐이었다.

모든 양반이 기존의 향촌 지배조직에 참여할 수 있었던 것은 아니었다. 지역과 시기에 따라 상이했지만, 양반호의 절반 정도만이 향안에 입록될 수 있는 가문이었다. 따라서 나머지 양반호는 향권鄕權에서 소외되고 있었다. 이들은 향촌사회의 문벌가문은 아니더라도 양반의 신분과 일정한 경제적 기반이 있었다. 따라서 18세기 이후 기존 사족의 분열과 향촌 지배체제의 해체에 따라 보다 쉽게 향권에 접근할 수 있었다. 17세기 후반 이후에 향안이 "무식하고 염치를 모르는 자"들로 말미암아 혁파된 채로 방치[罷置]되거나, 향안 입록인 수의 급격한 증가는 이러한 사정을 반영하는 것으로 보인다.

그러나 새로운 세력의 중심은 신향인 서얼이었다. 서얼은 경제적 기반이나 학문적 식견에서도 적손嫡孫인 사족 못지않았다. 하지만 이들은 정치적 또는 신분적으로뿐만 아니라 향촌사회의 사족 중심의 지배조직에서도 철저히 배제되고 차별받고 있었다. 동성同姓마을의 동성집단에서도 마찬가지였다. 이들은 18세기 이후 법제적, 또는 사회 신분적 차별철폐를 주장하는 통청운동通淸運動을 전개했다. 즉 중앙관직뿐만 아니라 향촌사회에서도 향안·교안·원안 등 이른바 삼안의 입록과 그 순서를 나이에 따를 것[序齒]을 요구했다. 이러한 서얼의 요구는 영조와 정조 연간에 대부분 받아들여졌다.

서얼에 대한 통청이 조정에서 받아들여지면서 이들도 향안이나 교안 등에 사족과 함께할 수 있는 법적·제도적인 장치를 확보하게 되었다. 그러나 사족의 입장에서는 받아들이기가 쉽지 않았다. 향안은 다름 아닌 이들을 차별하는 데 일차적인 목적이 있었기 때문이다. 사족은 향안의 작성을 중단하는 것으로 여기에 대응했다. 비록 조정의 조치를 피하지 못했다 하더라도 더 이상의 향안은 작성되기 어려웠다. 사족의 입장에서는 굳이 서얼과 함께 향안을 작성할 이유가 없었기 때문이다.

18세기 이후 기존 사족이 가문과 문중으로 분열·대립함과 아울러 새로운 세력들이 사족의 기존 지배조직에 참여함으로써 향촌사회에서는 다양한 형태의 쟁단, 즉 향전鄕戰이 끊임없이 야기되고 있었다. 향전은 사족 상호 간 또는 유향 간, 신·구향 간의 갈등 등 다양했다. 이러한 대립관계에서 전개되는 향전은 향촌사회 구성원 상호 간의 이

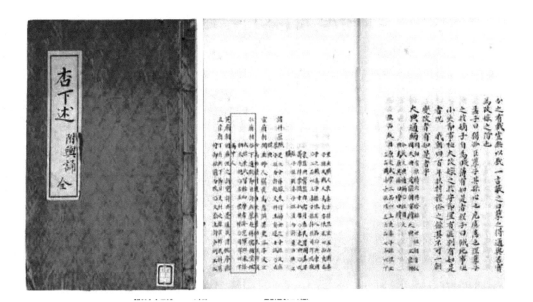

1415(태종 15)
서얼금고법으로 서얼의 문과, 생원·진사 시험 응시 금지.

1625(인조 3)
서얼허통사목 제정, 과거 응시 가능.

1696(숙종 22)
서얼금고법 철폐, 업유·업무로 호칭 가능.

통청운동에 반대하다 서얼 통청운동을 반대하던 성균관 유생들이 반대 의견을 개진하기 위해 참고 자료를 모아놓은 책《행하술杏下述》(1823). 적서의 기본 문제, 법전의 서얼 관계 규정, 서얼 허통을 둘러싼 1823년 조정 논의 등이 실려 있다. 《경국대전》한품서용조限品敍用條에 부계의 신분과 양첩 천첩에 따라 그 자손들을 서용하는 상한선을 규정해놓았다. 따라서 서얼은 관직의 꽃인 청직(홍문관, 사간원, 사헌부 등)에 오를 수 없었다. 그러나 조선 후기에 이르러 서얼은 자신들에게도 벼슬길을 열어줄 것을 요구했다. 이것이 바로 통청운동인데, 18세기에 지속적으로 전개되어 1777년(정조 1) 3월 정유절목의 반포로 이어졌고 향안이나 교안 등에 이들도 사족과 나란히 이름을 올릴 수 있게 되었다. 결국 신분 차별에 일차적 목적이 있었던 향안 작성의 의미가 없어지자 사족은 향안 작성을 중단했다.

해관계에서 촉발되는 것이지만, 여기에는 수령과 향리, 나아가 중앙의 정치세력 등이 복잡하게 연계되어 있었다.

향전에 대한 처리는 지방관에게 일임되어 중앙권력은 방관자적 입장에 서기도 했지만, 실제로는 그렇지 않았다. 그리고 지지세력에 대한 입장도 달랐다. 즉 노론은 새로운 세력을 적극적으로 지원하고 있었던 반면에, 소론과 남인은 기존의 사족세력을 옹호하고 있었다. 이러한 입장의 차이는 향전이 단순히 향촌사회 내부의 문제만이 아니었음을 의미한다. 영남에서는 대체로 기존의 남인세력에 신생 노론세력이 대립하는 형세로 전개되었다. 이로써 중앙권력인 노론은 정치적 학문적으로 굳게 결속되어 있는 영남의 향촌사회를 해체 분열시켜 反노론 반反세도권력의 정치적 결집을 사전에 봉쇄할 수 있었다. 이러한 노론 또는 세도권력의 대對 남인 혹은 대對 영남 정책은 어느 정도 성공적이었다. 결국 향전은 노론과 세도권력의 유지라는 차원에서 조장되기도 했고, 새로운 세력이 기존의 사족과 대립하기 위해 집권세력과 적극적으로 결탁함으로써 조성되기도 했다.

안동에서는 1738년(영조 14) 새롭게 노론을 표방한 이른바 '신노新老'가 수령과 감사 그리고 노론세력을 배경으로 김상헌金尙憲 서원의 건립을 통해 남인南人의 향권을 양분하고자 했고, 영해에서는 1840년(헌종 6) 노론계의 수령이 서얼을 석전제* 헌관獻官으로 임명해 신·구향 또는 수령과 사족 간의 격렬한 갈등을 일으켰다. 어느 경우에나 감영이나 조정, 영남의 유림 등이 복잡하게 얽혀 전개되고 있었다. 결국 신노나 신향이 뜻을 이루진 못했으나 사족 또한 귀양이라는 화를 면할 수 없었다. 이렇듯 향전은 승패에 관계없이 사족의 향촌 지배를 크

석전제
음력 2월과 8월 상정일에 성균관이나 향교에서 공자 등에게 지내는 제사.

게 위축시켰다.

신향과 향족 등 새로운 세력이 향전을 통해 사족 중심의 향촌 지배체제에 저항했다 해서 이들이 신분제와 지주제를 기반으로 한 조선 봉건 지배질서를 부정했던 것은 아니다. 이들이 기존의 사족과는 다른 사회·경제적인 배경에 기반하여 새로운 지배체제를 지향했던 것은 아니기 때문이다. 다만 기존의 질서와 체제에 편승해 그들의 신분적 특권과 경제적 이해를 관철하고자 했을 뿐이었다. 이것은 이 시기 새로운 향촌세력이 가지는 한계였다.

새로운 세력이 기존의 지배체제나 사상적 굴레에 안주하는 한 이같은 한계는 불가피한 것이었다. 동학東學은 이러한 점에서 이들 새로운 세력에게 새로운 사상과 학문적 체계, 그리고 새로운 지지기반을 제공할 수 있었다. 따라서 이들의 상당수는 동학이나 농민항쟁에 적극적으로 참여해 기존 사족의 지배질서와는 다른 새로운 질서를 구축하고자 했다. 동학농민항쟁(1894)이나 이 과정에서 설치된 집강소執綱所는 비록 일시적이었다 하더라도 기존 지배질서를 전면적으로 부정하거나 새로운 향촌질서의 창출 가능성과 전망을 보여주었다. 이처럼 새로운 세력의 등장과 활동은 비록 19세기 말에 이르기까지 사족의 향촌 지배체제를 전면적으로 부정하고 해체하지는 못했다 하더라도 그 과정으로서의 의미는 크게 평가될 수 있다.

― 정진영

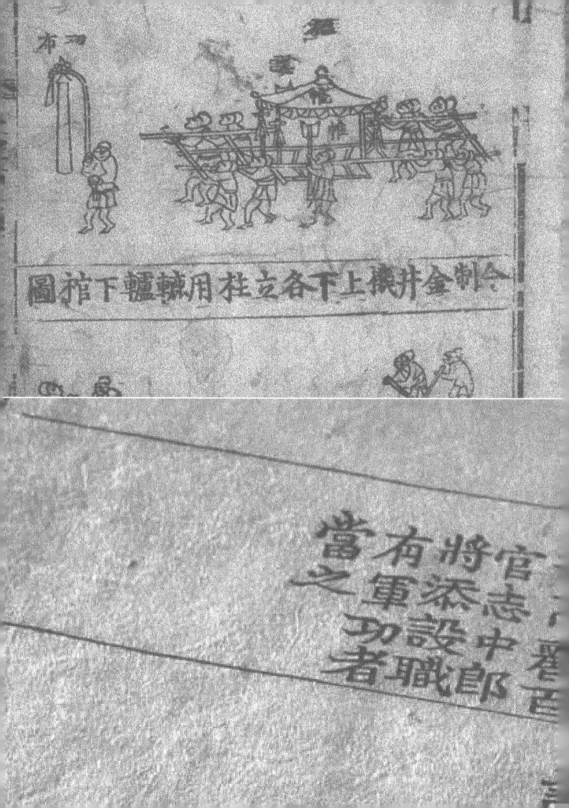

今制金井槤上下各立柱用轆轤下推圖

當之　有將官
　　　軍添志
　功設中
者職郎

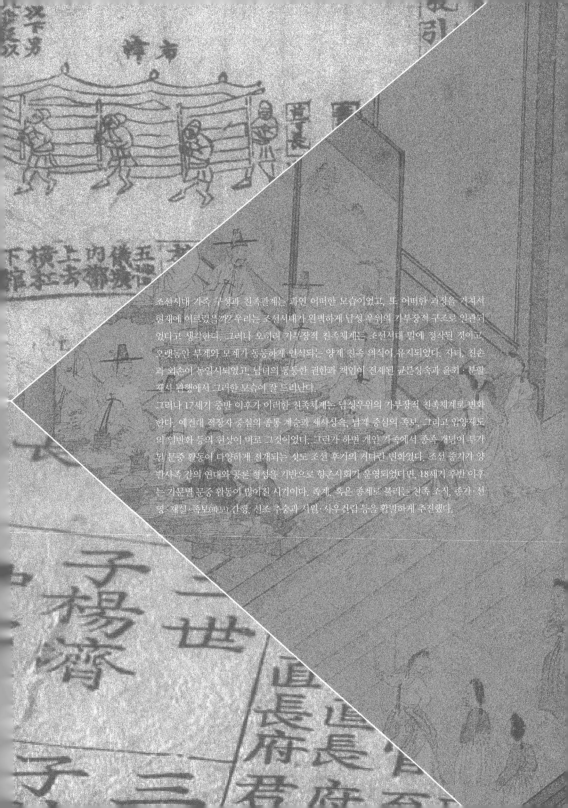

조선시대 가족 구성과 친족관계는 과연 어떠한 모습이었고, 또 어떠한 과정을 거쳐서 현재에 이르렀을까? 우리는 조선시대가 완벽하게 남성 우위의 가부장적 구조로 일관되었다고 생각한다. 그러나 오히려 가부장적 친족체계는 조선시대 말에 정착된 것이고, 오랫동안 부계와 모계가 동등하게 인식되는 양계 친족 의식이 유지되었다. 자녀, 친손과 외손이 동일시되었고, 남녀의 동등한 권한과 책임이 전제된 균분상속과 윤회·분할 제사 관행에서 그러한 모습이 잘 드러난다.

그러나 17세기 중반 이후가 이러한 친족체계는 남성우위의 가부장적 친족체계로 변화한다. 예컨대 적장자 중심의 종통 계승과 제사상속, 남계 중심의 족보, 그리고 입양제도의 일반화 등의 현상이 바로 그것이었다. 그런가 하면 개인 가족에서 종족 개념이 부가된 문중 활동이 다양하게 전개되는 것도 조선 후기의 커다란 변화였다. 조선 중기가 양반사족 간의 연대와 공론 형성을 기반으로 향촌사회가 운영되었다면, 18세기 후반 이후는 가문별 문중 활동이 많아진 시기이다. 족계, 혹은 종계로 불리는 친족 조직, 종가·선영·재실·족보(파보) 간행, 선조 추숭과 서원·사우 건립 등을 활발하게 추진했다.

가족에서
문중으로

집안의 내력과 형성 이야기

장가가는 남자, 무남독녀가 이어간 제사

조선시대 가족 및 친족의 범위와 성격은 전기와 후기가 크게 다르다. 조선 전기의 가족 및 친족제도 중에서 상속이나 제사관행을 보면, 조선 전기는 고려적인 불교의례와 비非 종법적인 친족체제가 성리학 보급과 함께 점차 성리학적 예제禮制로 바뀌는 과도기였다. 이러한 과도기 모습을 가장 잘 보여주는 것이 혼인에서 '남귀여가혼男歸女家婚'이다. 남자가 여자의 집으로 장가를 가는 남귀여가의 혼인관습은, 이에 따른 친족의 인식 범위나 제사 및 재산의 상속 등 제반 사회관습을 낳았다. 즉 부처夫妻, 아들과 딸, 친손과 외손을 동일시하는 양계적兩系的 친족체계를 존속하게 했고, 이러한 양계적인 친족의식은 자녀의 균분상속과 윤회·분할봉사奉祀, 그리고 외손봉사 등의 관행을 일반화하게 했다.

여성은 혼인을 할 때, '간다' 와 '온다' 라는 말이 다 통용될 수 있지만, 남성은 관용적으로 장가를 온다고 하지 않고 간다고 표현한다. 과연 장가를 어디로 간다는 말일까? 다시 말할 필요도 없이 처가로 가는 것이다. 그것이 조선시대 500년 중 적어도 350년 이상 지속된 일반적인 관행이었다. 당대 많은 조선 남성들은 혼인하면 처가에서 적게는 1년, 길게는 3~5년을 살았으며, 대부분 아들딸을 처가에서 낳고 길렀음이 여러 기록으로 확인된다. 특히 조선 전기는 모두가 그러했다. 이이가 외가인 강릉의 오죽헌에서 태어난 사연도 그 예다.

이러한 남귀여가혼은 결과적으로 딸(사위)과 아들을, 친손과 외손을 같은 핏줄로 보면서 부부·부모·자녀·내외손을 각기 대등한 위치로 인식하게 했다. 이러한 조선 전기의 친족관념은 상속과 제사, 족보의 기록 방식 등에서 후기와 많은 차이를 보인다. 가족 구성에서 부계와 모계, 처족의 호칭에서 거의 차등이 없었고, 이는 사회조직에서도 이들 타성他姓간의 연대로 나타났으며, 이러한 이성친족異姓親族 간의 연대는 주요한 사회적 역할을 했다. 다음의 예시는 그러한 경향을 알기 쉽게 이해할 수 있도록 재구성한 것이다.

1462년 나주에 사는 김호동의 호적을 보면 그의 나이는 45세, 신분은 양반으로 나주 김씨인데, 가족으로 모친 평산 신씨와 처 광산 김씨, 그리고 큰아들 김의남(28)과 그의 처 김해 김씨, 둘째 아들 김충남(25)과 그의 처 남평 문씨가 기재되어 있다. 물론 이런 호적 기록과 달리 이들의 족보를 보면 당시 실제 가족으로는 어린 딸 하나와 손자 두 명이 있었고, 큰딸은 10여 년 전에 한산 이씨 이문해에게 시집가서 삼 남매를 두고 있었다.

호동의 부친 김의문은 벼슬길에는 오르지 않았으나, 생원, 진사시에 모두 합격했고 시문에 능해 고을에서 이름이 자자했다. 그런가 하면 지역 사림들과 금란정이라는 정자를 짓고 모임을 주재하면서 시회를 조직하기도 했고, 향론을 모아 향약을 만들기도 하는 등 다양한 향촌활동을 했다. 부친이 아쉽게 54세의 나이로 사망하기는 했지만, 사실 그러한 부친의 활동 경력과 김호동 집안의 혼인은 무관하지 않다. 예컨대 장인인 김동석, 큰며느리의 숙부인 김일철이 모두 같은 시회계원들이었고, 둘째 며느리 남평 문씨는 김의문의 제자인 남백문의 조카딸이었다. 그리고 큰사위인 이문해도 김의문이 향약을 만들 때 함께했던 친구인 이산용의 막내아들로 항상 옆에 두고 일을 시켰던 제자였다. 나주고을에서 김호동의 존재는 그리 대단한 것은 아니라 해도 증조와 조부 이래로 닦아진 집안의 위세가 없지 않고, 대대로 교분이 쌓아진 저명 가문들과의 끈끈한 인연으로 여기저기 챙겨야 할 대소사가 적지 않다.

이렇듯 조선 전기의 친족, 종족 관념은 고려시대의 모습을 간직하고 있어서 내외친족이 망라되는 형태로 내외친의 구분없이 '족族', '족친族親', '문족門族'으로 불렸다. 특히 한 가문이 지역사회에서 가문의 전통을 인정받고 사회적 역할을 하는 데에는 특정 인물과 인물로 연결된 개인적 관계를 토대로 서로 다른 성씨들이 하나의 집안으로 연결되는 구조가 존재했다. 김호동의 가계에서 보듯이 향약, 시회와 같은 사회활동과 학문, 정치적 활동 등 유력한 인물의 개인활동이 사회적 영향력을 지니고, 여기에 대를 이어 인물이 중첩적으로 배출되면 가문의 위상을 유지하게 된다. 또한 유사한 가문끼리의 혼인을 통한 친족적 결속까지 이루어지면 이성친족들과의 연대로 사회적 영향력은 한층 증대되고, 그 증대된 역량을 서로 맺어진 여러 성씨가 공유했다. 그리고 이들에 의한 연대가 바로 향촌사회의 공론, 지배력을 형성하는 기초이기도 했다.

이러한 조선 전기 가족, 친족의 모습을 가장 특징적으로 보여주는 것이 제사와 재산상속 관행이다. 우선 외손봉사의 사례를 살펴보도록 하자. 조선 전기에는 외손봉사의 사례가 많았는데 자손이 없으면 그저 '무후無后'라 칭했으며 자녀가 없어도 양자를 따로 삼지 않아 사실상 대가 끊어지는 경우도 다반사였다. 그리고 무남독녀 외딸을 가진 가문이 사위를 맞으면 대부분 외손봉사를 했고, 이는 당연한 의무로 받아들여졌다. 물론 이러한 경우 재산상속도 모두 딸(사위)에게 주어졌다. 조선 전기의 유제遺制로 현재까지 외손봉사의 전통을 전승해오는 집안도 적지 않으며 김호동 가문에서 보듯 관련 재산을 철저히 관리해온 모습들은 고문서 자료에서 충분히 확인할 수가 있다. 다음은 조선 전기 제사 방식에 대한 이해를 돕기 위해 김호동 가문의 제사 방식을 예시로 든 것이다.

김호동은 모친이 지내는 외조부의 제사를 맡아서 지낸다. 기제사뿐 아니라 산제와 사시제를 모두 담당해야 한다. 이는 올해만의 일이 아니라 매년 있는 행사다. 외조부 신해순은 청안현감을 지냈던 분으로 평소 호동의 부친과 친교가 있었는데 호동의 사람됨을 보고 사위로 삼았다고 한다. 외조부는 슬하에 외동딸로 호동의 모친만을 두고 사망했기 때문에 모친이 제사를 받들면서 호동은 자연 외손봉사의 제주가 되었다. 물론 외조부의 재산은 모친에게 상속되었고 제사 몫으로 재산도 별도로 정해져 경제적으로 어려움은 전혀 없으며, 대대로 제사가 이어지게 하려고 외조부 제사조의 전답과 노비는 절대로 후손들이 없애지 못하도록 단속해놓은 상태이다.
그렇다면 김호동의 선대 제사는 어떤 방식으로 행했을까? 원래 부친 의문

때까지만 해도 윤회봉사로 부친 의문과 숙부인 정문, 그리고 고모(사위 황시원)가 매년 윤회하면서 제사를 맡았었다. 그러나 호동 때에 이르러 그의 형제들이 분할로 봉사하기로 정해 현재는 증조부모는 호동이, 조부모는 동생인 정동이, 그리고 부모는 막내인 인동이 각각 맡아 선조의 제사를 모시고 있다.

외손봉사와 함께 주목되는 것이 제사의 방식인데, 조선 전기에는 '윤회봉사輪廻奉祀', '분할봉사分割奉祀'라는 현대 사회에서는 쉽게 이해되지 않는 특이한 관행들이 일반화되어 있었다. 김호동의 아버지 김의문 때까지 행해졌던 윤회봉사는, 대개 자손들이 한 지역에 모여 살 경우에 흔히 이루어졌던 제사관행으로 자녀가 돌아가면서 조상의 제사를 모시는 방식이었다. 위와 같이 김의문의 경우 형제인 김정문과 사위 황시원까지 한 마을에 거주했으므로 윤회봉사가 가능했다. 이 경우 제사조 전답이 마을에 인접해 있었고 노비까지 할당되어 있어, 윤회로 제사를 맡는 사람이 이들 전답과 노비를 매년 돌아가며 관리했다.

이에 반해 분할봉사는 자손들이 조상의 제사를 나누어 책임지는 형태로, 차츰 자손들이 분가해 거주지를 이동하거나 윤회봉사가 어려워진 현실적 필요에 따라 등장한다. 위의 예시에서도 김호동 대에 이르러 제사 방식을 윤회봉사에서 분할봉사로 바꾼다. 분할봉사가 윤회봉사와 다른 점은 제사할 선조를 고정 분담하는 형태이다. 대체로 삼대봉사를 하던 조선 전기는 장자가 증조부모, 차자가 조부모, 막내가 부모 제사를 분할하는 사례가 많았던 것으로 알려지고 있다.

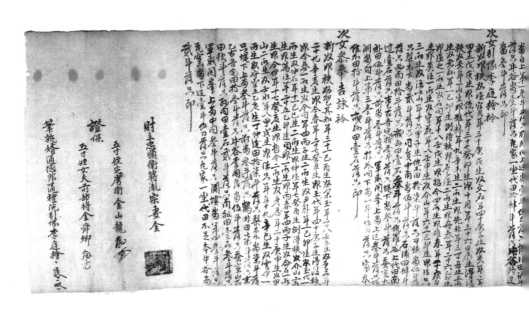

146

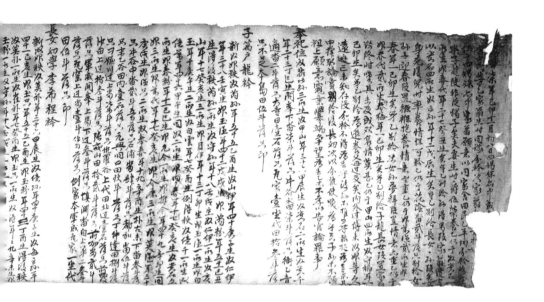

재산도 제사도 동등하게   아산 장씨 가문의 분재기(1579)와 문화 류씨 가문의 〈제차도祭次圖〉(1676년경). 부모 등 재주가 자식들에게 정해진 몫을 나누어주는 분재기는 깃급衿給이기도 한다. 아산 장씨 가문의 분재기에서 재주는 이정회의 장인인 장윤종의 처 김씨이다. 수취자는 모두 1남 3녀로 김씨가 분재한 것은 그의 남편이 일찍 죽었기 때문이다. 재산은 4남매에게 질과 양을 같게 나누어주는 균분상속의 원칙을 지키고 있다. 기재양식은 먼저 서문, 봉사위, 그리고 1남 3녀의 순서대로 기록했다. 조선 전기에는 재산상속에서 아들과 비교해 균등한 재산을 상속받았다. 특히 혼인한 딸에게도 균등한 재산이 분배되는 것은 물론, 여성은 자신의 본가에서 가져온 재산에 독립된 권한을 행사할 수 있었다.

이러한 자녀 균분상속은 아들과 딸이 돌아가면서 제사를 받드는 윤회봉사로 자연스럽게 이어졌다. 문화 류씨 가문의 〈제차도〉가 이를 증명하는데, 고비考妣에서 증조고비까지의 기제忌祭와 사시四時의 묘제를 10남매들이 번갈아 제사 지내는 순서를 보여준다. 그러나 이러한 경향은 예학이 발달하는 17세기를 전후로 변화하기 시작해 제사상속에서 일차적 책임은 장자에게 넘어가 제사의 적장자 상속이 일반화된다.

그리고 이러한 친족 관행은 재산상속에서도 남녀균분상속이라든가 재산상속의 대상이 되는 노비와 전답도 부변父邊·처변妻邊·모변母邊·조모변祖母邊 등으로 철저하게 전래 경위를 밝혀 구분하고 있고 외가, 사위 집안이 모두 하나의 동족同族(異姓同族)으로 인정받고 있었다.

장자와 동성동족이 최고

그런데 이러한 조선 전기 친족관념은 17세기 중후반에 이르러 커다란 변화를 보인다. 바로 장자우대와 남녀차별, 동성불혼, 이성불양異姓不養으로 대변되는 가부장적 친족체제로의 전환이었다. 17세기 중엽을 분기점으로 변화된 이러한 조선 후기 친족체계 변화의 주된 골격은 내외친內外親이 망라되는 양계친족에서 적장자 중심의 부계친족으로의 변화이다. 즉 17세기 중엽을 분기점으로 부계친 중심의 친족 결속력이 강화되고 이를 통해 새로운 가족이나 친족의 결합 모습이 정착되어갔던 것이다.

이러한 친족관념의 변화는 남녀균분의 재산상속에서 장자우대, 남성우대로의 변화, 족보에서 동성친족 이외의 수록 범위가 대폭 축소, 혹은 간략화되는 현상, 입양제도의 일반화, 그리고 동족마을의 형성 등으로 나타난다.

먼저 재산상속에 대해 살펴보기로 하자. 17세기 중엽까지는 장자와 차자, 남녀의 구별 없이 재산이 균분되었다. 그러나 17세기 중엽부터 차츰 장자우대나 남녀차등분배의 모습이 나타나다가 18세기 중엽 이후에 이르면 대체로 장자우대, 남녀차등의 재산상속이 일반화된다. 그리고 제사에서도 윤회나 분할봉사의 모습은 사라지고 봉제사의 전담자로서 장자의 역할과 지위가 좀 더 명확해진다.

다음의 예시 자료는 이러한 분재의 실상을 보여주기 위해 여러 자료의 성격을 종합, 고려해 재구성한 것이다. 유학 김처성이 죽은 뒤부인인 남평 문씨가 1582년에 2남 2녀의 자녀에게 재산을 분배한 〈허여문기許與文記(分財記)〉인데, 표에서 보듯 논과 밭, 그리고 노비가 주된 분재 대상이다. 조선 전기 재산상속에서는 봉사조와 형제자매에게 재산이 대체로 균분상속되고 있음을 알 수 있다.

〈표 1〉 김처성 처 남평 문씨 〈허여문기〉

재산 구분	제사	장녀	장남	차남	차녀	서녀	계
전(두락)	4	3	3	3	4	1	18
답(두락)	8	6	6	6	6	2	34
노(명)	3	4	3	4	3	1	18
비(명)	3	4	4	3	3	1	18

전답은 김처성이 생전에 소유했던 전체 전 18마지기와 답 34마지기 중에서 장자의 몫은 전 3마지기, 답 6마지기로 전체의 17퍼센트 정도에 불과하다. 윤회나 분할 봉사를 통해 제사조의 재산을 일시 분배받는다 해도 장자의 우선권은 거의 없는 상태라고 보아야 한다. 노비 분배도 마찬가지이다. 더욱 흥미로운 것은 이들 분재문서에서 각 재산(전답과 노비)은 전래 사유를 적으면서 조모변, 모변, 처변 등의 모계

가家의 지속을 위하여   제사 지내는 모습을 그린 풍속도(김준근, 19세기). 가족과 문중 그리고 그것이 확대된 향촌사회 등은 모두 결혼해 부모를 모시고, 돌아가신 부모의 제사를 지낸다. 제사는 죽은 자를 위한 예이자 집안 역사의 지속적 순환을 의미한다. 유교식 제사가 보급된 것은 고려 말 이후 성리학의 수용과 함께 조선시대 제사의 규범서가 된 《주자가례》 등이 수입되면서부터다. 조선 전기에 간행된 《경국대전》에는 신분에 따라 사대부 이상은 4대 봉사를, 6품 이하는 3대 봉사를, 7품 이하의 하급 관원과 서민들은 부모만을 봉사하도록 기록하고 있다. 그러나 사림들을 중심으로 4대 봉사가 보편화되어 일반적 관행으로 자리 잡게 된다.

사유를 기재한 것이다.

저명 동족마을을 조사하다 보면 대표 성씨의 선산 묘역에 타 성씨의 묘소가 함께 있는 경우가 종종 있다. 타 성씨의 묘소는 사위의 묘소인 경우가 대부분인데, 여기에는 재미난 구전이 전해온다. 시집간 딸이 지모를 발휘해 친정집의 명당자리를 차지한 이야기가 바로 그러한 예이다. 물론 그런 예도 없지는 않았을 것이나, 실제로는 이 시기에 관례로 딸에게도 똑같이 분배되었던 상속분의 토지와 임야에 이러한 연고를 '당당하게' 마련한 것이었다. 앞서 나온 구전은 이러한 제도와 관행을 이해하지 못한 후대 사람들의 상상력이 만들어낸 것이다. 장자중심의 상속과 제사 제도가 일반화된 후대의 상황에서는 김씨들의 선산 묘역에 사위인 박씨가 자리를 잡은 것이 이해되기 어려웠기 때문이다. 그러나 17세기 이전까지 300년간의 조선 상황을 자세히 살피면 딸이 아들과 함께 재산을 상속받는 경우가 오히려 더 많았다.

이러한 균분상속은 내외친족이 동일시되는 당시의 관행을 보여주는 일면이다. 사회 경제사적으로 보면 균분상속은 통혼권의 확대, 경향사족 간의 교류 증대, 이거移居와 토지점유 등이 이루어지는 과정에서 매우 적절하고 필요한 방식이었다고 할 수 있다. 따라서 균분상속은 처가와 외가를 이용한 신흥사족의 발생에 영향을 미쳤으며 중앙과 지방을 넘나드는 부의 재생산에도 기여했다.

그런데 조선 후기에 이르면 이런 상황에 적잖은 변화가 일어난다. 일차적으로 장자에게 제사조의 재산이 고정 상속되면서 전답과 노비 공히 전체의 40퍼센트 정도를 받게 되고, 이러한 경향은 자녀의 수가 적으면 더욱 높아졌다. 그리고 다음 단계에서는 서서히 여성 친족의 몫이 줄어들어 장남의 상속 지분은 절반 이상으로 커지고, 가산의 규모가 점차 축소되게 되면서 차남이나 서자녀의 몫도 없어져 장자(종손) 중심의 재산상속이 최우선, 절대량으로 고착된다.

이와 같은 변화의 배경과 원인에 대하여는 여러 논의가 있을 수 있지만, 대체로 다음과 같이 세 가지로 보고 있다.

① 예제禮制의 변화로 적장자 중심 친족관념의 일반화
② 양반, 사족 가문의 사회·경제적 지위 축소와 이에 대한 자구책
③ 경제적 분화와 이로 인한 편차의 발생으로 이성 등가 교환의 불능

그리고 지속적으로 인물을 배출하거나 사회·경제적 토대를 증대시켜 간 경우는 문제가 없었을 것이나, 그렇지 못한 가문은 누대에 걸친 균분상속이 가산을 분할시켜 점차 영세화했을 것이다.

다음으로 부계 중심의 친족관념과 적장자 중심의 가계 계승을 명확하게 확인할 수 있는 것이 족보 기재 방식의 변화다. 조선 후기의 족보 기재 방식은 조선 전기와는 매우 다르다. 우선 자손의 기록에서 오늘날 족보에서 보는 것과 같은 선남후녀先男後女의 기재 순서는 조선 후기에 와서야 생긴 것이다. 즉 조선 후기 변화된 족보는 현재와 같이 장남, 차남, 삼남, 그리고 그 뒤에 장녀, 차녀(사위)가 기록된다. 그러나 조선 전기의 족보를 보면 태어난 순서대로 장녀, 차녀, 장남, 차남, 삼남 식으로 남녀가 구분되지 않았다. 17세기 전반까지는 남녀를 불문하고 대부분이 생년순生年順으로 기록했던 것이다.

모母나 처妻, 부婦의 경우에도 남계男系와 동일하게 직계가계를 모두

기록했다. 예컨대 안동 권씨나 문화 류씨 족보임에도 실제로 그 성씨 인물은 10퍼센트도 되지 않는 '이상한' 족보가 바로 조선 전기의 족보다. 엄밀한 의미에서 친족 구성 범위가 조선 전기에는 이성친족異姓親族, 즉 부계와 모계가 모두 한 친족으로 넓게 인정되고 있었던 것이다. 그런가 하면 별도로 내외손보나 처가보가 편찬되기도 했다.

현대인들은 이 시기 딸과 외손녀 사위가 한집안의 족보에 기록된 것을 이해하기 어렵겠지만, 앞에서 설명한 재산이나 제사의 상속에서 남녀균분상속, 윤회봉사와 분할봉사가 가능했던 것도 이러한 친족 인식 때문이었다. 아울러 조선 전기에는 양자제도가 일반화되지 않아서 자손이 없으면 곧 '무후'로 가계가 단절되며, 아들이 없으면 사위나 외손이 봉사하는 일이 비일비재했다. 처가살이는 부끄러움이 아니었고 모두가 그랬던 관행이기도 했다.

그러나 18세기 어간의 족보에서는 모계나 처계의 기록은 특별한 경우가 아니면 일대에 한정되고, 그 내용도 매우 간략하게 축약되어 동성친족 이외의 수록 범위가 대폭 축소, 혹은 간략화되었다. 그리고 이와 함께 자녀의 기록 순서가 선남후녀의 남성 중심으로 변하고, 무후자의 경우 가계의 단절을 막기 위해 가까운 친족의 자제를 후사로 정하는 입후봉사례立后奉祀例가 일반화된다.

이에 따라 과거 동일친족의 범위에 속했던 외족과 처족이 일정하게 배제되어 실제 이해관계에서 인정받는 친족원의 범위가 크게 변화했다. 예컨대 평균 자녀 수를 2남 2녀로 상정할 경우, 조선 전기 족보에는 증조부모(1)-조부모(4)-부모(16)-자녀(64) 등이 모두 기재되어 그 수록범위가 폭넓다. 그러나 이를 조선 후기 족보의 남계 중심의 기재

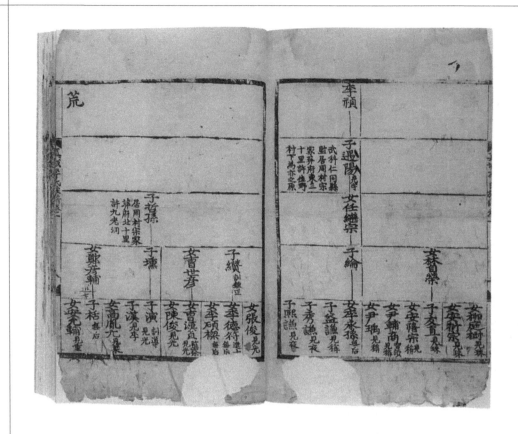

진성 이씨 족보의 변화　조선시대 여성들은 족보 기록에서 남자들과 어느 정도 동등한 권리가 보장되었다고 할 수 있다. 현재 남아 있는 족보로서 가장 오래된 《안동권씨성화보》(1476)는 자녀를 출생순으로 기록하고 있으며, 딸을 기재할 때 여부女夫라고 쓴 다음 사위의 성명을 썼다. 또 딸이 재혼을 하면 후부後夫라 하고 재혼한 남편의 이름까지도 함께 기록했다. 17세기 이후 이전에 자녀들을 출생순으로 기록했던 것과 달리 선남후녀의 기록 방식이 등장하게 되는데, 이는 동족의식의 형성과 장자 중심의 종법 질서가 강화되었기 때문이다.

1600년 경자년에 간행된 《진성이씨족보》의 특징은 계보를 구성하는 데에 통상적인 초간보와 같이 남녀의 기재에 있어서 차별 없이 모두 포함했다. 즉 시조로부터 남녀 간 출생순서에 따라 엄격히 써내려가고 그들에게서 난 모든 혈손들, 다시 말해 친손과 외손을 차별하지 않고 기록하고 있는 점 등을 볼 수 있다. 반면 오른쪽 19세기에 간행된 《진성이씨세보》에서는 그 변화가 보이는데, 1600년 족보에서

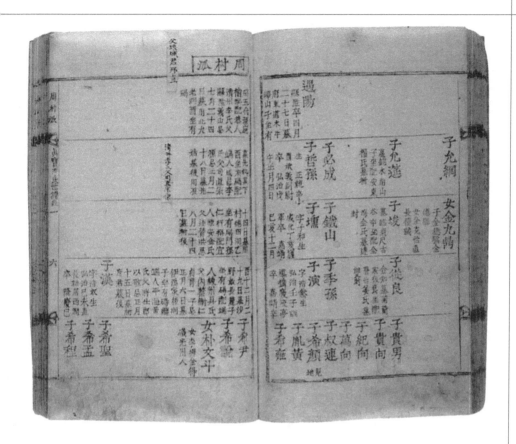

이정李禎—자 우양子 週陽 ┐

└ 여 임계종 女 任繼宗—자 륜子 綸

└ 자 철손子 哲孫—자 훈子 壎으로 이어지던 계보가 19세기 세보에서는 '자 우양子 週陽— 자 철손子 哲孫— 자 훈子 壎' 으로 바로 연결되어, 딸(사위 임계종)은 마지막에 기록하고 있으며, 외손 륜은 족보에서 제외되는 등 족보 기록 방식에서 차이를 보여주고 있다.

족보는 가계의 기록으로 가문별로 먼 조상으로부터 작성 당시의 인물에 이르기까지 수많은 인물들을 기록하고 있다. 우리나라에 서는 조선 초기 이래 족보의 발간이 널리 행해졌고 조선 말기에는 각 가문의 번성함을 보여주는 척도가 되기도 했다. 이러한 족보 는 가문의 역사를 기록해 나간다는 긍정적인 측면이 있었던 반면, 이것이 지나쳐서 자기 가문의 역사를 본의 아니게 왜곡하게 되 는 경우도 있었다. 더 나아가 이른바 '환부역조換父易祖', 즉 조상을 바꾸어 새로 만들기도 했으며, 때로는 남의 족보에 자신들의 계보를 끼워 넣는 일도 있었다.

방식으로 바꾸면 증조부(1)–조부(2)–부(4)–자(8)로 변한다. 자녀 세대
만을 예로 들어 비교하더라도 부계와 모계 양계 친족을 아울러 기록
하던 조선 전기의 경우 64명인데 반해 조선 후기 남계 중심의 족보 기
록에서는 8분의 1 수준인 8명으로 기록 범위가 축소되었다.

　이는 조선 후기에 가족과 친족의 의미와 결속 범위가 본질적으로
크게 달라지고 있음을 의미한다. 이렇게 동성동족의 남계 중심 인식
이 지배적인 경향을 보이는 가운데, 18세기 후반 이후에 이르면 같은
선조의 후예지만, 근족近族과 원족遠族을 구분하는 경향이 나타나게
되고, 같은 동성동족이면서도 계파가 구분되어 중시조와 파시조를 중
심으로 결속, 연대하는 경향이 나타난다. 이를 대변하는 친족 구성이
바로 '문중'이었다.

분화, 분열되는 친족조직

　지역사회에서 가문의 위세나 모습을 평가, 지칭할 때 두 가지 평가
기준을 적용해 이야기하는 경우를 종종 볼 수 있다. 그 하나는 가문
번성을 상대적으로 비교하면서 평하는 말로, 우선 벼슬이나 대과급제
등 인물 배출을 보고 자손의 수적 번성함을 살핀 다음 경제력이나 결
속력 등을 꼽는다. 다른 하나는 집안의 유대와 관련된 이야기로, 같은
집안 간의 유대와 반목을 비유해 '타성 간의 싸움에는 욕설만 오가지

만, 집안 간 싸움에는 반드시 피가 난다'는 말이 있다.

사실 이 두 이야기는 우스갯소리라고 할 수 있지만, 엄연한 사실이기도 하다. 실제로 이러한 이야기는 구체적인 '문중'의 사례이자, 적절한 평가기준일 때가 많기 때문이다. 회자되는 명당 이야기들을 살펴보면 어느 곳에 묘소를 쓰면 자손 수는 많지 않으나 걸출한 인물이 배출되고, 어디에 묘소를 쓰면 인물 배출은 많지 않지만 자손이 번성할 것이라는 이야기 등을 흔히 찾을 수 있는데 이는 결과적인 모습을 두고 만들어진 예화일 수 있다. 그리고 이러한 상대적인 비교는 대개 같은 성씨 안에서 계파나 소종小宗 간의 비교인 경우가 많고, '피'가 날 정도의 심각한 분쟁도 '문중 내부', 혹은 '계파 간'의 갈등을 말하는 것이라고 보면 틀림이 없다.

대개 사족의 향촌 지배는 18세기 중후반 이후가 되면서 위기를 맞는다고 알려졌다. 16~17세기 향촌사회 지배력은 사족들의 일치된 공론公論(輿論)이 있었기 때문에 가능한 것이었다. 그러나 18세기 중후반 당쟁의 격화와 지방화는 사족들의 분열과 공론의 불일치를 가져왔고, 여기에 더해 사족 간에도 경제 편차가 심해지면서 이해와 관련된 분쟁 등도 적잖게 발생한다. 그리고 이러한 분열과 와해의 조짐으로 과거처럼 향안·향규·향약 등과 같은 공적 기구를 통한 사족들의 향촌 지배가 불가능한 상태에 이르게 되었다.

이러한 조선 후기의 향촌사회 변화 속에서 지배세력으로 지위를 보장받기 위한 방편으로, 혹은 자체결속력을 강화하기 위한 대안으로 대부분의 양반 가문들은 공적 기구보다 혈연적인 종계나, 혹은 지연과 혈연(동족)적인 촌락을 중심으로 결속력을 강화해 자기방어를 모색하게 된다. 실제로 대부분의 저명한 가문들은 17세기 초중반에 족계, 혹은 종계로 불리는 친족조직을 창설, 자신들의 현조顯祖를 내세우고 가문의 위세를 강조해 최소한의 보호막과 하민통제의 수단으로 삼게 된다. 이때 향촌사회의 유력가문들은 자신들의 약화된 지배력을 보완 하고 유지하는 방편으로 종가·선영·재실·서당 등 여러 족적 기구들 과 상징적 기반들을 만들고, 종토宗土(位土) 등의 사회·경제적 토대를 마련했다. 다음의 가상 예시는 이 같은 사정을 묘사한 것이다.

충청도 청양 두만이 마을의 강성 김씨는 조선 초기 두문동 72현 중의 한 분 인 김인이 청양 지역에 은거하면서 지역적 연고를 마련해 시작된 가계이 다. 그 후 중앙 정계에 진출하지 않던 이 가문에서는 임진왜란이 발발하자 7세손인 송암 김동일이 의병으로 나서 8세손인 김청수와 함께 진주성 전 투에서 순절해 공신녹권을 받았다. 그리고 당시 김씨 가문과 처족이나 외 가를 통틀어 의병활동 및 모곡활동을 한 인물이 10여 명이나 되었고, 김동 일의 부인과 딸은 열녀로서 절의와 열행을 다했다.
이 가계는 김인을 청양 입향조入鄕祖로(처음으로 성씨의 이거 터전을 마련한 조 상, 혹은 낙남조落南祖라고도 함) 하는 강성 김씨 청양파로 불리며, 다시 임진왜 란 공신인 송암 김동일과 그의 삼 형제가 각각 계파의 중시조가 되어 송암 파(장자 김동일계), 청암파(차자 김동선계), 성암파(삼자 김동국계)로 나뉜다.

위의 가상 사례에서 보는 것처럼 대代의 수가 많이 내려오면서 자손 이 번성하고 지역 범위가 달라지면, 소위 중시조中始祖나 현조를 내세 우면서 지손들이 계파系派를 만들어 분리된다. 흔히 소종으로 불리는 지파들은 '송암공파(호)', '승지공파(관직)', '청양파(세거지역)' 등 현조의 호나 관직, 지역을 표상화한 이름으로 불린다.

그리고 앞에서 살핀 것처럼 부계 중심의 종적 유대가 강조되면서 처가, 외가 같은 개인적 횡적 유대는 제약받게 되었다. 따라서 각 가문은 이러한 사회·경제적 변화에 대응해 기득권의 보장을 위한 나름의 자구책을 마련하지 않을 수 없었다. 특히 세대가 내려오면서 족원 수가 증대되고, 족원 간의 결속력이 해이해지자 이에 대한 대응책으로 각 가문은 족계와 같은 친족조직을 만들게 되었다. 다음의 밀양 박씨 사례는 그러한 사정을 잘 설명해준다.

선산에 사는 밀양 박씨는 기묘사화에 연루되었던 박두성이 처가의 전장이 있는 선산 두레실로 은거하면서 터전을 잡는다. 박두성은 선산 지역의 밀양 박씨 입향조로 추앙받고 있으며, 그의 자손들은 두레실에서 번성하게 된다. 그런데 그로부터 5~6대代가 내려오면서 친진親盡이 되고 자손 수가 더욱 늘어나게 되자, 같은 박두성의 자손이면서도 서로 남 보듯 하는 현상이 자주 목격된다.

친진 이후에 묘제사를 1년에 한 번씩 지내기는 하지만, 참석을 하지 않는 친족구성원들이 늘어나자 묘제사에 관련된 경비 운영이나 족원들의 의례나 규범 제정이 필요해졌다. 이에 박두성의 5세손과 6세손들인 박화민, 박종근 등이 밀양 박씨 족계를 만들었다. 당시 족계는 족원들의 돈목과 묘제사, 재실의 건립이라든가 공동재산의 마련, 족계원의 규율 등에 관한 제반 사항들을 상세하게 정리하고 있었다.

밀양 박씨들의 경우, 같은 혈연이면서도 친진으로 인한 제사의 공유가 단절되면서 문제가 발생한 것으로 묘사된다. 이를 좀 더 상세하게 살펴보면 봉사손인 증손자가 죽어 그의 아들, 즉 현손이 제사를 모시게 되면 박두성은 고조부모가 되어 더 이상 가묘에서 제사를 받을 수가 없다. 그래서 고조부모의 신주를 매안埋安하게 되고 이후로는 1년에 한 번 묘제만 지내게 된다. 이렇게 가묘에서 제사를 지낼 수 없게 되는 것을 친진親盡, 또는 대진代盡이라고 한다. 물론 이 경우에도 숙부들이 살아 있으면 계속 증조부모의 제사를 숙부들이 모시기도 했다. 그러나 그 뒤로 2~3세대가 더 내려오면서 친족 구성원 간의 결속력 확보와 봉제사 유지 문제를 해결할 방편으로 족계를 창립한 것이다.

조선 후기의 문중화 경향: 동족마을과 문중서원

'문중'은 친족 사이의 결속 범위나 친소관계를 결정하는 용어로, 조선 후기라는 특정 시기에 일반화하고, 사회사적 흔적을 구체적으로 남긴 역사적 산물이다. 조선 후기 문중활동은 18세기 후반에서 19세기 전반기에 이르는 시기에 가장 일반화된 사회사적 현상으로 문중조직과 그 활동은 사족들의 사회·경제적 변화에 대한 위기대응 방식이자, 자신들의 종래 지위를 유지, 혹은 강화하는 수단이었다. 그리고 조선 후기 사회에서 이러한 노력과 목적은 일정하게나마 달성되기도 했다.

그런데 조선 후기 '문중'의 범위는 보는 시각과 관점에 따라 각양각색이다. 조선 후기 문중활동의 여러 양상은 몇 개의 당내친堂內親이 연계된 혈연·생활 공동체적인 동족마을의 종계·문중계門中契를 중심으로 하는 문중활동과 입향조, 중시조, 파조를 정점으로 군현 내 인친적姻親的 여러 동족마을의 조직들이 동원 연계되는 향촌사회의 문중활동으로 나눌 수가 있다.

또한 각 문중은 추숭, 정려旌閭, 신원, 추증 등 선조의 행적을 재평가하는 활동을 전개했다. 그리고 족적인 기반과 유대, 조직을 강화하는 수단으로 족보(파보)를 간행하거나, 동족마을을 중심으로 하는 동성동족적인 종계(화수계, 문중계)를 조직해 입향조나 계파 시조, 혹은 현조의 묘소와 재실을 건립하기도 했다. 이 시기에 문중의 선영 수호를 위한 규약이나 경제적 기반으로 노비·전답·산림이 집중적으로 마련되며 재실·종가·문중서당 같은 관련 기구들도 활발하게 건립·운영되었다. 나아가 선조先祖 현창을 위한 문집 발간·비석 건립, 나아가 정려 포장이나 서원·사우 건립 등을 활발하게 추진했다.

조선 후기 문중화나 동족 기반의 변화 주체로 주목되는 것이 바로 동족마을의 형성과 발전이다. 조선 전기의 내·외 친족관념과 이에 따른 자녀균분제하에서는 각 마을의 구성원들은 성씨는 다르지만 내외손이 인척으로 동거하면서 가옥과 전답·산림·수택·묘산 등을 공유했다. 즉 2~3개의 이성친족이 동거하면서 혈연과 지연에 근거한 동족적 유대를 유지할 수 있었다.

그러나 친족관념이 적장자 중심의 동성동족으로 변화하면서, 동족

옥산 장씨 의장　　　인동 장씨 장석보張錫輔 후손들이 공동으로 소유한 논밭인 의장義庄에 대한 운영 규정으로, 이것으로 문중 제사 비용뿐만 아니라 후손들 교육비까지 충당했다. 장석보 종가는 쌀 40석으로 시작해 이후 1000석에 이르렀다. 종가에서 1000석 이상 소유하는 것은 옳지 못하다고 해서, 매년 나이순으로 문중유사를 뽑아 쌀 300~400석까지 나누어주어 서도리 인동 장씨들은 모두 잘 살게 되었다고 한다. 옥산은 인동의 다른 이름이다.

마을의 구성과 운영의 중심도 동성동족의 족통族統과 경제적 근거로 변화하게 된다. 따라서 동족마을은 종가를 중심으로 하는 결속력과 이를 통한 사회·경제적 특권의 유지 존속을 도모하게 되었다. 즉 이들 동족마을은 조선 후기 다양한 문중조직과 활동의 중심체 내지는 기초 단위로서 존재했고, 이를 통한 특정 성씨의 마을 내 주도권은 더욱 강화되었다. 이 과정에서 전 시기처럼 이해를 같이하던 이성친족이나 방계친족의 지위는 감소하게 마련이고, 때로는 사회·경제적 이해상으로 경쟁자가 될 수도 있었다. 그리고 족계와 같은 동성친족의 강고한 조직이 기반을 다지면서 동성동족의 마을 지배력이 강화되자, 이들 타성은 점차 마을 조직에서 배제·이탈되어 보다 완전한 동족마을로의 위상을 마련하게 된다. 이것이 바로 조선 후기에 일반화되는 동족마을이며, 앞에서 예시한 청양 강성 김씨들의 터전인 '두만이 마을'과 선산 밀양 박씨들의 '두레실 마을'이 바로 전형적인 동족마을이다.

이렇게 친족 및 가족제도의 변화와 관련되면서 1~2세기의 시차를 두고 이루어지는 동족마을은 종계조직의 모체로서 조선 후기 다양한 문중활동의 기초 단위이자 중심처로 기능했다. 우선 동족마을이 종가를 중심으로 족族적인 전통이나 경제적 기반을 대표할 뿐만 아니라, 문중의 활동 목적이 '현조의 추숭과 그 권위의 재활용'에 있었다는 점을 염두에 둘 때 동족마을의 족적 전통과 유서는 다른 어느 것보다 먼저 선택될 수밖에 없었기 때문이다. 그리하여 동족마을의 기반이 형성되면서, 혹은 형성 과도기에 그 결집력을 확보하는 수단으로서 문중활동은 다음과 같이 다양한 형태로 이루어진다.

청양 강성 김씨 가계에서는 이괄의 난과 호란에도 세 명이 창의해 활동했으나 순절인의 후손인지라 경제적으로는 빈한하기 이를 데 없었고 국가로부터도 특별한 포장을 받지 못했다.

그러나 이후 김동일과 김청수의 3~4세손 중에서 청양 지역의 향론을 이끌었던 김성돈과 그의 형제들 그리고 조카인 김학중이 연이어 배출되면서 두만이 마을에 재실을 짓고, 족보 편찬, 선조 문집 발간, 선조의 유서를 기리는 유허비 건립 등 각종 현창사업을 계속하게 된다. 이러한 선조의 사적을 발굴하고 추승하는 작업은 향론의 인정을 이끌어 결국《절의록》의 편찬·배포와 1780년《청양읍지》인물조에 선조들을 등재하기에 이른다. 그리고 이를 토대로 의병활동을 한 선조들은 충의로, 열녀와 열부는 절의로 1802년과 1823년에 걸쳐 마을에 모두 세 개의 정려를 건립한다.

한편 강성 김씨 가문에서는 이를 계기로 충절가문으로서 결속과 가문의 전통을 새롭게 정립하고 청양 지역의 향론을 이끌어, 1835년 이들 충절인을 제향하는 충절사를 건립하기에 이르렀고, 이 사우를 중심으로 청양 지역에서 강성 김씨의 지위는 더욱 확고해졌다.

다음으로 주목할 것이 바로 문중서원과 사우祠宇의 건립활동이다. 문중서원은 대개 이들 18세기 후반 이후 19세기에 향촌사회에서 급증했는데, 이들의 가장 큰 특징은 ① 단일 성씨, ② 동족 기반의 유서 강조, ③ 추배를 통한 문중화 경향, ④ 문중 이해의 집약적 조직이다.

이들 문중서원과 사우의 건립은 사적인 문중조직이 공적인 서원조직으로 변환된 것으로 문중세력이 공적 사회조직 속으로 연결되는 매개였고, 그런 점에서 다른 어느 문중기구보다도 대표성을 가졌다. 특히 서원·사우의 건립과 이를 통한 가문의 결속, 선조의 추숭은 다른 어느 활동보다도 주목되었으며, 향촌 단위 사회에서 이루어지는 문중 활동의 궁극적인 귀착점이기도 했다.

1657년(효종 5) 충청감사 서필원徐必遠이 지적한 서원의 네 가지 폐단 중에서 그 세 번째 논의를 보면 "서원 설립이 사사로운 것이 많고, 서원에서 받드는 인물이 사림들의 공론을 거치지 않고 때로는 자손들이 그 선조를 사사로이 향사한다"라는 지적이 나온다. 또 영조대(1724~1776)의 검토관 신치근申致謹이 "자손이 융성하면 부당자도 배향되고, 자손이 쇠미하면 가당자도 배향되지 못하는데 이는 모두 당론 때문이다"라고 언급한 것은 바로 이 같은 상황의 만연을 지적한 것이었다.

실제로 전남 지역의 조사 사례를 통해 보면 국가의 공식적 서원 기록에 등재된 경우에서도 문중 성향이 강했을 가능성이 큰 단일 성씨의 사례가 18세기 이후 절반 이상으로 늘어나고 있고, 관찬 기록에 누락된 경우는 단일 성씨 제향이 전체의 70퍼센트에 달한다. 영조 때의 서원 훼철에서는 문중 성향이 강한 인물을 제향한 사당과 사우가 전체의 90퍼센트를 차지하고 있었다. 한편 숙종대(1674~1720) 이전에는 사림활동의 측면에서 건립유서로 강학소나 서재 혹은 사족활동의 사적이 많았으나, 이러한 현상은 숙종대 이후로 가면서 사당·영당이나 기타 동족적인 기반들을 유서로 하는 문중적 기반의 점유율이 상대적으로 증가한다. 그중 각 성씨의 본관지나 입향지에의 서원 건립이 증가하는데, 본관지에의 서원 건립은 문중기반의 유서가 깊은 지역에 서원을 건립해 오랜 지역적 연고와 권위를 부각시키려는 목적이 강했다. 반면 입향지에 건립된 서원은 대부분 이거사족이나 신흥사족이 자신들의 지역 연고나 사회적 위세를 부각시키는 수단으로 활용되고 있었다.

다음으로 서원의 문중화 경향에서 가장 큰 특징이 바로 건립 이후 추배제향하는 인물의 성격과 시기 문제이다. 실제 문중서원의 성격도 제향인에서 가장 잘 드러난다. 즉, 제향인 기준이 점차 해이해진 틈을 타서 후손들에 의한 문중선조, 즉 시조나 원조遠祖·입향조·파조·중시조·현조顯祖 등 문중 인물의 제향이 급증한 것이다. 숙종대 이전에는 총 제향인 중 10퍼센트에도 미치지 못했다가 숙종대 이후에는 전체 제향인의 3분의 2가 문중 인물로 채워졌다. 이러한 최초 제향인(건립 시 제향인)의 문중 관련 경향은 18세기 후반 이후에는 더욱더 노골화되는데, 이는 각 성씨의 시조(원조)나 입향조, 나아가서는 문중에서 배출한 삼강 인물까지 추배 제향함으로써 가문 중심의 명현선조 제향을 통한 족적 결속력 강화와 권위 과시를 추구하는 경향이 강해졌기 때문이다. 그리고 이러한 과정들은 문중선조의 추증이나 신원, 포장 작업과 연계되어 추진되는 것이 일반적이었다.

이러한 상황은 18세기 후반에 이르러 더욱 노골화되었던 듯하다. 1801년(정조 5) 경상관찰사 조시준趙時俊은 문중 인물 추향 문제를 "지방의 무식한 자들이 무리를 이루어 경중에 출몰하면서 예조에 연줄을 놓아 장제와 관문을 얻고는 사우를 창건하고 추향을 일삼는데, 이는 성현과 스승을 존경하는 뜻에서 나온 바가 아닙니다. 혹은 자손으로서 선조를 들어 사사로움을 꾀하거나 미비한 자들이 여기에 기대어 행세하고자 함에서 비롯되는 것입니다"《정조실록正祖實錄》 5년 12월)라고 지적하고 있다. 정약용丁若鏞도 "사적인 사우 건립의 폐단이 날마다 새로이 나타나고 달마다 심해져 백 리 되는 고을에 수십 개소에 이르렀다고 하면서 한 가문에 부자, 형제 간에 효행 혹은 전망을 내세워 나이로 서열을 삼아 한 서원에 12~13인의 위패를 늘어놓기도 한다"라고 지적하는 지경에 이른다《목민심서牧民心書》〈예전禮典〉 제사조祭祀條).

이렇게 18세기 후반 이후 일반화하는 '문중서원' 들은 유명무실해진 사족 지배체제를 부분적으로 대신하는 형태로 사족가문의 문중을 기반으로 이루어진다. 그러나 이 같은 목적과 현실 대응의 자구 노력은 내용상 각 가문의 지위와 기반 보강의 목적을 우선한 것이었으므로, '문중서원' 의 경쟁적 건립은 곧 향촌세력의 분열과 분기로 이어진다.

— 이해준

조상을 위한 공간　안동 권씨 충재 권벌 종가 사당. 사당이란 조상의 제사를 지내는 건물로 왕실의 사당은 종묘, 개인의 사당은 가묘, 문성왕인 공자를 비롯한 유현을 모신 향교, 성균관의 사당을 문묘 혹은 대성전이라 한다. 조선시대 선비들은 삼묘三廟인 종묘, 문묘, 가묘를 중심으로 의례행위를 했다.

15~16세기 조선 양반들은 작인을 활용하기보다 노비와 토지가 결합된 농장[1]을 통해 농업을 경영했다. 16세기에는 개간이 진행되고 노비가 급속히 증가하면서 농장이 확대되었다. 이때 지주들이 도입한 농장경영 형태는 작개, 가작, 병작이었다. 작개지는 지주가 노비에게 작개지와 사경을 함께 주는 방식으로 작개는 논 중심으로, 사경은 밭 중심으로 구성되었다. 가작은 지주가 노비를 동원해 생산한 수확물의 전량을 가지는 방식으로 농사 전 과정을 지주가 직접 관리해야 하기 때문에 원격지 농장에는 도입되기 어려웠다. 병작은 예속 노동력이 부족하거나 지주가 자경 능력이 없을 때 이루어졌다. 병작지 작인들은 신분적으로 예속되지 않았기 때문에 15세기 농장에서 병작이 차지하는 비중은 작았다.

16세기 양반 지주들은 이앙법과 같은 선진 농법을 도입하는 데 관심이 많았다. 이앙법을 활용하면 김매기 횟수를 줄일 수 있었고 1회 김매기 하는 데 들어가는 일손도 절감할 수 있었다. 양반들은 절감된 노동력을 밭농사에 투입시켰다. 이앙법의 일반화는 많은 노동력을 투입해야 하는 면화, 담배 같은 상품작물 재배도 쉽게 해주어 농민들의 소득 증대에도 기여했다.

조선 후기에는 인구증가율이 토지증가율을 앞서면서 농민들의 평균 농지소유 규모가 줄어들었다. 대규모 토지를 소유한 지주들은 점차 줄어든 반면, 소규모 토지를 소유한 농민들은 증가해 영세화된 농민들이 늘어났다. 이 시기 빈농들은 토지를 대여받기 위해 양반들의 통제를 따를 수밖에 없었고 양반 지주들은 이러한 상황을 활용해 지주제를 강화시켰다.

18세기 후반부터 양반 지주들은 농업경영 방식에 수확 무렵 지주가 지대량을 결정하는 집조를 적용했다. 그리고 타인의 토지를 많이 빌리던 상농은 장기적으로는 점차 감소했고 개별 농가의 경작면적이 줄어들면서 농사는 더욱 집약적인 성격을 띠게 되었다.

농사짓는 작인,
수취하는 지주

양반들의 농업경영

노비를 부려
농사짓던 시절

양천교혼과 개간에 힘쓰던 양반들

조선 후기 경상도 칠곡漆谷 돌밭[石田]에는 광주 이씨 양반들이 모여 살고 있었다. 정약용에 따르면 돌밭은 경상도의 유수한 양반 동성촌락과 어깨를 나란히 할 정도로 유명한 마을이었다. 그는 조선 후기를 대표하는 지리지인《택리지擇里誌》발문을 쓰면서 두드러진 양반 동성촌락을 소개했다. 거기에는 이황 후손들이 모여 살던 도산陶山, 류성룡 자손들이 함께 살아가던 하회河回, 김성일 집안사람들이 거주하고 있던 내앞[川前] 등과 더불어 돌밭도 기재되어 있다.

조선 후기 칠곡에 거주하던 광주 이씨는 경기도 광주廣州의 향리 집안 후예로서, 이지李摯가 고향을 떠나 영남으로 이주하면서 경상도와 인연을 맺게 되었다. 이지는 경상도 팔거현八莒縣 상지촌上枝村에 강력한 경제적 기반이 있던 처가를 좇아 이주했다. 칠곡에 살고 있던 광주 이씨 일족은 조상의 처가동네 근처에서 살아가고 있었던 셈이다. 돌밭이 광주 이씨 동성촌락으로 성장하는 과정은 조선 후기에 이름난 양반 동성촌락의 형성 과정과 유사하다. 고령에 살던 김종직의 후손, 경주

양동良洞에 거주하고 있던 이언적의 자손, 경상도 예안 일대에 거주하던 이황의 후손, 안동 풍산에 거주하던 류성룡의 자손, 안동 내앞에 거주하던 김성일 집안 사람들도 조상의 처가동네 근방에서 살았다.

15~16세기에는 처가를 좇아 이주하는 양반들을 흔히 볼 수 있었다. 시간이 지나면서 처향妻鄕으로 이주한 인물의 후손 가운데 과거를 통해 관직에 진출하는 사람들이 생겨났다. 광주 이씨의 터전이 된 돌밭 또한 이조판서를 역임한 이원정李元禎, 경상감사를 지낸 이담명李聃命과 같이 알려진 인물을 배출했다.

조선시대에 자제들을 관직으로 진출시키려면 재력이 뒷받침되어야 했다. 과거에 합격하려면 유학에 대한 깊은 지식이 필요했고, 이를 위해서는 상당한 교육비가 뒷받침되어야 했기 때문이다. 처향으로 이주한 15~16세기 양반들은 처가 재산을 기반으로 자식들의 교육비를 충당할 수 있었다. 조선 전기에는 자녀균분상속제 덕에 처향으로 이주한 양반들 대부분은 경제적 고통을 겪지 않았다.

조선 전기에는 노비와 전답이 재산의 양대 축이었다. 16세기 양반들은 무거운 부세 부담을 견디지 못하고 몰락하는 양인농민을 포섭해 어렵지 않게 노비를 늘려갔다. 당시 양반들은 자신의 노비들을 양인의 남녀와 결혼[良賤交婚]시킨 다음 그 자식들을 노비로 삼았다. 예를 들어 16세기 경상도 예안에 거주하던 광산 김씨가는 노비의 절반 이상을 양인과 결혼시켜 그 자식들을 노비로 만들었다.

조선 전기에 노비를 많이 보유하면 전지를 획득하는 것은 어려운 일이 아니었다. 옥토로 바꿀 수 있는 무주공황지無主空荒地가 곳곳에 널려 있었기 때문이다. 양반들은 광활한 황무지에 대한 개간권을 획

논에서 김매는 농부들　논에서 김매는 한 무리의 농부들을 그린 〈수운엽출水耘曄出〉(〈행려풍속도병行旅風俗圖屛〉, 김홍도, 1795). 농군들이 뙤약볕 아래 부지런히 잡초를 솎아내고 있는데, 논둑길 간이식 차양 아래는 논주인인 듯한 노인이 양반자세로 앉아 김매기를 지켜보고 있다.

득한 다음, 노비를 동원해 개간함으로써 그곳을 자신의 전답으로 만들어갔다. 15세기 양반들은 주인이 있는 진전陳田마저 자신들의 소유물로 만들기도 했다. 《경국대전經國大典》은 전답이 3년 이상 묵게 되면 관청에 그 사실을 알리고 경작하는 사람에게 주도록 규정하고 있다. 이 법은 16세기에 폐지되었다. 안동 내앞에 거주하던 김성일의 아버지 김진金璡은 1531년 사방 10리에 이르는 강원도 강릉 금광평金光坪의 황무지 개간권을 획득하기도 했다.

전답과 노비가 결합된 농장

조선 전기에는 조선 후기와 비교하면 전답을 쉽게 모을 수 있었지만 그것을 효율적으로 관리하기 위해서는 많은 관심을 쏟아야만 했다. 일반적으로 농토로 전환할 수 있는 미간지未墾地와 진전이 많은 시기에는 땅에 대한 지주地主의 권리가 상대적으로 약할 수밖에 없었다. 그와 달리 지주의 땅을 빌려 경작하는 사람, 즉 작인作人들의 권리는 땅을 빌리고자 지주 집 앞에 줄을 서는 18~19세기에 비해 상대적으로 강했다. 15~16세기에는 작인을 가리켜 소경주所耕主 또는 소경호주所耕戶主라고 부르기도 했다. 당시에는 전답 소유자와 더불어 경작인도 '주主'로 규정을 받았던 것이다. 15~16세기에는 작인이 지주의 토지를 마음대로 방매하는 일이 빈번히 발생했다. 그리고 토지를 구입할 때 소유자뿐만 아니라 작인에게도 대금을 지급하는 경우가 많았다. 지주뿐만 아니라 작인도 땅에 대한 권리를 가지고 있었기 때문이다.

15~16세기에는 상전 소유지와 노비 소유지의 구분이 명확하지 않았다. 노비들은 자기 전답을 매도할 때 상전의 허락을 받거나, 재산을

상속할 때 그 일부를 상전에게 상납하는 일도 흔히 있었다. 심지어 상전의 허락 없이는 노비들 마음대로 전답을 구입할 수 없는 경우도 있었다. 서울에 거주하던 안사신安思慎은 1554년 "방매전답放賣田畓을 아뢰지 않은 자는 대소처大小處를 불문하고 장杖 50도, 방매전답을 사사로이 매득買得하려고 꾀해 숨겨두고 고하지 않다가 발각되는 자는 장 60도, 사사로이 매득하려고 꾀하다가 상청上廳이 매득한 후에 매득하지 않은 것을 후회하는 자는 장 70도"를 친다는 규정을 노비들에게 적용했다.

한편 노비들이 상전의 전답을 주인 몰래 팔아버리는 일도 적지 않았다. 16세기 후반 해남 윤씨가에서는 해남현 일대의 황무지를 개간한 다음 노비들에게 그곳을 관리하게 했다. 그로부터 100여 년이 지난 17세기 후반 어느 날 서울에 거주하던 윤씨가는 노비들이 몰래 팔아버린 전답이 적지 않음을 알게 되었다. 이에 〈어부사시사漁父四時詞〉의 작자로 유명한 윤선도尹善道의 후손들은 소송을 제기했다. 소송을 주관한 지방관은 노비가 상전가의 토지를 주인 허락 없이 판매하는 현상은 민간에서 늘 일어나는 일이라면서 윤씨가에게 소송을 취하하도록 권고했다. 그 후 윤씨가는 지방관의 권고를 받아들여 소송을 취하했다.

이같이 15~16세기 양반들은 노비들에게 토지를 맡겼다가 영영 잃어버리기도 했지만, 그래도 자신들에게 신분적으로 예속되지 않은 작인들에게 토지를 빌려주는 것보다는 안전하다고 생각했다. 양반들은 노비들에게 토지를 경작하게 했는데, 노비들이 경작하는 땅을 가리켜 농장農庄이라 칭했다. 16세기에는 개간이 활발히 진행되고, 노비가 급속히 증가해 농장이 확대되고 있었다. 농장은 대체로 고래 등 같은 주

1575년 안동 풍산 순흥 안씨가 농장구조

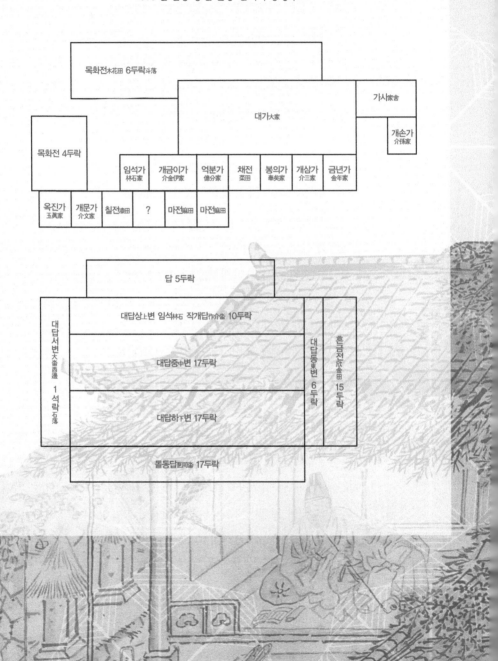

목화전木花田 6두락斗落

대가大家

가사家舍

개손가介孫家

목화전 4두락

임석가林石家

개금이가介金伊家

억분가億分家

채전菜田

봉의가奉義家

개삼가介三家

금년가金年家

옥진가玉眞家

개문가介文家

칠전桼田

?

마전麻田

마전麻田

답 5두락

대답상上변 임석林石 작개답作介畓 10두락

대답서변大畓西邊 1 석락石落

대답중中변 17두락

대답하下변 17두락

대답동東변 6 두락

흔금전欣金田 15 두락

돌동답乭同畓 17두락

인집을 중심으로 노비집 10여 채가 자리 잡고, 하천이나 계곡의 물을 이용해 쉽게 관개할 수 있는 곳을 따라 전답이 소규모로 흩어져 있는 형태를 띠고 있었다. 양반들은 대체로 이러한 구조를 띤 농장을 여러 곳에 보유하고 있었다. 남녀균분상속이 이루어지고, 개간이 활발히 진행된 결과였다. 처가로부터 상속받은 전답과 개간한 전답은 대체로 먼 곳에 있었던 것이다.

농장이 각처에 산재했기 때문에 양반들은 농장의 위치에 따라 관리 방식을 달리했다. 집 근처에 소재한 농장은 자신이 직접 관리하고, 원격지에 소재한 농장은 그곳에 거주하면서 지주를 대신해 작인을 선정하고 지대를 수취하는 마름[舍音]과 같은 대리인을 통해 관리했다. 원격지 농장에서는 마름들이 마치 상전처럼 행세했다. 지주가 마름에게 농장경영 전반을 주관하는 권한을 위임한 결과였다. 따라서 원격지 농장의 부침은 마름들의 성향과 불가분의 관계를 맺을 수밖에 없었다. 농장경영의 성패가 바로 그들의 손에 달려 있었기 때문에 지주들은 원격지 농장을 관리하는 대리인을 선정할 때 많은 고심을 했다.

작개지와 사경지를 함께 받는 노비

지주들이 도입한 농장경영 형태는 작개作介, 가작家作, 병작並作이었다. 작개란 지주가 노비에게 작개지를 나누어주고, 노비는 이것을 가족 노동력에 따라 경작해, 농사 결과를 책임지는 농업경영 형태이다. 지주들은 노비들에게 작개지를 나누어줄 때 사경지私耕地도 함께 나누어주었는데, 작개지 수확물은 전량을 지주가 수취했고, 사경지 수확물은 노비가 모두 차지했다. 양반들은 노비의 신역량身役量을 참작해 작개지와 사경지를 나누어주었는데, 개별 노비에게 할당된 작개지와 사경지의 면적은 서로 비슷했지만 작개지는 논 중심으로, 사경지는 밭 중심으로 구성되었다.

가작은 지주가 주로 노비를 동원해 농사를 짓고, 수확물의 전량을 가지는 농업경영 형태이다. 가작 또한 작개처럼 농사일을 담당하는 사람이 노비이고, 수확의 전량을 지주가 가진다. 그런데 가작은 작개와 달리 모든 농사계획을 지주가 세우고, 농사 결과에 대한 책임 또한 지주가 진다. 그리고 가작에 동원된 노비들에게는 사경지가 주어지지 않고, 농사일을 하는 날의 식사만 제공될 따름이다.

이처럼 작개와 가작은 노비를 필요로 했지만 병작은 노비가 없어도 유지될 수 있었다. 병작은 지주로부터 땅을 빌린 사람(作人)이 가족 노동력으로 농사지은 다음 수확물을 지주와 나누는 농업경영 형태였다. 15세기 민전民田의 병작은 지주들이 노비와 같은 예속 노동력을 충분히 보유하지 못했거나, 홀아비나 과부처럼 스스로 농사지을 수 있는 능력을 갖추지 못했을 때 이루어졌다. 병작지를 경작하던 15세기의 작인들은 지주에게 신분적으로 예속되지 않은 농민들이었다. 따라서 노비를 시켜서 자기 땅을 농사짓게 하는 농장에서 병작이 차지하는 비중은 부차적일 수밖에 없다. 15~16세기에는 병작지의 수확물을 지주와 작인이 반으로 나누어 가졌다. 추수한 다음 지주와 작인이 수확물을 동일한 비율로 나누는 방식을 타작打作이라고 하는데, 당시 사람들은 타작과 병작을 같은 뜻으로 사용했다.

작개와 가작은 노비가 필요한 농업경영 형태였을 뿐만 아니라 농장경영의 두 축을 이루고 있었다. 작개는 지주의 신분 고하나 지주집과 농장의 원근 등에 구애받지 않았다. 작개지 경작은 노비의 신역身役이었기 때문에 누구든지 노비와 전답만 있으면 노비들에게 작개를 시킬 수 있었다. 노비는 주인에게 매인 신분이어서 주인이 작개지를 경작하라고 명령하면 따를 수밖에 없었던 것이다. 태조 이성계는 국왕에 오른 뒤에도 노비들에게 자신이 이전부터 소유하고 있던 함경도의 전답을 작개하도록 했다. 그리고 김종직, 이황과 같은 유명한 학자들도 그들의 노비들에게 전답의 상당 부분을 작개하게 했다. 수진궁壽進宮에서는 17세기까지도 소유 전답의 일부분을 작개하도록 시켰다. 칠곡 돌밭 광주 이씨가 또한 17세기 후반까지도 전답 일부를 작개시키고 있었다.

작개지 수확량은 전량을 지주가 가져갔으므로 대체로 노비들은 힘껏 농사를 지을 마음을 먹지 않았다. 지주들은 이에 대응하기 위해 여러 가지 방안을 마련했다. 노비들의 태업에 대처하기 위해 파종시기에 미리 수취액이나 일정량의 수취 하한선을 정해놓고 소출所出이 그 이상일 경우 초과량마저 수취하기도 했다. 지주들은 생산성 향상을 위해 상벌제도를 마련하기도 했다. 안사신은 노비들에게 작개지로 답 20두락斗落(마지기)씩 나누어주면서 "1인당 적어도 10석을 상납해야 한다. 가장 많은 곡식을 상납한 노비에게는 상을 줄 것이며, 만약 기준량만큼 상납하지 못하면 1석에 장杖 10도씩을 때릴 것이다"라는 규정을 마련했다. 이같이 양반들은 농사 전반을 노비에게 일임시킴으로써 1년 농사에 대한 책임소재를 명확히 할 수 있었다.

작개와 달리 가작은 주로 주인의 집 근처 농장에서 이루어졌다. 가작을 하게 되면 땅을 가는 일부터 곡식을 거둬들이는 일까지, 즉 모든 농사 과정을 지주가 직접 관리해야 하기 때문에 1년 농사에 대한 책임을 노비들에게 추궁하기가 쉽지 않았다. 따라서 가작은 근처 농장에서 행해졌고, 원격지 농장에는 적극적으로 도입되기 어려웠다. 조선시대에 적지 않은 전답이 가작으로 운영되었는데, 이를 통해 양반들도 농사에 깊은 관심이 있었음을 알 수 있다. 이황은 집을 떠나 있을 때 그의 아들에게 "농사철에는 장기간에 걸친 외출을 삼가고 집을 지키면서 가작을 진두지휘할 것"을 당부하는 취지의 편지를 여러 통 보내기도 했다.

주인집과 농장의 거리는 경작지 배치에도 영향을 미쳤다. 농업경영 형태의 측면에서 볼 때 주인집 가까이 있는 농장은 삼중의 동심원적 구조를 띠는 데 비해 원격지 농장은 단일 구조를 띠고 있었다. 주인집 가까이 있는 농장은 지주가地主家 가까이에는 가작지가 위치하고, 그 다음에는 가작지, 작개지, 병작지 등이 혼재해 있고, 가장자리에는 병작지가 자리 잡고 있었다. 그에 비해 주인집에서 멀리 떨어진 농장은 작개지와 병작지만 있었다.

작개지와 가작지 경작이 노비들의 의무였던 것과 달리 병작지 경작은 작인들의 의무가 아니었다. 즉 노비들은 작개지와 가작지 경작을 거부할 수 없었지만 병작지를 경작하던 작인들은 계약기간이 만료되면 임의대로 병작지 경작을 포기할 수 있었다. 병작은 지주와 작인 사이에 맺어진 계약에 따라 운영되는 농업경영 형태였던 것이다. 지주와 작인 사이에 맺어진 병작 계약의 효력은 대체로 농사짓는 동안만 지속되었다. 다만 농사철에 병작지를 회수할 경우 지주는 작인에게 그때까지 들어간 비용을 변상해주어야만 했다. 15세기 병작에서 지주는 종자와 농우를 부담하고, 작인들은 경작을 책임졌고, 수확물은 대체로 지주와 작인이 반반씩 나누어 가졌다.

이처럼 15~16세기 농장경영에서 작개와 가작이 두 축을 이루었고, 병작은 작개와 가작을 보조하는 위치에 머물렀다. 지주들이 작개와 가작을 선호한 이유는 이 시기에는 지주의 소유권뿐만 아니라 병작을 하던 작인들의 권리도 어느 정도 인정되었기 때문이다. 즉 지주들이 전답을 병작지로 빌려주었다가 수확물을 제대로 수취하지 못하는 경우가 적지 않았을 뿐만 아니라 작인이 전답을 다른 사람에게 팔아버려 전답을 영영 잃어버리는 일도 있었다. 이러한 사태를 우려해 15세기 삼남 지방의 지주들은 작개와 가작을 하고 남는 토지가 발생할 경우 그 전답을 병작지로 대출하지 않고 묵혀버리기가 일쑤였다. 이황 또한 빈민들에게 병작지를 대여하는 것을 두고 전답을 버리는 것처럼 생각했다.

16세기에는 병작이 더욱 활성화되는 사회적 여건이 형성되고 있었다. 당시에는 토지매매가 활발해지면서 지주의 소유권은 더욱 강해지는 데 비해 작인의 경작권은 점차 약해졌다. 병작의 활성화는 지주의 소유권 강화와 밀접한 관련이 있었던 것이다. 15~16세기에는 개간지처럼 지주뿐만 아니라 개간에 직접 참여한 사람들의 권리도 어느 정도 인정되는 곳에는 작개가 많이 적용되었다. 이와 달리 값을 주고 사들인 땅처럼 지주의 소유권이 아주 강한 전답에는 대체로 병작이 적용되었다.

노비들의 저항 또한 작개가 쇠퇴하고, 병작이 활성화되는 데 많은 영향을 미쳤다. 작개지는 주로 논으로 분급되고, 사경지는 주로 밭으

1392(태조 원년)
전국의 토지를 국가 수조지로 편성, 수조권을 정부 각처와 관료에게 분급하는 과전법 실시.

1466(세조 12)
현직 관리에게만 수조지를 분급하는 직전법 실시.

16세기 전반
직전법 폐지, 미곡이나 포 등 현물로 연봉 또는 월봉을 지급하는 녹봉제 실시.

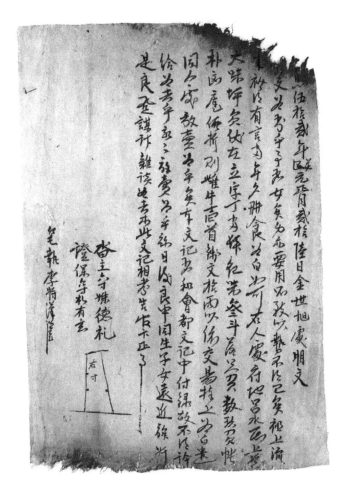

덕례, 전답을 팔다　매도자와 매입자가 전답을 매매하고 이를 증명하기 위해 작성한 토지매매명문. 급히 돈이 필요한 덕례德禮가 조상에게서 물려받아 갈아 먹던 자신의 논을 육촌 사이인 김세욱金世旭에게 매도하면서 작성해준 토지매매계약서이다. 논 3마지기를 암소 1마리와 10냥을 대금으로 받고 양도했다. 논 주인인 덕례는 계약서 마지막에 자신의 손가락을 이용한 수촌으로 서명을 대신했다. 조선왕조는 15세기 초까지 토지매매를 엄금하였으나, 결국 모든 토지에 대한 자유매매를 허용하게 되었다.

로 지급되었기 때문에 작개지 수확물의 가치는 사경지 수확물의 가치
보다 훨씬 높았다. 그에 비해 병작의 경우 지주와 작인이 가지는 곡물
의 가치는 같았다. 따라서 노비들은 작개에 비해 더 많은 곡물을 자신
들에게 가져다주는 타작을 선호했다. 16세기 작개 경작에 동원된 노
비들은 태업이나 수확물의 은닉을 일삼았다. 심지어 상전집의 일을
해야 하는 의무로부터 해방된[放役] 노비는 작개를 시키면 도망과 같
은 극한 저항도 마다하지 않았다. 노비들의 저항에 직면한 16세기 지
주들은 작개의 비중을 축소하거나, 심지어 폐지하기도 했다.

작개에 동원된 노비들의 저항에 직면한 지주들은 그 이전까지는 작
개로 나누어주던 전답에 지주와 노비가 수확물을 반반씩 나누는 타작
을 적용하기 시작했다. 작개지에 타작이 적용됨으로써 수확물의 전량
을 노비가 가지던 사경지에도 점차 지주와 노비가 수확물을 반반씩
나누는 타작이 적용되었다. 이같이 지주와 그들에게 신분적으로 예속
되지 않은 농민들 사이에 이루어지던 병작이 16세기 후반이 되면 다
수의 노비도 작인으로 포섭할 정도로 확대되었다.

모내기의 보급과 밭농사의 집약화와 다각화

일손을 덜어주는 모내기

16세기 지주들은 논농사를 크게 발전시키는 데 기여한 선진 농법을

도입하는 데도 앞장섰다. 벼 재배 방법은 논에 미리 싹을 낸 볍씨를 파종하는 직파법, 못자리에서 자란 모를 뽑아 전체 논에 옮겨 심는 이앙(모내기)법으로 크게 양분된다. 직파법 또한 두 가지로 구분된다. 물을 채운 논에 볍씨를 파종하는 방식을 수경직파水耕直播, 물이 없는 마른 논에 볍씨를 파종하는 방식을 건경직파乾耕直播라고 한다. 이 가운데 16세기 지주들이 적극적으로 도입한 새로운 농법은 바로 이앙법이었다.

특히 경상도 북부 지역에 거주하던 지주들이 새로운 농법을 적극적으로 수용했다. 1429년 간행된 《농사직설農事直說》*과 1655년 발간된 《농가집성農家集成》에서 그러한 사실이 확인된다. 《농사직설》은 경상도 지역의 농사관행을 토대로 편찬되었고, 《농가집성》은 《농사직설》을 비롯한 여러 농서를 하나로 묶은 책이다. 이앙법은 16세기 후반 경상도 남부 지방에서는 직파를 보완하는 수준에 머물렀지만 경상도 북부 지역에서는 일반화되었다. 충청·경기도에는 17세기 후반에 가서야 널리 보급되었다.

양반들이 남긴 일기는 당시의 사정을 자세하게 전하고 있다. 직파법을 활용하던 양반가의 농사법은 오희문吳希文과 17세기 전반 중앙 정계에서 활동한 남이웅南以雄의 부인 조씨曺氏의 농업경영에서 구체적으로 확인된다. 오희문은 노비신공을 수취하기 위해 서울집을 나섰다가 임진왜란을 만나 1593년부터 1597년(선조 26~30)까지 충청도 임천林川에 머물면서 농사를 지었다. 조씨 부인은 병자호란을 피해 1638년(인조 16)에 노비 몇 명을 데리고 서울을 떠나 충주 인근에 머물면서 노비를 시켜 농사를 지었다. 그리고 서울로 되돌아온 1639년에도 노비를 사역해 마포, 뚝섬, 성북동 일대의 전답을 경작했다.

농사직설
조선 초기 세종의 명에 의해 정초·변호문 등이 편찬한 농서. 우리 풍토에 맞는 주곡 작물의 경작법을 간결하게 기록한 농사 지침서로, 우리나라 실정에 맞게 각지 농부들의 경험담을 토대로 편찬하여 1429년에 간행하고 이듬해 각도에 반포했다. 주로 곡식 재배에 중점을 두고, 종자의 선택과 저장, 종자 처리, 논밭 갈이, 삼의 파종과 재배, 수확, 벼·기장·조·수수·피·콩·팥·녹두·보리·밀의 재배법 등을 소개하고 있다.

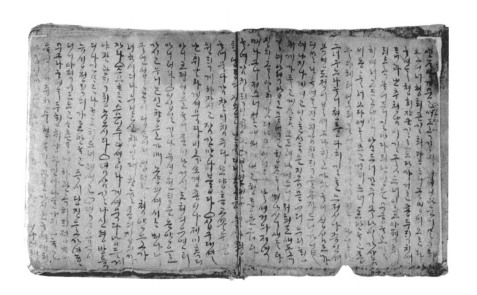

1492(성종 23)
강희맹, 계절별 농사와 농작물에 대한 필요 사항을 기술한 농서 《금양잡록》 편찬.

1676(숙종 2)
박세당, 지방의 농경법을 연구해 엮은 농법 기술서 《색경》 편찬.

1824(순조 24)
서유구, 농업정책과 자급자족의 경제론을 편 농촌경제 정책서 《임원경제지》 완성.

정경부인 남평 조씨의 난중 피란기   인조 때 좌의정을 지낸 남이웅의 부인 남평 조씨 《병자일기丙子日記》. 이 일기는 1636년(인조 14) 12월부터 1640년(인조 18) 8월까지 3년 10개월에 걸쳐 기록한 것으로, 병자호란으로 피난길에 올랐다가 겪은 갖가지 어려움을 주된 내용으로 하고 있다. 특히 무인년 1월 26일부터 같은 해 5월 28일까지의 기록은 남편과 자식들에 대한 그리움과 농사를 지으며 집안을 꾸려가는 생활 주변의 이야기를 주된 내용으로 하고 있다. 서울 귀환기인 무인년 5월 29일 이후에는 다른 시기와 달리 심양瀋陽에서 귀환한 남편의 일상생활을 중심으로 기록하고 있다.

이앙법을 활용하던 양반가의 농사법은 16세기 이정회李庭檜·정경운鄭慶雲, 17세기 황익청黃益淸·이담명李聃命의 농업경영 사례에서 자세히 확인된다. 이정회는 경상도 안동 주촌周村에 살면서 자신의 집 주변에 거주하고 있던 노비를 동원해 전답을 경작했다. 경상도 함양에 살던 정경운은 노비 노동을 이용해 소유 토지 일부를 경작했다. 경상도 영천榮川(지금의 영주시) 이현梨峴에 거주하던 황익청 또한 이앙법으로 농사를 짓고 있었다. 그리고 칠곡 광주 이씨가를 명문 반열에 올려놓는 데 큰 역할을 한 이담명은 1682~1686년에 경상도 영천榮川 금강리金岡里에 머물면서 노비와 용인傭人을 사역해 자신의 소유지와 병작지를 경작했다. 당시 그는 모든 논에 이앙법을 적용했다. 그리고 칠곡 돌밭으로 돌아와서도 이앙법을 활용해 논농사를 지었다.

직파법으로 벼를 재배한 오희문과 조씨 부인은 이른 봄철 논을 갈아두었다가 4월 중순에서 4월 하순 사이에 볍씨를 파종했다. 그로부터 약 한 달가량 지나서부터 추수 때까지 총 4~5차례 김매기를 실시한 다음 가을에 벼 베기를 하고, 늦가을 혹은 초겨울에 다시 논갈이 작업을 했다. 이들 두 집안과 이앙법을 활용하던 양반들의 벼농사 과정에서 나타나는 두드러진 차이점은 모내기 과정과 김매기 횟수였다. 이앙법을 활용하던 양반들은 4월 하순경에서 5월 초순 사이에 못자리에 볍씨를 뿌리고, 6월 초순경에 모내기를 하고, 약 20일이 지나서부터 추수 때까지 두세 차례 김매기를 해주었다.

이와 같이 이앙법을 활용하면 직파법을 사용할 때에 비해 김매기 횟수를 줄일 수 있었다. 그리고 1회 김매기하는 데 들어가는 일손도 절약할 수 있었다. 이앙법을 활용하던 양반들은 직파법을 사용하던 양반들보다 김매는 데 드는 힘의 6~7할 정도를 줄일 수 있었다. 양반들은 이앙법을 활용함으로써 또 다른 즐거움을 누릴 수 있었다. 이앙법으로 벼를 재배하던 지주들은 직파법을 활용하던 사람들에 비해 같은 면적에서 더 많은 벼를 생산했다. 김매기를 철저히 하고, 퇴비를 풍부하게 사용한 결과였다.

이앙법을 활용하던 지주들은 벼 재배가 끝난 가을부터 이듬해 모내기가 시작되는 초여름까지 논을 밭으로 전환하기도 했다. 추수가 끝난 논의 물을 빼내고 그곳에 보리를 갈고, 이듬해 늦봄 보리를 베어내고 물을 댄 다음 모판에서 자란 모를 옮겨 심었다. 이러한 도맥이모작稻麥二毛作은 18세기 중·후반부터 금강 이남 지역에 보급되었다.

농민들이 이앙법을 일찍부터 실시하지 않은 이유는 이앙법의 단점 때문이었다. 이앙법은 모내기 시기에 가뭄이 들면 1년 농사를 그르칠 위험성이 대단히 높다. 16세기 경상도 지주들은 수리시설을 확충함으로써 이러한 문제점을 극복할 수 있었다. 그들이 적극적으로 확충한 수리시설은 보洑였다. 보는 작은 하천 혹은 개울을 가로질러 둑을 쌓아 물을 저장하는 수리시설로 천방川防으로 불리기도 했다. 설치하는 데 힘이 적게 들었기 때문에 지주들은 손쉽게 보를 설치할 수 있었다. 양반 지주들은 매년 봄, 노비와 이웃 사람들을 동원해 허물어진 보를 수리하기도 하고 새로운 보를 설치하기도 했다. 보는 쉽게 설치할 수 있는 장점이 있었기 때문에 16세기 이후 빠르게 확산되었다. 이러한 과정을 통해 모내기 시기에 물 걱정을 하지 않아도 되는 논이 늘어나자 이앙법이 더욱 빠르게 보급되었던 것이다.

다양한 밭작물 재배

양반들은 이앙법을 활용해 벼를 지배함으로써 밭농사도 크게 발전시킬 수 있었다. 밭에서는 다양한 곡물들이 생산되었는데, 보리, 조, 콩이 그 대부분을 차지했다. 그 가운데서도 양반들은 특별히 보리를 중요하게 여겼다. 가을 곡식이 바닥을 보이기 시작하는 봄철 농민들의 희망은 오직 들판에서 넘실거리는 보리뿐이었다. 보리가 익을 때까지 주린 배를 움켜잡고 생활하는 시기가, 곧 '보릿고개'였다. 그것은 보리가 수확되는 6월 하순경에 갑자기 사라지는 고개였다. 보리 수확기는 초여름이었지만 파종시기는 보리 종류에 따라 달랐다. 가을철에 파종된 보리는 가을보리, 봄에 파종된 보리는 봄보리였다. 콩의 파종시기 또한 보리와 마찬가지로 1년에 두 차례로, 종류에 따라 봄과 초여름으로 나뉘었다. 조는 보리, 콩과 달리 대부분 봄철에 파종했다.

직파법을 활용하던 양반들은 보리, 조, 콩 농사를 중요하게 여겼지만, 이앙법을 활용하던 양반들에 비해 밭농사를 소홀히 할 수밖에 없었다. 임천에서 직파법으로 벼를 재배하던 오희문은 조밭의 김매기 시기가 늦어져서 잡초가 무성해질 것을 걱정하면서도 일손이 모자랐기 때문에 이를 뒤로 미루고 논의 김매기를 먼저 하기도 했다. 양반들에게는 밭곡식보다 벼가 더 중요했던 것이다.

이앙법이 도입되기 이전 대부분의 양반은 보리, 조, 콩을 각각 다른 밭에서 경작했지만 땅이 적은 빈민들은 보리, 조, 콩을 같은 밭에 경작하는 경우도 있었다. 빈민들은 15세기에 이미 보리를 베어내고, 그 자리에 다시 콩을 심기도 했다. 이처럼 같은 밭에서 1년 동안 보리와 콩을 교대로 경작하는 방식을 그루갈이라고 한다. 그리고 이앙법이 도입되기 이전에도 일부의 농민들은 봄철 보리가 자라고 있는 밭에 조 혹은 콩을 함께 파종하기도 했는데, 이러한 경작방식을 사이짓기라 한다. 그루갈이와 사이짓기를 하면 1년에 한 작물만 재배할 때에 비해 더 많은 노동력이 필요했다. 그래서 이앙법이 일반화되기 이전에는 주로 빈민들이 그루갈이와 사이짓기를 활용했다. 빈민들은 논농사 면적이 작았기 때문에 논의 김매기와 밭의 김매기를 차질 없이 할 수 있었던 것이다. 이앙법이 일반화되면서 지주들도 그루갈이와 사이짓기를 적극적으로 활용했다. 이앙법 덕택에 논의 김매기에 들어가는 일손을 줄일 수 있었기 때문이다. 논일이 줄어 밭일에 더욱 많은 힘을 쏟을 수 있어서 그루갈이와 사이짓기를 도입한 밭작물의 김매기도 제때에 해줄 수 있었다.

이앙법을 활용하던 양반들은 밭작물의 파종 방법도 변화시켰다. 밭작물의 파종 방법에는 밭갈이 때문에 높아진 부분인 이랑에 씨앗을 파종하는 농종법壟種法과, 이랑에 비해 낮은 고랑에 종자를 뿌리는 견종법畎種法이 있었다. 직파법으로 벼를 재배하던 시기 보리는 고랑에 파종하고, 다른 밭작물은 이랑에 파종했다. 그런데 이앙법이 일반화된 18세기 이후에는 많은 밭작물을 고랑에 파종할 수 있게 되었다.

견종법은 농종법이 지니지 못한 장점을 가지고 있어 농민들이 선호했다. 견종법으로 파종한 작물은 이랑이 바람을 막아주고 습기를 머금어주기 때문에 이랑에 파종한 작물보다 추위와 가뭄에 강했다. 나아가 곡식이 어느 정도 자라면 이랑 부분의 흙으로 곡식의 뿌리 부분을 덮어주기 때문에 작물이 더욱 충실하게 자랐다. 한편 견종법은 농종법에 비해 단점도 있었다. 이랑 부분의 흙으로 곡식의 뿌리를 덮어

담배썰기　〈담배썰기〉《단원풍속도첩》, 김홍도, 1781). 1614년 이수광이 펴낸《지봉유설》에서는
담배를 약초로 소개하고 있다. 담배는 유입된 지 얼마 지나지 않아 곧바로 경작 면적이 늘어
나면서 민간에 널리 퍼졌다. 담배 재배는 18세기 전반에 조선 전역으로 확산되었는데, 배경에
는 이앙법 재배로 인해 발생한 남는 일손이 있었다. 특히 19세기에는 담배가 이미 상품작물로
자리 잡아 비옥한 땅에서 벼농사를 짓는 것보다 10배나 되는 이익을 얻을 수 있다고 할 정도
로 많은 소득을 보장해주었다. 이는 상인들이 담배를 적극적으로 상품화하기 위한 조건과도
맞아떨어졌다. 담배 판매와 관련된 1746년의 기록을 보면, 처음에 담배를 팔던 곳은 절초전이
라는 난전이었다. 조선 후기에는 담배의 대표 산지가 등장했는데 관서 지역, 즉 서도(황해도와
평안도)의 담배는 종자가 다양하고 품질이 좋아 서초와 향초라 불리기도 했다.

주는 작업, 즉 북주기하는 데 많은 일손이 필요했다. 견종법이 가지는 이러한 단점은 이앙법으로 벼를 재배하면서 절약된 논의 김매기 노동력을 북주기에 투입할 수 있게 되면서 극복되었다.

이앙법의 일반화는 농민들의 소득 증대에도 크게 기여했다. 이앙법은 재배기간에 많은 노동력을 투입해야 하는 면화, 담배 같은 상품작물 재배를 쉽게 해주었다. 고려 말 전래되어 16세기에 널리 확산된 면화는 파종 이후 보통 일곱 차례 정도 제초작업을 한 다음 수확했다. 조선 후기에는 담배[煙草] 재배 농가도 많이 증가했다. 16세기 말 전래되어 18세기 전반기에 널리 확산된 연초를 경작하는 데는 일반 밭작물 보다 대략 두세 배 더 힘을 들여야 했다. 이앙법으로 절약된 논의 김매기 노동력은 면화와 담배 농사를 짓는 데 많은 도움이 되었다.

지대를 더 수취하려고 애쓰는 양반

줄어드는 양반들의 재산 규모

임진왜란 이후 정부의 지속적인 개간 장려 정책에 힘입어 전답 규모는 조금씩 증가했다. 토지뿐만 아니라 농촌의 인구도 꾸준히 증가했다. 조선 후기에는 인구증가율이 토지증가율을 앞섰다. 그 결과 농민들의 평균 농지 소유 규모는 줄어들었다. 그리고 대토지를 소유한 지주들은 점차 줄어든 반면, 소규모 토지를 소유한 농민들은 시간이 흐를수록 더욱 증가했다. 조선 후기 농촌사회에는 영세화·균등화된 농민들이 더욱 늘어났던 것이다. 당시의 실상은 조선시대 토지대장인 양안量案에서 확인된다. 1720년(숙종 4)에 작성된 경상도 용궁현龍宮縣《경자양안庚子量案》은 1634년에서 1720년 사이의 변화상을 구체적으로 보여주고 있다. 두 시기 사이에 토지는 7퍼센트 증가하고 토지 소유자는 50퍼센트 증가함으로써 1인당 소유면적은 20퍼센트 이상 감소했다. 그뿐만 아니라 많은 토지(5결 이상)를 소유한 사람은 절반으로 감소했지만, 적은 토지(25부 미만)를 소유한 사람은 두 배 가까이 증가했다.

한편 조선 후기에는 대규모 토지를 소유한 대지주도 존재했는데, 이들 대다수는 고관高官을 역임한 사람들이었다. 즉 조선 후기 대토지 소유자는 바로 관료형 지주였다. 18세기 초 칠곡 돌밭 감사댁은 2000여 두락의 전답을 소유하고 있었는데, 그 대부분은 이조판서를 지낸 이원정과 경상감사를 지낸 이담명 대代에 사들인 것이다. 관료형 지주는 18세기 경상도 진주에서도 확인된다. 1720년에 작성된 경상도 진주 나동리奈洞里 양안에 의하면 한 사람이 토지의 3분의 1 가까이를 소유하고 있었다. 그는 바로 황해도수군절도사를 역임한 박창윤朴昌潤이었다.

고관을 지낸 관료와 달리 그들 후손의 대부분은 관직에 나가지 못하고 평생을 시골양반으로 생활했던 탓에 그들의 조상처럼 많은 토지를 소유할 수는 없었다. 관직을 매개로 한 대규모 토지집적이 어려운 상황에서 부모의 토지가 여러 자녀에게 분할상속되었기 때문이다. 18세기 후반 칠곡 돌밭 감사댁의 전답 규모는 18세기 초에 비해 4분의 1 이하로 감소했다. 여타 집안의 사정도 크게 다르지 않았다. 진주 금동어리金冬於里에 거주하던 하한명河漢明은 1720년 당시 15결이 넘는 토지를 소유하고 있었으나, 20세기 초 그의 직계 후손[嗣孫]이 소유하고 있던 전답은 5결에도 미치지 못했다.

17세기 중엽 무렵부터 양반들은 전답 규모의 영세화를 막아보려는 의도에서 상속관행을 변화시켜갔다. 그들은 조상 대대로 지켜오던 남녀균분상속 대신 딸보다 아들에게 더 많은 재산을 나누어주는 남녀차등상속 관행을 만들어갔다. 이러한 지주들의 노력에도 불구하고 토지 규모의 영세화 현상은 계속되었다. 남녀차등상속으로 부모의 재산이 여러 자녀들에게 분할되었기 때문이다. 이러한 사태에 직면한 양반 지주들은 18세기 들어 재산 규모가 영세화되는 것을 막을 수 있는 새로운 방편을 강구했다. 그들은 장자長子에게 가장 많은 토지를 나누어주는 장자우대상속 관행을 정착시켰을 뿐만 아니라, 더 많은 전답을 제위전祭位田(제사 비용을 충당하기 위해 마련한 토지)으로 할당하고 종손과 문중 구성원이 함께 그것을 관리하게 했다. 그 결과 향촌사회 곳곳에서 '종가형 지주'가 출현했다. 그러나 '종가형 지주'가 영세화 문제의 해법이 될 수는 없었다. 모든 양반이 종손일 수는 없었기 때문에 맏아들이 아닌 양반들의 토지 소유 규모는 더욱 영세해질 수밖에 없었다.

타작과 도지의 일반화

17~18세기 양반 지주들은 농토가 없는 사람들에게 그들의 토지를 병작하게 했는데, 병작은 작개와 달리 신분제의 도움 없이도 유지될 수 있는 농업경영 형태였다. 조선 전기 농장에서는 노비가 반드시 필요했기 때문에 양반 지주들은 노비를 유지하는 데 적지 않은 비용을

벼타작 수확기 농촌의 타작 모습을 그린 〈타작〉(〈단원풍속도첩〉, 김홍도, 1781). 지주인 듯한 양반이 담뱃대를 길게 문 채 힘들게 타작하는 일꾼들의 분주한 모습을 지켜보고 있다. 볏단을 통나무에 내래쳐 타작을 하는 모습이 인상적이다. 조선시대에는 타작과 관련된 도구가 다른 농기구에 비해 발달이 더뎠다.

지출했다. 노비를 곁에 두기 위해서는 수시로 양식을 제공하고, 관의 침탈로부터도 보호해주어야 했다. 노비들도 상전이 자신들을 잘 거두어줄 때라야 비로소 충성을 다했다.

그런데 병작이 일반화되면서 양반 지주들은 노비제를 유지하기 위해 자신의 조상들처럼 애쓰지 않았다. 양반 지주들은 태업과 곡물 은닉을 일삼는 노비들에게 굳이 작개를 강요할 필요 없이, 성실한 사람을 선택해 병작지를 경작시킬 수 있었기 때문이다. 큰 비용이 드는 노비를 굳이 늘릴 필요 없이 마당쇠, 부엌어멈 정도만 잘 보살피면 되었다. 이같이 상전의 보호막이 약해지게 되면 노비들도 생각을 달리하게 된다. 굳이 천대와 멸시를 받아가면서 상전 주위를 서성일 이유가 없어지자 도망노비들이 속출하게 되었다.

노비의 도망이 잇따르면서 지주집에서 멀리 떨어진 지역에서는 18세기 전반부터 이미 작인의 대부분은 지주에게 신분적으로 예속되지 않은 상민이 차지하게 되었다. 상민 작인의 비율이 더욱 증가하는 가운데, 18세기 후반에는 양반 작인도 등장했다. 하지만 지주집 가까이 위치한 전답의 작인 가운데 노비가 차지하는 비중은 18세기 중반까지도 여전히 높았다. 조선 후기 지주들은 여전히 노비를 동원해 적지 않은 전답을 경작했던 것이다. 18세기 후반은 노비제가 급속히 해체되는 시기였던 관계로 가작에 동원되는 노비들의 저항이 매우 거세었고, 그 결과 가작지 생산량은 그 이전에 비해 현저히 떨어졌다. 18세기 후반에 들면서 노비제에 기초한 가작이 시련을 겪기 시작했던 것이다.

이러한 상황에 직면한 양반 지주들은 병작지 관리에 더 많은 관심을 쏟았다. 당시의 상황 또한 지주들에게 유리하게 전개되었다. 조선 후기로 갈수록 땅을 빌리려는 경쟁은 더욱 치열해졌고, 그 결과 땅을 빌리려고 지주집의 문 앞에 늘어선 농민들의 대열은 더욱 길어졌다. 빈농들은 토지를 대여받으려면 어쩔 수 없이 양반들의 통제를 따라야 했다. 조선 후기 양반 지주들은 이러한 현실을 유효적절하게 활용해 병작관행을 자신들에게 유리한 쪽으로 변화시켰다. 점차 지주제를 강화시켜갔던 것이다.

칠곡 돌밭 감사댁의 사례는 당시 상황을 구체적으로 보여준다. 돌밭에 정착한 이래 줄곧 논의 종자를 부담하던 감사댁은 18세기 중엽 무렵부터 작인들에게 종자를 부담하게 했다. 이와 더불어 이때부터 수확량의 1할 정도에 해당하는 결세結稅도 작인들에게 떠넘겼다. 지주제는 밭에서도 강화되었다. 감사댁은 17세기 후반까지도 작인들로 하여금 밭의 종자를 부담하는 대신 수확물의 대부분을 차지하도록 했다. 그런데 18세기부터 밭의 종자를 감사댁이 부담하는 대신 곡물 수취량을 이전 시기에 비해 크게 늘려갔다.

18세기 이후 지주들은 논의 대부분에 수확의 절반을 수취하는 타작을 적용했지만, 일부 농토에는 도지賭地를 적용하기도 했다. 도지는 이른 봄철 지주와 작인이 지대량을 결정하는 농업경영 형태이므로 풍흉에 따른 지대량 변화가 없는 것이 원칙이었다. 도지가 적용된 논에서는 평년작의 절반 수준에서, 그리고 밭에서는 평년작의 절반보다 훨씬 낮은 수준에서 지대량이 정해졌다.

도지는 다음과 같은 여러 가지 장점을 지니고 있었다. 첫째, 관리가 어려운 원격지 소재 전답에 도지를 적용하면 더 효율적으로 관리할 수 있었다. 추수철에 작인들이 타작하는 과정을 일일이 감독할 필요

없이 미리 약속한 지대를 수취하면 되기 때문이다. 둘째, 밭에 도지를 적용하면 수확시기가 다른 곡물을 수취하는 데 따르는 수고를 덜 수 있다. 일정한 날을 정해 작인들에게 정해진 양만큼 곡물을 수취하면 되기 때문이다. 셋째, 제위전·종계전宗契田 등과 같이 여러 사람이 공동으로 소유한 전답에 도지를 적용하면 관리의 공정성과 효율성을 높일 수 있다. 모든 구성원이 지대량을 정확히 알 수 있기 때문이다. 넷째, 지주들은 작인들을 여러 가지 일에 무상으로 동원할 수 있었다. 이때 도지액을 낮추어줌으로써 작인들의 반발을 무마할 수 있었다.

도지는 작개를 대체함으로써 17세기 후반부터 빠르게 확산될 수 있었다. 도지는 작개와 닮은 점이 많았기 때문에 쉽게 대체될 수 있었다. 첫째, 지주들은 논을 도지로 경작하는 작인에게 수확물의 전량 혹은 그 대부분을 작인이 가지는 밭도 경작하도록 했다. 이러한 모습은 지주들이 수확물 대부분을 차지하는 작개지를 노비들에게 나누어줄 때 수확물 모두를 노비가 차지하는 사경지도 함께 나누어주던 것과 흡사하다. 작개지는 대부분 논이었고, 사경지는 대부분 밭이었다. 둘째, 도지가 적용된 전답의 지대를 수취할 때 봄철에 정한 만큼 받아들이지 못하는 경우가 많았다. 작개지에서도 노비들의 태업, 은닉 등으로 말미암아 곡물의 수취가 원활히 이루어지지 못하는 경우가 적지 않았다.

18세기 들어 지주들은 농업경영 형태를 도지에서 타작으로 역전시키기도 했다. 도지에서 타작으로 전환되는 현상은 다음과 같은 도지의 특성 때문에 쉽게 일어날 수 있었다. 첫째, 타작의 원리가 도지에 적용되는 경우가 적지 않았다. 흉년이 들면 봄에 책정한 지대량보다 적게 수취하는 경우가 많았다. 흉년이 들었을 때 봄철에 책정한 지대량을 모두 수취하면 작인들이 가질 수 있는 몫이 지나치게 적어질 수 있었다. 조선 후기에는 수확물이 봄철에 책정한 지대량보다 적은 해도 있었다. 이런 해에 지주가 수취한 곡물은 봄철에 책정한 양보다 훨씬 적었다. 한편 풍년이 들면 봄에 책정한 지대량보다 많이 수취하기도 했다. 이같이 17~18세기에는 도지가 적용된 곳이라 하더라도 봄철에 결정되었던 지대가 풍흉에 따라 타작이 적용된 곳의 지대량과 비슷한 수준에서 조정되기도 했다. 둘째, 재지지주在地地主들은 타작을 더 선호하고, 부재지주不在地主들은 도지를 더 선호했다. 재지지주들은 전답을 방매할 때 도지가 적용되던 먼 곳에 있는 전답을 먼저 방매했다. 그리고 방매전답이 그 전답을 구입한 사람의 거주지 가까이 위치할 경우 그곳은 가작지 혹은 타작지로 전환되는 경우가 많았다.

지주들은 18세기 후반부터 도지 대신 집조執租를 적용하기도 했다. 집조란 수확이 임박한 시점에 지주가 답험踏驗(농사 상황을 실지 조사하는 일)을 통해 그해 작황 수준을 살펴본 다음 현장에서 지대량을 결정하는 농업경영 형태다. 수확 이전에 지대량을 책정한다는 점에서는 이른 봄철에 지대량을 결정하는 도지와 그 성격이 비슷하고, 그해의 작황 수준이 비교적 정확히 반영된다는 측면에서는 수확이 끝난 다음 지주와 작인이 곡물을 반분하는 타작과 그 성격이 유사하다. 따라서 집조는 도지와 타작의 중간 형태라 할 수 있다. 일제강점기에 간행된 조사서에 의하면 집조는 전라도와 경상도 서부 지역에서 널리 채택되고 있었고, 지주들은 수확물의 약 3할 정도를 지대로 수취했다. 이같이 도지가 적용되던 전답에 타작 혹은 집조가 적용되는 현상은 19세기 들어 더욱 증가했다.

양반들의 땅에 의지하던 사람들

신분적으로 자유로운 상민들

신분을 기준으로 보면 상민은 양반보다 낮았지만 경제력을 기준으로 보면 반드시 그렇지는 않았다. 즉 상민 가운데 일부는 양반보다 더 많은 토지를 소유하기도 했다. 1720년 《경자양안》은 당시의 실상을 생생하게 전한다. 당시 용궁현 남하면의 전답을 소유한 양반은 266명이고, 상민은 311명이었다. 상민 가운데 가장 많은 전답을 소유한 사람은 지어둔금池於屯金인데, 그의 전답은 2결 57부 7속이었다. 양반 266명 가운데 그보다 더 많은 전답을 소유한 사람은 불과 8명에 지나지 않았다.

그러나 지어둔금은 상민 가운데서 군계일학과 같은 존재였다. 대구 조암방租巖坊의 1714년(숙종 40) 호적대장과 1720년 《경자양안》은 당시 모습을 전해준다. 1714년 호적에는 양반 11호, 중인 73호, 상민 94호, 천인 7호, 기타 1호 등 모두 186호가 등재되어 있다. 상민 94호 가운데 전답 25부 이상을 소유해서 자급자족할 수 있었던 것으로 보이는 경우는 40호에 불과하고, 나머지 54호는 타인의 토지를 경작해야만 생계를 유지할 수 있었다. 그 가운데 19호는 25부 미만을 소유한 빈농이었고, 35호는 토지를 전혀 소유하지 못한 무전농이었다. 1720년 당시 조암방에 거주하면서 타인의 토지를 빌려 경작하던 상민은 호적에서 확인되는 것보다 더 많았다. 가난한 상민 가운데 상당수가

1720년 호적에 등재되지 않았기 때문이다.

가난한 상민 가운데 일부는 지주로부터 많은 전답을 빌리기도 했다. 그들은 거느린 가족이 많아 농사 대부분을 가족 노동으로 수행하고, 일손이 부족한 농번기에는 임노동을 고용했다. 그런데 타인의 토지를 많이 빌리던 농민들의 숫자는 시간이 지날수록 줄어들었다. 다시 말해 상농층은 단기적으로 감소와 증가를 반복하지만 장기적으로는 감소했다. 칠곡 돌밭 감사댁 추수기를 통해 당시의 실상을 엿볼 수 있다. 1707년(숙종 33) 칠곡에 소재한 감사댁 논 212두락을 경작한 작인은 모두 35명이었는데, 그 가운데 10두락 이상을 빌린 작인은 5명이었다. 한편 1776년에는 칠곡에 소재한 논 190두락을 경작한 작인은 모두 42명이었는데, 그 가운데 10두락 이상을 빌린 작인은 단 한 명도 없었다.

시간이 흐를수록 작인들의 경작면적이 줄어들었다는 사실은 농사가 더욱 집약화되었음을 의미한다. 즉 19세기 농가는 18세기 초의 농가보다 동일한 토지에 더 많은 노동력을 투하했던 것이다. 19세기가 되면 논의 김매기 횟수가 18세기에 비해 증가하기도 했다. 그리고 18세기 중엽부터 같은 논에 벼와 보리를 잇달아 경작하는 도맥이모작을 실시하는 농가가 늘어났다. 당시의 상황은 칠곡 석전 감사댁 추수기에 구체적으로 묘사되어 있다. 도맥이모작은 1711년에 처음 확인되며, 1730년대가 되면 곳곳에서 보인다.

도맥이모작은 장점과 단점을 동시에 지닌 농법이었다. 장점은 동일한 곳에 벼와 보리를 번갈아 경작함으로써 더 많은 곡물을 수확할 수 있다는 것이다. 단점은 보리는 지력을 많이 소모하는 작물이기 때문에 논에 퇴비를 넉넉히 넣어주지 않으면 벼 생산량이 감소한다는 것이다. 벼 생산량은 18세기 동안 정체 또는 소폭 감소했고, 19세기에도 큰 변화가 없었다. 종자와 농법의 개량이 이루어지지 않은 상태에서 집약적 농법을 오랫동안 고수했기 때문이다.

조선 후기 농민들은 시간이 흐를수록 더욱 집약적으로 농토를 경작(집약화)하고, 더욱 다양한 농작물을 재배(다양화)했다. 그 결과 조선 후기에는 조선 전기에 비해 같은 면적에서 생산되는 곡물량(토지생산성)이 증가했지만 같은 시간 일해서 생산한 곡물량(노동생산성)은 감소했다. 조선 후기 농민들은 집약화와 다각화로 말미암아 발생한 노동생산성의 하락 문제를 노동 시간을 더욱 늘리고, 더 많은 일손을 농사에 투입하는 방법으로 해결했다. 그렇게 함으로써 조선 후기 개별 농가의 총 수입은 그 이전에 비해 증대했다.

조선 후기 지주들 또한 농업의 집약화와 다각화를 옹호했다. 다양한 농작물을 조금씩 경작하는, 즉 다품종 소량생산 체제를 갖춘 농가는 한두 가지 농작물을 많이 경작하는, 즉 소품종 대량생산 체제를 갖춘 농가에 비해 더 안정적인 생활을 영위할 수 있기 때문이다. 다양한 농작물을 경작하는 농가는 한두 가지 농작물을 재배하는 농가에 비해 홍수나 가뭄의 피해에 따른 위험부담을 줄일 수 있었던 것이다. 이같이 조선 후기 지주제의 발전은 농민 생활의 안정화와 그 궤를 같이했다.

— 김건태

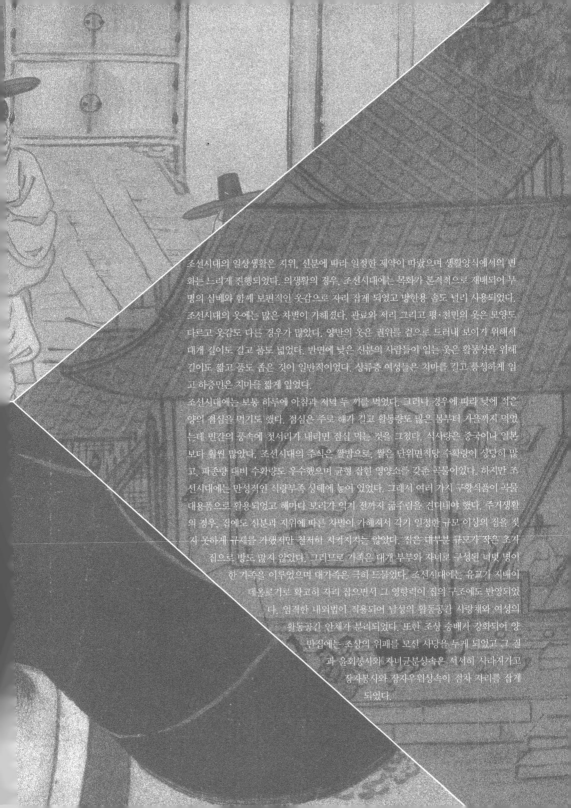

조선시대의 일상생활은 지위, 신분에 따라 일정한 제약이 따랐으며 생활양식에서의 변화는 느리게 진행되었다. 의생활의 경우, 조선시대에는 목화가 본격적으로 재배되어 무명의 삼베와 함께 보편적인 옷감으로 자리 잡게 되었고 방한용 솜도 널리 사용되었다. 조선시대의 옷에는 많은 차별이 가해졌다. 관료와 서리 그리고 평·천민의 옷은 모양도 다르고 옷감도 다른 경우가 많았다. 양반의 옷은 권위를 겉으로 드러내 보이기 위해서 대개 길이도 길고 품도 넓었다. 반면에 낮은 신분의 사람들이 입는 옷은 활동성을 위해 길이도 짧고 품도 좁은 것이 일반적이었다. 상류층 여성들은 치마를 길고 풍성하게 입고 하층민은 치마를 짧게 입었다.

조선시대에는 보통 하루에 아침과 저녁 두 끼를 먹었다. 그러나 경우에 따라 낮에 적은 양의 점심을 먹기도 했다. 점심은 주로 해가 길고 활동량도 많은 봄부터 가을까지 먹었는데 민간의 풍속에 첫서리가 내리면 점심 먹는 것을 그쳤다. 식사량은 중국이나 일본보다 훨씬 많았다. 조선시대의 주식은 쌀밥으로, 쌀은 단위면적당 수확량이 상당히 많고, 파종량 대비 수확량도 우수했으며 균형 잡힌 영양소를 갖춘 곡물이었다. 하지만 조선시대에는 만성적인 식량부족 상태에 놓여 있었다. 그래서 여러 가지 구황식품이 곡물 대용품으로 활용되었고 해마다 보리가 익기 전까지 굶주림을 견디내야 했다. 주거생활의 경우, 집에도 신분과 지위에 따른 차별이 가해져서 각기 일정한 규모 이상의 집을 짓지 못하게 규제를 가했지만 철저한 차별까지는 않았다. 집은 대부분 규모가 작은 초가집으로 방도 많지 않았다. 그러므로 가족은 대개 부부와 자녀로 구성된 너덧 명이 한 가족을 이루었으며 대가족은 극히 드물었다. 조선시대에는 유교가 지배이데올로기로 확고히 자리 잡으면서 그 영향력이 집의 구조에도 반영되었다. 엄격한 내외법이 적용되어 남성의 활동공간 사랑채와 여성의 활동공간 안채가 분리되었다. 또한 조상 숭배가 강화되어 양반집에는 조상의 위패를 모신 사당을 두게 되었고 그 결과 윤회봉사와 자녀균분상속은 서서히 사라지고 장자봉사와 장자우위상속이 점차 자리를 잡게 되었다.

조선의
일상

의식주를 통해 본 조선의 생활 문화

조선시대는 과학기술이 본격적으로 발달하지 않아 근대적 산업화가 진행되지 않은 시기였다. 식량은 늘 부족했으며, 대량생산과 대량소비가 이루어지지 않은 상태에서 생활용품은 가내수공업으로 제작되어 시장에 판매되거나 주문에 의해 소량으로 제작되었다. 또한 신분제 사회였으므로 일상생활은 지위, 신분에 따라 일정한 제약이 따랐고 생활용품들도 마찬가지였다.

조선시대는 현대 사회와 달리 시간의 흐름에 따른 생활양식의 변화도 거의 없었다. 전근대 사회에서 날마다, 달마다, 해마다 되풀이되는 일상생활의 변화가 조선시대에서는 10년 혹은 20년 정도의 간격으로는 단락이 지어지지 않았다. 예컨대 조선 초기에 양반들이 썼던 갓은 약간의 형태 변화는 있었지만 조선 말기까지 계속되었다. 고려시대에 여자들이 겉에 입던 바지가 조선시대에는 치마 속에 받쳐 입는 속옷이 되었으며 겉옷으로는 치마만을 입게 되었는데, 이 또한 조선 말기까지 계속되었다. 조선시대 일상생활의 두드러진 변화는 100년 또는 적어도 수백 년의 시간이 걸리는 아주 느린 것이었다. 전근대 사회의 일상생활은 그래서 '구조'라는 이름으로 무겁게 밑바닥에 가라앉아 아주 느리게 움직이고 있었다.

신분과 질서를 입다

조선시대의 옷감으로는 삼베와 무명이 가장 일반적이었다. 칡 섬유로 짠 갈포葛布나 노루, 돼지 등의 가죽이 재료로 쓰이기도 했다. 상류층들은 비단이나 모시 옷을 입기도 했지만, 지금도 '포목布木'이란 낱말이 옷감을 통칭하고 있듯이 가장 많이 쓰인 것은 역시 베와 무명이었다.

삼 껍질을 찢은 섬유로 만든 삼베는 내구성이 좋아 오래전부터 옷감으로 사용되었으며, 고려시대까지만 해도 대부분 옷은 삼베로 지어 입었다. 조선 전기에 옷감으로 사용된 일반적인 삼베는 정포正布라 했는데 이는 5승포升布를 가리켰다. 옷감의 곱기는 대략 35~36센티미터 정도 폭에 들어가는 실올의 숫자로 표시했으며 그 단위가 새升로서 한 새는 80올을 가리켰다. 그러므로 5승포는 400올이 들어간 옷감이었다. 그러나 18세기부터는 더 고운 옷감이 일반화되어 6승포, 6승목升木이 군포軍布로 일반화되었다. 오늘날 여름에 입는 일반 삼베옷의 옷감이 7승포인 점을 고려한다면 예전 사람들은 지금보다 약간 거칠고 성근 옷감으로 만든 옷을 입었던 셈이다. 한편 누렇고 거친 삼베[麻布]에 비해 희고 고운 모시[紵布]는 상류층의 옷감으로 일반인들은 입기 어려웠으며 대개 9승포 이상의 아주 고운 모시는 비단보다도 비쌌다.

한편 고려 말에 목화씨를 중국에서 들여와 목화 재배에 성공해 조선시대에는 본격적으로 솜과 무명의 생산이 시작되었다. 면포綿布, 즉 무명의 생산은 의생활의 혁명을 가져왔다 해도 무방할 만큼 커다란 변화를 몰고 왔다. 무명은 삼베보다 여러 면에서 뛰어났다. 무명옷은 계절에 관계없이 입을 수 있어 사시사철 옷으로서 적격이었다. 또한 목화가 재배되기 시작하면서 옷에 솜을 넣어 보온성을 높인 옷을 입을 수 있게 되었다. 예전에는 추운 겨울에도 베옷을 겹쳐 입어 추위를 막는 정도였으나 솜이 생산되면서부터는 솜옷으로 따뜻하게 지낼 수 있었다. 솜은 여성의 치마에도 이용되어 솜치마, 누비치마가 만들어져 조선 후기까지 쓰였으나, 조선 말기에는 사라지고 대신에 홑치마와 겹치마만이 남게 되었다. 목화의 솜은 옷 이외에 이불 등에도 쓰였다.

무명은 쓰임새도 많고 옷감으로서도 우수해 매우 빠르게 확산되었다. 이미 15세기에 목화는 함경도 지역을 제외한 거의 전국에서 재배되고 있었다. 그래서 《경국대전》에서는 비록 관료들의 녹봉에는 포함되지 않았지만 노비공奴婢貢을 면포로 거둬들일 정도였다. 16세기에는 이미 많은 무명이 생산되어 일본에 보낼 수 있게 되었고 일본과의 무역에서 대금 결제수단으로 쓰일 만큼 확산되었다. 이때쯤에는 무명 생산도 크게 증가해 무명과 삼베가 같은 값으로 거래되기에 이르렀다.

남성의 옷차림

조선시대의 옷에는 많은 차별이 가해졌다. 조선 정부는 옷으로 사람의 지위와 신분을 판별할 수 있도록 신분에 따라 옷을 다르게 입게 한 것이다. 사치풍조의 성행과 신분제도의 흔들림으로 변화는 있었지만, 관료와 서리 그리고 평·천민의 옷은 옷감과 형태가 구분되게 법으로 정해놓았다.

양반의 옷은 대개 길이도 길고 품도 넓었다. 양반의 권위를 겉으로 드러내기 위해서였다. 낮은 신분의 사람들이 입는 옷은 길이도 짧고 품도 좁은 것이 일반적이었다. 이는 활동성을 위해서였다.

양반 남성이 입는 포袍는 외투와 같은 역할을 하는 겉옷이다. 지금도 한복을 입고 외출할 때에는 예의상 반드시 두루마기를 입는데 이러한 풍습의 잔재이다. 중인 이하는 포를 입지 않고 다닐 수도 있었지만 양반은 반드시 겉에 포를 입고 외출했다. 조선시대의 포로는 철릭, 직령直領, 도포道袍, 창의氅衣, 주의周衣 등이 있었다. 그 가운데 철릭은 첩리帖裡, 천익天翼(天益) 등으로 썼는데 윗옷과 아래옷을 따로 만들어서 꿰매어 잇되, 허리에 주름이 잡히게 한 독특한 옷이다. 이 옷은 고려 말부터 입기 시작해 조선시대에는 양반부터 하급 관원, 군사 들까지 광범위하게 입었는데 주로 문무관들이 가볍게 움직일 때 입는 융복戎服으로 활용되었다.

직령은 깃이 빳빳하고 곧은 모양의 옷으로, 깃이 둥근 모양의 단령團領과 대비되어 직령이라는 이름이 붙여졌다. 조선 초기에 양반 관료들은 단령을 입고 서민들은 직령을 입게 했는데 점차 사대부들이 편복便服으로 입게 되었고 특히 붉은색의 홍직령紅直領을 자주 입었다. 《송와잡기松窩雜記》에 따르면 붉은색 중에서도 토홍土紅을 즐겨, 짙은 빨간색의 흙을 물에 담가 모은 앙금을 달여서 물감을 만들어 염색해 입었다 한다. 1570년(선조 3)에 유희춘이 홍직령을 입고 장인의 처조부 사당에 참배했고, 아들의 혼수 예물로 홍직령을 준비했던 것을 보면 홍직령이 조선 중기 사대부들의 예복 역할을 했음을 알 수 있다.

도포 앞

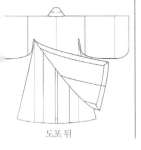

도포 뒤

하지만 당시 이서吏胥들은 직령을 관복으로 입었다. 조선 후기에 도포는 문관의 상복常服으로, 직령은 무관의 상복으로 자리 잡았다.

도포●는 조선 전기에는 없던 옷으로 임진왜란 이후 선비들이 평상복으로 입고 다니던 겉옷이다. 도포는 깃이 곧고 소매가 넓은데 가장큰 특징은 허리 뒤가 터져 있고 그 위에 전삼展衫이라는 뒷자락이 붙어 있다는 점이다. 전삼은 말을 탈 때 뒤쪽이 벌어져 보이지 않게 하고 옷자락을 가지런히 해주는 역할을 했다. 다른 양반들의 옷과 마찬가지로 처음에는 소매가 좁았으나 점차 넓어졌고, 좁고 짧던 고름도넓고 길어졌다. 도포 위에는 가느다란 세조대細條帶라는 띠를 띠었는데 지위에 따라 색깔이 달랐다. 이규경李圭景의《오주연문장전산고五洲衍文長箋散稿》에 따르면 도포는 푸른색과 흰색 두 가지가 있었다 한다. 18세기의 풍속화에서도 양반들이 입은 도포는 항상 푸른색이나흰색이다. 황윤석黃胤錫이 1766년 7월에 고향 흥덕에서 서울로 올라갈 때에도 푸른색과 흰색 도포를 각기 한 벌씩 챙겼다.

한편 유자儒者들의 평상복으로는 창의가 있었다. 창의는 겨드랑이아래 양옆을 터놓은 옷으로, 조선 중기부터 입기 시작해 18세기 후반에는 철릭을 대신해 자주 입었다. 창의에는 대창의, 중치막, 소창의가있었다. 소창의는 창옷이라고도 부르는데 18세기 후반에 철릭을 대신해서 사대부들이 집 안에서 편히 입는 겉옷으로 사용되었다. 사대부들은 평상시 겉옷으로 입을 때에는 흰색 창옷을 입고, 공복의 겉옷 속에 중의中衣로 받쳐 입을 때에는 푸른색으로 만들어 입었다. 하지만일반 서민들은 소창의를 겉옷으로 입었다. 그래서 창옷을 겉옷으로입는 이서들을 가리켜 '창옷짜리'라고 비하하는 말도 있었다.

윤용구의 철릭(19세기)
상의와 하의를 따로 구성해 주름 잡힌 넓은 치
마 부분이 허리에 연결된 형태의 옷.

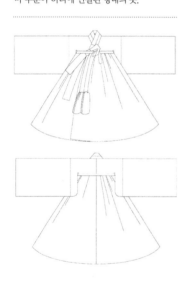

문무관의 융복 조선 후기 철릭의 형태를 볼 수 있는 신윤복의 〈춘원만색〉(18세기 말) 부분. 조선시대 왕을 비롯한 문무관이 착용하던
곧은 깃의 포로서 상의인 유襦와 하의인 상裳이 연결된 형태인데, 상에 잔주름이 잡혀 있는 것이 특징이다. 조선시대 철릭에 관한 최
초의 기록에는 세종 7년 "병조에서 궐 밖으로 임금이 거동할 때 위군사는 철릭을 착용하라"는 지침이 있었는데 이는 융복의 기능이
었다. 시대에 따라 유와 상의 길이와 폭, 주름의 처리 방법, 깃·소매 등에서 많은 변화가 있었는데, 후기로 갈수록 소매가 넓어지고
배래에 곡선이 생기며 한쪽 소매에만 매듭단추를 달게 된다. 철릭은 편복, 군복, 융복으로 왕, 문무관, 무인, 악인, 서민 등이 모두 입
었다.

창의(18세기 초)

조선 중·후기 왕과 사대부가 평소에 입었던 옷으로 대창의라고도 하며, 트임이 있는 옷을 말한다

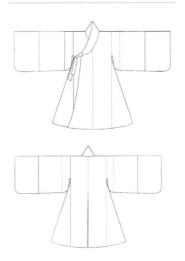

유자들의 평상복   창의를 입은 〈임매 초상〉(한정래, 1777). 창의는, 사대부가에서는 관복의 밑받침 옷으로 주로 사용되었고 일반인들은 외출복으로 사용했다. 학창의는 옛날부터 신선이 입는 옷이라 하여 사대부의 연거복으로 사용되었고, 덕망 높은 도사나 학자가 입었다. 형태는 대창의와 같으나 가장자리에 검은 선을 두른 모양이 마치 심의와 같아 보였으나 허리에 매는 띠가 달랐다. '창옷'이라고도 불리는 소창의는 대창의나 도포의 밑받침 옷으로 평상시 바지, 저고리 위에 입고 세조대를 띠기도 했으며 신분이 낮은 사람이나 하급관리들의 외출복으로 착용되었다. 그래서 개화기 이후에 '창옷짜리'라고 하면 하급관리를 낮추어 부르는 말이기도 했다.

이러한 여러 가지 포는 대원군 집권기에 이르러 주의 또는 주차의周
遮衣라고도 쓰는 두루마기●로 통일되었다. 이는 신분제 철폐와 연계
된 것으로 양반 신분의 상징이었던 포를 두루마기로 통일시켜 이를
신분에 관계없이 모든 성인 남자들이 입을 수 있게 한 조치였다. 두루
마기는 이름 그대로 겨드랑이, 뒤 모두 트임이 없이 두루 막힌 옷이
다. 그리고 활동성을 위해 예전보다 길이를 줄이고 소매나 품도 좁게
했다.

두루마기

여성의 옷차림

조선시대 여성의 기본 옷차림은 저고리와 치마였다. 조선 초기의
저고리는 등길이가 길어서 저고리 끝이 허리에 왔다. 또한 소매길이
도 길고 품도 넉넉했다. 그런데 17세기 이후로 등길이와 깃이 짧아
지고 소매통도 좁아졌다. 18세기 후반에 이르러서는 등길이가 조선
초기의 반에도 못 미칠 정도로 뚜렷하게 짧아졌는데, 이는 정조의
누이동생 청연군주淸衍郡主의 옷을 통해 확인할 수 있다. 이렇게 저고
리의 겨드랑이 부분이 거의 없어질 정도로 짧아진 결과 저고리 끝이
가슴 부분에 오게 되었다. 이러한 경향은 당대의 풍속화에도 뚜렷이
나타난다. 그래서 가슴을 가리기 위해 별도의 가슴띠를 만들어 겨드
랑이 밑으로 바싹 치켜서 졸라매 겨드랑이 살과 가슴이 보이지 않게
했다.

또한 오랫동안의 단조로운 옷색깔에 변화를 주려는 움직임이 일어
나 회장저고리가 생겨났다. 상류층 여자들은 깃, 고름, 소매부리, 겨
드랑이에 다른 색의 회장을 대 맵시를 낸 삼회장저고리를 예복으로

입었고, 일반 서민들은 깃, 고름, 소매부리를 다른 색으로 한 반회장 저고리를 입었다.

　치마는 점차 풍성해졌다. 조선 초의 치마 길이는 상당히 짧아서 허리 선에서 치마를 둘러 입었다. 17세기에도 치마 길이는 그다지 길지 않았으나 18세기부터는 상당히 길어졌다. 저고리 길이가 짧아져서 치마끈을 허리에 매지 않고 가슴 바로 아래에서 매게 되니 자연히 길어질 수밖에 없었다. 상의는 최대한 줄이고 하의는 풍성하게 입는 경향은 조선시대 전체를 일관했다. 또한 활동성보다 장식성을 중요시한 풍조는 버선에서도 볼 수 있는데, 18세기부터 버선은 아주 작고 부풀어 올라 양감과 곡선을 강조하는 경향을 나타냈다.

　남성의 옷처럼 상류층 여성의 치마는 활동성보다 맵시를 중시해 길고 폭이 넓게 입었고, 서민층의 치마는 맵시보다 활동성을 중시해 짧고 폭이 좁았다. 하지만 치마 길이가 길어지는 시기에도 서민층은 양반층과 치마를 달리 입었다. 서민층은 양반과는 달리 오른쪽으로 여며 입었으며 활동성을 중시해 치맛자락이 땅바닥에 끌리지 않게 바싹 치켜 여며 입어 속옷이 밖에 드러나게 하는, 이른바 '거들치마'로 입었다. 특히 계집종들은 폭도 좁고 길이도 짧은 '두루치'를 흔히 입었다.

남성과 여성의 관모

　사대부 남성들이 쓰고 다니던 갓은 외출 시에는 물론 다른 집을 방문했을 때 방안에서도 쓰고 있을 정도로 양반의 상징물과 같은 것이었다. 그래서 갓의 다른 말인 '흑립黑笠'은 그대로 양반을 지칭할 정

조선 전기(저고리 길이: 77cm)
은진 송씨(16세기) 묘 출토품 재현 도식.

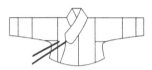

조선 중기(저고리 길이: 60cm)
남양 홍씨(17세기) 묘 출토품 재현 도식.

조선 후기(저고리 길이: 44cm)
외원군 일가(18세기) 묘 출토품 재현 도식.

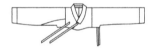

조선 말기(저고리 길이: 21.5cm)
이현응(19세기) 묘 출토품 재현 도식.

500년 저고리 유행   잔치에 모인 여성 하객들의 다양한 옷차림을 엿볼 수 있는 〈회혼례도〉(18세기) 부분. 저고리는 조선시대에 들어서면서 길이가 짧아져 띠 대신 고름이 달리게 되었는데, 길, 소매, 깃, 동정, 고름으로 구성되어 있었다. 곧은 깃에 왼쪽으로 여미며, 좁은 소매가 특징이다. 여성용 저고리에는 끝동, 곁마기를 달기도 했다. 저고리 길이는 시대에 따라 변했고, 그 길이에 따라 고름의 길이와 너비도 달라졌다.

도였다. 갓은 가늘게 쪼갠 대오리나 말총으로 만들었는데 특히 말총으로 만든 마미립馬尾笠은 재료가 비싸고 전문 수공이 가해져 만들어지므로 매우 고가품이었다. 갓은 15세기 성종대까지만 해도 위가 둥그런 모양이었는데 점차 위가 평평해지기 시작해 16세기 연산군대 말기에는 위가 평평한 갓이 등장해 조선 말기까지 지속되었다. 비록 중심부 대우의 높이나 테두리 양태의 넓이 변화는 있었지만 기본 모양은 조선 말기까지 유지되었다. 한편 보부상, 역졸을 비롯한 일반 서민들은 평량자平涼子라고도 부르는 패랭이를 썼는데 가늘게 쪼갠 대오리로 만들었으며 양태가 갓보다는 좁았다.

조선시대 여성의 쓰개는 여성의 유폐와도 관련이 깊었다. 조선시대에는 사대부 여성들이 외출할 때 반드시 얼굴을 가리게 했다. 그 가운데 일찍부터 쓰였던 대표적인 것이 너울羅兀이었다. 너울은 둥근 갓의 둘레에 한 자 남짓 얇은 천을 드리우게 해 이것으로 얼굴을 가리면서 밖을 살펴볼 수 있게 한 것이다. 너울은 이미 개두蓋頭, 몽수蒙首라는 이름으로 고려시대부터 사용되었다. 다만 예전에는 둥근 갓의 둘레에 매달린 천이 무릎 아래로 길게 내려오다가 조선시대에는 어깨 높이로 짧아진 것이다. 조선 후기에 너울은 장옷, 쓰개치마 등으로 대체되었지만, 궁중에서는 계속 사용되었다.

너울처럼 머리에 쓰는 도구로 얼굴을 가리는 것 외에도 얼굴을 포함해 몸 전체를 감싸는 옷도 생겼다. 여성의 몸을 가리는 도구로는 장옷[長衣], 쓰개치마, 처네[薦衣] 등이 있었다. 장옷은 너울 대신 간편하게 착용된 내외용 쓰개로서 형태는 두루마기와 비슷해 동정 대신에 넓적한 흰 헝겊을 대어 정수리에 닿도록 하고 앞을 여밀 수 있게 이중

부녀자는 입모를 드리우고　　1651년 12월에 왕세자가 김우명의 딸을 빈(명성왕후)으로 맞는 과정을 기록한《현종명성왕후가례도감의궤》에 수록된 〈반차도〉 부분. 상궁과 시녀는 조라(早羅) 너울(女火), 의녀는 황상립黄箱笠을 각기 쓰고 있다. 너울은 조선 초부터 궁중 양식, 양반집 양식으로 상류계급에서 사용한 부녀자의 내외용 쓰개다.

조선 여인들의 외출　조선시대의 풍속화에는 다양한 가리개의 사용이 잘 나타나 있는데, (왼쪽부터) 장옷, 쓰개치마, 방갓을 쓴 여인들 (18세기 말)의 모습이다. 여성의 내외법이 국초부터 유교적 도덕관에 의해 제도화된 데서 비롯해 얼굴을 가리기 위해 쓰던 쓰개들이다. 양반 계급 여성들이 얼굴을 가리기 위해 너울 대신 외출할 때 간편하게 착용한 것으로 1930년대까지 흔히 볼 수 있었다.

고름이 달려 있었다. 본래 장옷은 하층민들이 사용하던 것이었는데 조선 후기에는 양반집 부녀자들도 사용했다. 한편 16세기부터 등장하는 쓰개치마는 치마 모양으로 생겨 치마 허리 부분으로 이마를 덮게 하고 치마끈을 모아 잡아 앞을 여미게 한 것이다. 초기에는 양반집에서 쓰개치마를 주로 썼는데 조선 후기에는 장옷에 밀려 자주 사용되지는 않은 듯하다.

장옷과 쓰개치마 외에도 서북 지방에서는 처네가 많이 사용되었다. 처네는 장옷과 비슷하게 생겼지만 길이가 짧고 소매가 없으며 이마 부분에 동정이 있어 복건처럼 고름을 달아 뒤로 잡아맸다. 한편 함경도, 평안도 지역에서는 천이 귀한 관계로 이러한 쓰개들을 쓰지 못했다. 그 대신에 어깨까지 덮을 만큼 커다란 방갓[方笠]을 머리 위에 쓰고 손으로 앞부분을 들어 앞을 내다보면서 다녔다.

머리 모양

조선시대 어린 남자들은 머리를 땋아서 늘어뜨렸다. 그러다가 15세가 되면 남자는 갓을 쓰는 관례冠禮를 치르고 여자는 비녀를 꽂는 계례笄禮를 치르는 것이 원칙이었다. 하지만 대개는 혼인을 몇 해 앞두고 또는 혼인과 동시에 상투를 틀고 비녀를 꽂았다. 그러므로 나이가 어려도 결혼을 하면 상투를 틀었다. 비록 결혼을 하지 않았어도 나이가 차면 상투를 틀었는데 이를 건상투라 했다.

상투로 일관되는 남성의 머리 모양과는 달리 여성의 머리 모양은 변화가 많았고 장식도 여러 가지였다. 조선시대 여성 머리 모양의 특징은 결혼한 여성들 사이에 가체加髢, 월자月子 또는 다리라고 부르는 가

발이 성행했다는 점이다. 여성들은 땋은 머리를 하다가 혼인을 하게 되면 얹은머리를 하게 되는데 이 얹은머리가 점차 커지면서 다리라는 가발이 성행하게 된 것이다. 기다란 머리카락 다발을 고리 모양으로 틀어 머리 위에 얹는 다리는 점점 커져서 급기야는 머리 하나를 얹어 놓은 정도의 크기에 이르기도 했다. 결국 조선 후기 여성의 이상적인 아름다움은 풍성한 머리, 빈약한 상체, 풍만한 하체로 자리 잡았다.

　풍성한 형태가 유행하다 보니 그만큼 값이 매우 비싸져서 다리 하나가 집 한 채 값을 능가한다는 말이 나올 정도였다. 그 장식에도 많은 돈이 들어가서 당시 여성들이 비싼 다리를 마련하지 못해 혼례를 치르지 못한다는 이야기도 회자되었다. 실제로 정조대 채제공蔡濟恭은 다리 하나 마련하는 데 60~70냥이 들어간다고 했는데 한 냥이 통상 쌀 서 말 정도였으니 어마어마하게 비쌌던 셈이다. 그 때문에 18세기 중엽 영조는 다리를 금하고 대신 족두리를 사용하게 했고 나중에는 다리 대신에 쪽진머리[後髻]를 하게 하기도 했다. 정조 때에는 비변사에서 가체금지령을 내려 어긴 자를 엄히 처벌하도록 했지만 잘 지켜지지 않았다. 그렇지만 다리가 워낙 경제적으로 큰 부담이 되는 데다 중앙 정부에서 정책적으로 금함에 따라서 출가한 여자의 머리는 서서히 쪽진머리로 정착되었다.

머리가 무거울수록 미인 계천에서 다리를 넣으며 머리를 땋고 있는 여인의 모습이 표현된 〈계변가화溪邊佳話〉(신윤복, 18세기 말) 부분. 거의 다 땋고 한쪽 끝부분만이 남았는데 오른쪽 여인 옆에 다리가 3개 남아 있으니 이마 상당수의 다리가 사용됐음을 알 수 있다. 가체를 사용하는 큰 머리치장은 영·정조대에 극심했는데 실학자 이덕무가 지은 《청장관전서》에는 당시 여인들의 머리치장에 관해 자세히 적고 있다. 과장된 표현이기는 하지만 부귀한 집에서 머리치장에 드는 돈이 무려 7~8백 냥에 이르며 웅황판, 법랑잠, 진주수로 꾸며 그 무게를 거의 지탱할 수 없었다고 한다.

조선 사람들의
밥과 끼니

조선시대에는 일반적으로 아침과 저녁으로 하루 두 끼를 먹었다. 이는 산업화가 진행되기 전의 동서양이 모두 그러했다. 그래서 조석朝夕 끼니라는 말이 고려시대부터 조선시대까지 문헌에 종종 등장한다.

그렇지만 조선인들이 항상 두 끼만을 먹은 것은 아니었다. 경우에 따라 낮에 아침밥이나 저녁밥보다는 적은 양의 점심을 먹기도 했다. 점심點心은 주로 봄부터 가을까지 먹었는데 민간의 풍속에 첫서리가 내리면 점심 먹는 것을 그쳤다 한다. 봄부터 가을까지는 해가 길어 활동하는 시간도 길고, 밭 갈기, 모내기, 김매기, 가을걷이 등으로 활동량도 많기 때문이다. 그러나 계절적으로 점심을 먹을 철이 아니라 하더라도 평소보다 많은 활동을 해야 할 경우에는 낮밥을 챙겨 먹었다. 예컨대 힘든 일을 하는 일꾼이나 먼 길을 가는 여행객은 점심을 먹었다.

점심은 본래 중국에서 온 말로, 소량의 식사를 가리킨다. 허기 탓에 정신이 침잠되어 있을 때 '마음에 불을 붙여' 정신을 차릴 정도로 아주 소량을 먹는다는 뜻이다. 우리나라 기록에 '점심'은 15세기 초《태종실록太宗實錄》에 처음 등장하는데, 당시 점심은 식사량과 관련된 말로서 먹는 시간과는 무관했다. 그래서 16세기 이문건李文楗의《묵재일기默齋日記》를 보면 낮에 먹는 오점심午點心, 주점심晝點心 외에도 아침에 먹는 조점심朝點心, 저녁에 먹는 석점심夕點心도 있었고 때로는 새벽이나 밤중에 점심을 먹은 기록도 나온다. 이처럼 점심이란 말은 처음에는 소량의 식사를 가리켰다. 그러나 점심을 아침이나 저녁에 먹는 경우는 드물고 대부분 낮에 먹었으므로 16세기를 즈음해서 점심이 낮밥의 의미로 점차 굳어져서, 18세기에는 완전히 낮밥의 의미로 고착되었다. 그러므로 조선시대의 끼니 수는 두 끼였지만 좀 더 명확히 하자면 때로는 간단한 점심을 곁들인 세 끼를 먹었다고 말할 수 있다.

식사량은 중국이나 일본보다 훨씬 많았던 것이 분명하다. 한국은 외국인들에게 일찍부터 대식하는 나라로 지목되어 개화기에 한국을 다녀간 달레, 오페르트, 비숍 등 외국인들이 남긴 기록을 보면 이구동성으로 한국인이 매우 많이 먹는다는 점을 지적하고 있다. 성현成俔, 이이李珥, 조헌趙憲 등 나라 안에서도 대식의 풍습을 비판하는 사람들이 적지 않았다. 이규경의 《오주연문장전산고》에 기록된 당시의 식사량은 성인 남성이 한 끼에 7홉(약 0.42리터, 336그램), 성인 여성은 5홉, 어린이는 2홉 정도였다. 이를 평균치를 잡아 계산하면 1인당 5홉(약 0.3리터, 240그램)으로, 하루에 두 끼를 먹었으므로 하루 한 되를 먹은 셈이다. 한 끼 곡물 소비량만으로 비교하면 지금의 두세 배에 이르는 수치이다. 물론 당시 상차림에는 김치 외에 여러 가지 반찬이 상에 오르는 일이 별로 없었음을 감안해야 하지만 같은 시기의 주변 국가와 비교하더라도 한 끼에 많은 양을 먹은 것은 분명하다.

식량 사정

조선시대에는 항상 식량부족 상태에 놓여 있었다. 인구를 먹여 살릴 만큼 농지가 넉넉하지도 않았고, 생산력도 뒷받침되지 못했기 때 조선 선비의 식사   밥상 앞에 앉은 조선시대 남자를 담은 프랑스 엽서(1893년경). 조선 사람들은 지금에 비하면 밥을 훨씬 많이 먹는 대식가들이었다. 사진에서 보는 것처럼 밥상의 밥그릇이 엄청나게 크다. 요즘 우리가 사용하는 밥그릇의 거의 3배에 가까운 크기다.

문이다. 1788년(정조 12) 호조좌랑 박일원朴—源이 왕명으로 편찬한 《탁지지度支志》에서는 전국의 농지 140만 결 가운데 묵은 땅이나 재상전災傷田을 제외하고 농사를 지을 수 있는 농지를 논 40만 결과 밭 50만 결로 추산하고, 결당 생산량을 논 80섬, 밭 50섬으로 계산하면 연간 5700만 섬의 곡식이 생산된다고 했다. 그런데 전국 인구는 호적상 파악된 700여만 명에 누락된 인구를 합산하면 대략 1000만 명으로 추산되는데, 이들이 1년 동안 먹고 살아가는 데 필요한 식량은 6000만 섬으로 해마다 300만 섬이 부족할 수밖에 없다는 것을 지적하고 있다. 그런데 이것도 밭에서 채소, 목화, 삼, 담배 따위를 재배하지 않고 모두 보리, 밀, 수수, 기장 따위의 곡식만을 재배했다는 가정하에 계산된 것이므로 실제 상황은 더 나쁠 수밖에 없었다. 결국 당시 누군가는 굶거나 식사를 제대로 하지 못하는 상태였다. 이에 정약용은 《아언각비雅言覺非》에서 '보릿고개[麥嶺]'라는 말을 소개하고 있다.

조선시대에는 곡물 대신에 여러 가지 구황식품을 식량으로 이용했다. 당시 구황식품으로는 송기松肌,• 느릅나무 속껍질, 칡, 마, 도토리 등과 함께 갖가지의 풀들이 있었다. 이런 식품들은 소금과 장이 있어야 제대로 먹을 수 있었다. 그래서 정부가 기근에 방출하는 진휼식품에는 쌀, 콩과 함께 항상 소금이나 장이 지급되었다.

조선 후기에 새로이 구황식품으로 보급된 작물로는 일본에서 들여온 고구마와 중국 화북 지방에서 들여온 감자가 있었다. 고구마는 18세기에, 감자는 19세기에 들어왔다. 고구마는 당시 '감저甘藷'라고 불렀는데 재배 방법을 기록한 책들이 여러 종류 간행되었다. 고구마는 전라도와 경상도를 중심으로 남부 지방에서 주로 재배되었다. 그러나

송기
식량이 떨어지면 먹던 소나무 속껍질로 대개 곡물 가루와 섞어서 죽을 끓여 먹었다.

확산 속도는 감자보다 느려서 아마도 고구마가 널리 보급된 것은 일제강점기에 접어들면서부터였던 것으로 짐작된다. 한편 감자는 19세기 말에 들어와 산간 지역, 북부 지역에서 빠르게 보급되어 함경도와 강원도에서 많이 재배되었다. 그러나 조선시대의 주된 구황식품은 역시 송기, 칡, 도토리 등이었다.

평상시에도 식량이 모자란 상태였지만, 가뭄 등으로 농작물이 제대로 자라지 못하면 종종 기근으로 이어졌다. 조선시대의 기근은 언제든지 일어날 수 있는 재앙이었다. 기근이 들면 몸의 저항력이 급격히 떨어져 어김없이 전염병이 돌아 수많은 사람이 죽었다. 17세기 후반에는 경신대기근庚辛大饑近(1670~1671), 을병대기근乙丙大饑近(1695~1696) 등 두 차례의 대기근이 일어나 호적으로 파악된 인구가 700만 명 전후인 상황에서 100여만 명이 죽는 참변이 벌어지기도 했다. 농업기술, 의학기술이 아주 완만한 속도로 발전하고 있던 전근대에는 이러한 재앙에 사실상 속수무책일 수밖에 없었다. 흉년이 들면 정부에서는 죽이나 말린 밥을 배급하기도 하고 집집마다 쌀, 콩, 장, 미역 따위를 나눠주어 기본적인 식량난을 해결하게 했다. 조선시대의 기근은 많은 유민을 낳고 유민들은 급기야 도적으로 변해 사회불안을 야기하기도 했다.

주식

조선시대의 주식은 쌀밥이었다. 벼는 일정한 면적의 땅에서 농사를 지어 가장 많은 사람을 먹여 살리는 곡물이었다. 물론 그러한 면에서는 감자와 옥수수가 벼보다 우수하지만 감자와 옥수수는 조선 말기에 보급되었기에 벼는 곡물로서 압도적인 우위를 차지했다. 벼는 단위면적당 수확량이 상당히 많고, 파종량에 비해 수확량도 많았다. 이중환李重煥은《택리지擇里志》에서 곡식 1말을 뿌려 60말을 거두면 살기 좋은 곳이고, 40~50말을 거두면 지낼 만한 곳이며, 30말을 거두는 곳은 피하라고 하고 있는데, 18세기 유럽에서 밀을 재배해 평균적으로 파종량의 6배를 거두었던 것과 비교했을 때, 쌀이 수확량에서 매우 훌륭한 곡물이었음을 알 수 있다. 또 쌀에는 탄수화물, 단백질, 지방 등의 영양소가 골고루 들어 있고 필수아미노산도 풍부하게 들어 있어 영양적으로도 균형 잡힌 훌륭한 식품이다. 쌀은 조선시대에 보리, 밀, 메밀, 수수 등 여러 가지 곡물 가운데 가장 많이 생산되는 곡물이었다. 곡물 수출입이 거의 없었던 조선시대에 가장 많이 생산되는 곡물이 주식의 자리를 차지한 것은 당연했다. 곡물 생산량 통계가 처음으로 제시된《조선총독부통계연보》에 의하면 1910년의 곡물 생산 통계에서 쌀은 남부 지역에서 전체 곡물생산량의 60퍼센트로 보리를 압도하고 있었고, 북부에서는 20퍼센트를 차지해 조 다음에 2위를 차지하고 있었으며, 한반도 전체로 보더라도 전체 곡물 생산량의 44퍼센트를 차지해 2, 3위인 보리와 조를 3배가량 앞서고 있을 정도로 압도적인 우위에 있었다. 일제강점기 자료로 조선시대의 상황을 유추하는 것이 어느 정도 오류의 가능성을 내포하고 있기는 하지만, 1910년이 일본의 종자가 민간에 보급되기 전이고 또한 산미증식계획도 시행되기 전이었으므로 대강의 추세를 파악하는 데는 큰 무리가 없을 것이다.

그렇지만 북부 지방에서는 조를 중심으로 한 잡곡이 주식이었다.

한반도는 두 개의 농업 지대가 함께 있어서 한반도 북부 지대는 잡곡 지대였고 남부는 도작稻作 지대였다. 그러나 한반도 전체를 통틀어 조선시대의 주식을 말하라고 하면 역시 쌀이었다. 일제강점기 이후 쌀을 먹지 못한 것은 일본으로의 쌀 이출, 해외 이주 인구의 귀국, 북한 주민의 남하 등 몇 가지 요인이 겹쳤기 때문이다.

부식

조선시대의 가장 기본적인 부식은 지금과 마찬가지로 김치였다. 그래서 김치는 반상 차림의 첩 수에도 포함되지 않았다. 김치는 우리말로는 오이지, 짠지 등에서도 볼 수 있듯이 '지' 라고 불렸으며, 김치라는 말은 '(소금에 절여) 담근 채소' 라는 뜻의 한자어 '팀채[沈菜]'에서 유래했다. 김치의 가장 중요한 양념인 고춧가루는 18세기부터 사용되었다. 이때부터 김치는 빨간색으로 변했다. 젓갈은 15세기에 이미 오이김치에 새우젓이 쓰인 흔적이 있지만 당시에는 일반화하지는 않았던 듯하다. 그러다가 고춧가루가 양념으로 쓰이기 시작한 때부터 새우 따위의 어패류로 만든 젓갈이 김치에 본격적으로 쓰이기 시작했다. 조선시대의 요리서를 살펴보면 19세기 초 빙허각 이씨의《규합총서閨閣叢書》*에서야 젓갈의 사용을 곳곳에서 소개하고 있는 것이 발견되는데, 이때를 전후해서 김치에 젓갈의 사용이 일반화된 것으로 보인다. 또한 조선시대의 김치는 적어도 18세기까지는 지금과는 달리 무를 비롯해 오이, 가지 등이 재료로 쓰였고 배추김치는 흔히 볼 수 없었다. 당시 '빅채白菜' 라고 불렸던 배추는 중국에서 들어왔으나 토착화가 제대로 이루어지지 못해 재배량이 아주 적어서 19세기 후반에

규합총서

19세기 서유본의 아내 빙허각 이씨가 편찬한 부녀자 살림살이 지침서. 음식 조리법이나 바느질에 관한 것뿐 아니라 나무 재배, 밭일, 목축, 각종 질병 대처법 등 여성들의 살림살이가 포괄하는 영역이 광범위함을 보여준다. 내용을 자세하고 분명하게 서술했을 뿐 아니라, 인용한 책 이름을 각 사항에 작은 글씨로 표기했다. 그리고 자신의 의견을 부가하며 각 항목 끝에는 자신이 직접 체험한 결과 등을 작은 글씨로 밝혀놓아 사람들이 읽어보고 실행할 수 있게 했다.

이르러서야 비로소 특정 지역에 편중되지 않고 전국적으로 재배되기 시작했다. 이때부터 김치의 재료로 무보다는 배추가 더 많이 쓰이기 시작했던 것으로 짐작된다. 그러므로 지금과 같은 형태의 배추김치가 만들어지기 시작한 것은 사실상 19세기 후반부터라고 볼 수 있다.

18세기 식생활의 큰 변화는 고춧가루를 쓰기 시작했다는 점이다. 그 이전의 향신료로는 마늘, 겨자, 생강 등이 쓰였으며 고춧가루가 있기 전까지 매운맛을 내는 재료는 천초川椒였다. 야생으로 자라는 천초는 조피나무 열매의 껍질을 말려 가루로 만든 것으로 한국, 중국, 일본에서 향신료로 쓰이고 있었다. 서양에서 중요한 향신료였던 후추[胡椒]는 조선에서는 그다지 쓰이지 않았다. 매우 값비싼 수입품이었기 때문이다. 조선에서도 한때 열대지방에서 자라는 후추를 직접 재배해보려는 노력을 기울였지만 결국 실패했다. 따라서 후추 공급은 충분하지 못해서 식품보다는 약품으로 많이 활용되고 있었다.

그러다가 임진왜란 이후 일본을 통해 고추가 들어왔다. 고추는 17세기까지만 해도 그대로 사용했으나 18세기부터는 가루로 가공해 각종 음식의 양념으로 쓰였다. 이로써 고추는 음식 맛을 돋우면서 비타민을 공급해주는 가장 중요한 향신료의 자리를 차지하게 되었다. 고춧가루의 사용은 식생활에 일대 전환을 가져와서 한국 음식을 매운맛의 빨간 음식이 주류를 이루게 하는 데 결정적인 역할을 했다.

조선시대의 식품은 지방마다 차이가 컸다. 18세기 박제가朴齊家의 《북학의北學議》에 보면 산골에서는 아가위열매를 담가 그 신맛으로 소금과 메주를 대신하고 새우젓이나 조개젓을 보면 신기한 물건으로 여긴다 했다. 이렇게 된 이유는 국토의 대부분이 산악지역인 데다가 도로가 정비되지 않고 운송수단이 발달하지 않은 상황에서 상품의 대량 운송이 원활하지 않았기 때문이다. 전근대 사회에서 음식의 보관, 저장에는 한계가 있을 수밖에 없었다.

예전에 식품을 보관하는 수단은 지금과 마찬가지로 절이고, 말리고, 얼리고, 훈제하는 네 가지 방법이 있었다. 그러나 얼리고 훈제하는 것은 어렵고 번거로우며 모든 식품에 사용할 수 있는 방법은 아니었다. 조선 정부는 서울과 지방 군현에 빙고氷庫를 두었고 부유한 양반들도 집에 빙고를 두어 식품을 보관하기도 했지만 여전히 한계가 있었고, 훈제하는 방법은 일반화되지 않았다. 따라서 가장 기본적인 보관 방법은 말리거나 절이는 것이었다. 특히 채소는 간장에 절이거나 서양처럼 초에 절이는 경우도 간혹 있었지만 소금에 절이는 것이 가장 일반적이었다. 반면에 육류나 생선은 말리는 방법과 절이는 방법이 함께 사용되었는데 특히 말려서 보관하는 경우가 많았다. 물론 가장 좋은 식품은 말리거나 절이지 않은 것이었다. 조선 시대의 식품 이름 가운데 생숭어生秀魚, 생치生雉처럼 '생生' 자가 붙은 것이 상당히 많은데, 이는 말리지 않은 날것이라는 의미이다. 그러나 말리지 않은 식품은 오래 보존할 수 없어 산지에서 가까운 곳에서나 먹을 수 있었다.

초가삼간에도 예를 담다

조선시대에는 궁궐, 관가, 사찰을 제외하고는 둥그런 두리기둥을 쓰지 못하고 공포拱包도 짜지 못하며 단청을 칠하지 못하게 했다. 이 것은 지위 고하를 막론하고 모든 민가에 가해진 규제였다. 그리고 집의 규모에는 집주인의 신분과 지위에 따라 차등 규제가 가해졌다. 집터의 넓이와 건물의 칸 수에 제한을 둔 것이다.

우선 집터는 이미 건국 초인 1395년(태조 4) 품계에 따라 집터의 크기에 규제를 가해 정1품은 35부負부터 일반 서인庶人의 2부까지, 대략 1400평(4600제곱미터)에서 80평(260제곱미터)까지 차별을 두었다. 이 규제는 조금 수정되어 《경국대전》에 반영되었는데 왕실의 왕자, 공주 등은 30부, 25부까지가 한도였고, 관료들은 1품부터 9품까지는 15부부터 4부까지, 일반 서인들은 2부까지였다. 즉 사대부 관료들의 경우에는 600평(2000제곱미터)부터 150평(500제곱미터)까지, 일반 서인은 80평까지가 한도였던 셈이다.

물론 집터뿐 아니라 집의 규모에도 제한이 가해졌다. 집의 규모를 재는 단위 칸[間]은 네 개의 기둥으로 이루어진 공간의 넓이를 지칭하는데 일반적으로 방은 한 칸 또는 두 칸 정도의 규모였다. 그런데 그 칸은 일정한 넓이를 지칭하는 것이 아니라 경우에 따라 달라서, 규모가 큰 상류층의 집은 한 칸의 넓이가 넓었고 그렇지 못한 소규모의 서민층 집은 한 칸의 넓이가 좁았다. 조선시대에는 신분에 따라 또는 관직의 고하에 따라 집 규모를 달리해, 세종 때 대군은 60칸, 2품 이상은 40칸, 3품 이하는 30칸, 일반 서인은 10칸을 넘지 못하게 규제를 가하기도 했다.

하지만 이러한 규제가 잘 지켜지지는 않았던 것으로 보이며 또 실제로 철저하게 강제하기도 어려웠다. 중종 때 조사를 해본 결과 서울에서 이 규제를 어긴 집이 280여 채가 되었다. 이러한 규제와 관련된 기록이 몇 군데 남아 있기는 하지만, 왕실에서도 스스로 지키지 않아 왕자, 공주의 집을 지나치게 호화롭게 지어 문제가 되는 경우도 종종 있었다. 한편 양반집은 99칸을 넘게 짓지 못하게 했다는 말이 있지만, 그저 집을 사치스럽게 짓지 말라는 뜻에서 민간에 떠도는 말일뿐 근거 기록은 없으며 실제로 100칸이 넘는 집들도 꽤 있었다. 반면 일반 백성의 집 규모는 '초가삼간'이라는 말이 있듯이 부엌에 방 둘 정도, 때로는 마루가 더해진 정도가 가장 일반적인 크기였다. 울타리 안에는 마당과 뒷간, 잿간, 헛간 따위가 갖춰졌다.

조선시대의 일반적인 가옥 규모는 그다지 크지 않았다. 규모가 큰 양반집에서도 별당이 따로 있지 않은 한 안방, 건넌방, 큰 사랑방, 작은 사랑방에 기껏해야 방 한두 칸이 더해졌고 행랑방도 많지 않았다. 일반 백성의 집은 더욱 규모가 작아 방도 많지 않고 방의 크기도 작았다.

그러므로 대가족은 일반적이지 않았다. 대가족을 혼인한 형제, 자매가 부모를 모시고 자녀와 함께 한울타리 안에 사는 확대가족 extended family으로 이해한다면 그러한 대가족은 호적에서도 드물지만, 가옥 구조상으로도 사실상 존재하기 어려웠다. 전통적 유교에서 강조했던, 부모와 자녀 간의 동거공재同居共財는 관념적 이상이었을 뿐 그대로 실행되기 어려웠다. 그러므로 조선시대의 가족 구성은 부부와 그 자녀로 이루어진 부부가족이 가장 보편적이었다. 그 구성 인원은 평균적으로 너덧 명 정도였던 것으로 짐작된다. 이 부부가족은 시간이 흐르면서 자녀가 혼인하여 각기 분가를 하고, 맏아들만이 부모를 모시고 자녀와 함께 사는 직계가족으로 전환되었다. 대가족이라는 개념을 가족 구성의 내용에 관계없이 그저 식구가 많은 집으로 이해한다면 작은 방 안에 여러 식구가 궁색하게나마 함께 앉았던 것으로 짐작된다.

따라서 양반 부잣집도 가옥 규모가 어지간히 크지 않은 한 노비도 한울타리 안에 두고 살 수는 없었다. 솔거노비라 해도 주인의 호적에 이름이 올라 있을 뿐 주인과 한집에서 함께 사는 노비는 손꼽을 정도였다.

주거 공간 형태

조선시대에는 유교가 지배이데올로기로 확고히 자리 잡으면서 그 영향이 집의 구조에도 점차 반영되었다. 16세기에 접어들어서는 성리학적 질서와 윤리가 더욱 강화되면서 집의 공간 배치에 변화가 일어났다. 우선은 엄격한 내외법이 적용되어 양반가옥에서는 철저한 여성의 유폐가 이루어졌다. 규모가 큰 양반집은 바깥쪽 담장에는 대문 옆으로 종들이 기거하는 행랑채가 붙고 그 옆으로 각종 물건을 넣어두는 고방庫房이 이어졌다. 대문을 들어서면 남성 공간의 사랑채가 있는데 규모가 큰 양반집에서는 큰 사랑채에 누마루를 연결해 지었으며, 장성한 아들은 작은 사랑채에서 기거했다. 사랑채를 지나 중문 안쪽

으로 들어서면 여성 공간의 안채가 있었다. 중문은 여성 공간의 경계선이었다. 여성은 어느 정도 자라면 중문 밖을 나서면 안 된다는 생각이 굳어지면서 여성들이 사는 안채와 남성들이 생활하는 사랑채의 분리가 이루어진 것이다. 그래서 자녀가 일고여덟 살만 되어도 같은 방에서 함께 지내지 못하게 했다. 이러한 경향은 16세기부터 시작된 것으로 짐작된다. 그 영향으로 양반집들 가운데는 폐쇄적 구조의 집들이 늘어났다. ㄷ자 집이나 열린 ㅁ자 집 또는 똬리집, 뙤새집이라 부르는 ㅁ자 집이 지어져 중문 안쪽 여성의 안채 공간을 폐쇄적인 공간으로 만들었다. 그뿐만이 아니라 중문 바로 안쪽에는 별도로 내외벽을 두어 문밖에서 여성들이 기거하는 안채 쪽이 보이지 않게 했으며, 중문을 지나서도 안채 뜰에 상록수를 심어 안쪽이 들여다보이지 않게 했다. 또 뒷간도 여성 전용의 안뒷간과 남성 전용의 바깥뒷간을 따로 두었다. 외부 사람은 특별한 허락이 없는 한 중문 안쪽에 들어설 수 없었다. 19세기 말에 한국을 여행한 비숍의 말에 의하면 지붕을 수리할 때에는 마을 사람들에게 미리 알려서 안채 쪽이 들여다보이지 않게 대비하게 했다고 한다.

엄밀한 내외법과 여성의 유폐는 부부의 일상생활에도 변화를 가져왔다. 양반집에서는 부부가 먹고, 자고, 활동하는 방이 안채와 사랑채로 분리되었다. 이러한 경향은 이미 조선 초기부터 있어서 15세기 초 태종 때 한성부에서 부부가 각기 다른 방에서 자도록 나라에서 강제해야 한다는 건의가 나왔을 정도였으나, 17세기까지만 해도 부부는 대체로 같은 방에서 생활했다. 그러나 18세기부터는 규모가 큰 양반집에서는 부부가 각각 다른 방에서 자는 것이 일반화되었고 그렇지 않은 집은 세상 사람들의 눈총을 받게 되었다. 이 때문에 젊은 며느리가 기거하는 건넌방과 젊은 아들이 기거하는 작은 사랑방은 겉으로 보아서는 잘 보이지 않는 비밀통로로 연결되게 하고, 방을 들어가고 나올 때에도 대청마루 쪽을 피해 뒤쪽에 출입할 수 있는 작은 문과 툇마루를 두었는데 지금도 이런 흔적이 남아 있는 집들을 볼 수 있다. 이러한 별난 내외법은 차츰 일반 백성에게도 영향을 미쳤다. 초가삼간의 경우 부엌에 달린 방은 여성의 기거 공간이 되고 또 하나의 방은 남성의 작업 공간으로 기능이 구분되었다. 그리고 때로는 이 두 방 앞에 펼쳐진 툇마루와 뜰로 이루어진 하나의 공간을 벽으로 막아 넓지도 않은 집을 둘로 나누어 남성 공간과 여성 공간을 상징적으로 차단하기도 했다.

부모와 자녀, 시부모와 며느리 사이의 엄격한 위계질서도 사대부가의 공간 구성에 그대로 반영되었다. 시어머니가 기거하는 안방과 아버지가 기거하는 큰 사랑방은 크기도 크고 값비싼 장, 농, 문방구, 족자 등이 놓였으며, 누마루, 다락이나 반침,* 골방과 같은 부대시설을 두었다. 하지만 젊은 며느리가 기거하는 건넌방과 아들이 기거하는 작은 사랑방은 크기도 작고 화려한 가구를 두지 않았으며 때로는 도배, 장판, 반자 등의 마무리를 하지 않고 쓰기도 했다. 물론 다락이나 반침 같은 부대시설도 없었다. 집안 살림의 경제권은 '(시)부모'가 장악하고 있었으며, 지방에 따라 다르기는 했지만 대부분은 (시)부모가 사망해야 아들과 며느리가 그 권한을 인계받았다.

한편 유교적 생활양식이 자리 잡으면서 16세기부터 사대부집에는 사당을 두기 시작했다. 사당은 대개 집의 가장 높은 곳에서 해가 뜨는

1395(태조 4)

민유의閔由義, 가묘 건립을 주장함.

1397(태조 6)

가묘제를 지내야 한다는 상서를 간관
이 올림.

1413(태종 13)

한성부, 가묘를 권장함.

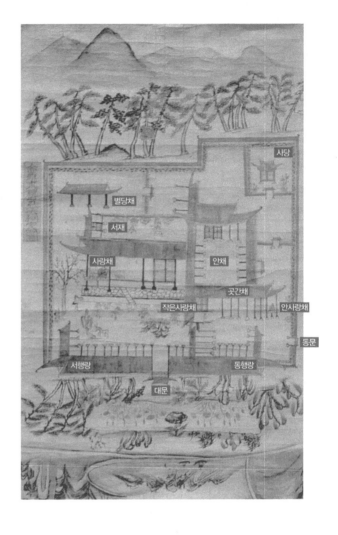

조상 숭배의 진수 1776년에 세워진 구례의 전통 가옥 운조루雲鳥樓의 설계도 〈전라구례오미동가도〉. 목판에 인쇄된 것으로 조선
시대 민간 건축의 도면으로는 드물게 남아 있는 것이다. 이 설계도에서도 사당의 위치를 확인할 수 있는데, 사당은 조상의 신주를 모
시고 제사를 지내는 곳으로 북동쪽에 위치하고 있다. 사당은 《주자가례》의 예법이 일반화한 18세기 이후부터 널리 지어졌다. 각 집
안마다 제사일이 되면 특색에 맞는 음식을 장만하고 시간을 정해 제사를 지냈다. 대개 사당에는 3년상을 마친 신주를 모시며, 집을
짓기 전에 먼저 터를 잡아 건축했다.

동쪽에 치우친 자리에 지었으므로, 산을 등지고 들을 앞으로 둔 집의 경우에 대체로 집의 동북쪽 모퉁이에 자리 잡는 경우가 많았다. 규모는 정면 3칸으로 별도의 담을 두르고 주위에는 화초로 장식해 조상에 대한 공경을 표시하기도 했다. 사당은 고조부까지 4대의 위패를 모셔 집안 어른의 혼령을 섬기는 곳이므로, 집안 대소사가 있으면 반드시 사당에 알리고 햇과일과 햇곡식을 거두면 가장 먼저 사당에 천신薦新했다. 하지만 사당의 가장 중요한 기능은 제사 공간이었다. 그 결과 17세기까지만 해도 아들딸이 돌아가면서 자기 집에서 지방紙榜을 써서 제사를 지내는 윤회봉사가 시행되고 있었지만, 그 이후부터는 한 집의 고정된 장소에 사당을 짓고 위패를 모셔둠으로써 사당이 있는 장자 집에서 제사를 지내는 풍습이 정착되었다.

초가와 온돌

조선시대 집은 자연환경과 어울려 지어졌다. 지붕은 거의 전부가 볏짚을 얹은 초가지붕이었다. 세종 때 서울에서 민가 2400호가 불탈 정도로 큰 화재가 났는데 불이 쉽게 진화되지 않고 급속히 번진 까닭은 도성 안의 집들이 대부분 초가지붕이었기 때문이다. 시골에서는 말할 것도 없이 관아 등의 공공건물이나 절 외에는 특별한 양반 부잣집이 아니면 거의 전부 초가였다.

초가는 조선 특유의 것이 아니라 벼농사를 짓는 문화권에서는 어디서나 볼 수 있는 가장 보편적인 것이었다. 초가는 여름에는 서늘하고 겨울에는 따뜻해 보온성이 뛰어났고, 볏짚의 재질적 특성상 빗물이 표면에서 미끄러져 비가 내려도 지붕으로 물이 침투되지 않는 훌륭한 방수 기능도 있었다. 또 건축자재인 볏짚도 가까운 곳에서 손쉽게 얻을 수 있었다. 농민들은 해마다 벼농사를 짓고 남은 볏짚으로 지붕을 덧덮어 보수했다. 물론 벼농사를 짓지 않아 볏짚을 구하기 어려운 산간 지역에서는 굴참나무 껍질로 이은 굴피지붕이나 소나무 널로 이은 너와지붕을 한 집들도 있었다.

우리나라 가옥 구조의 특징은 마루와 온돌이다. 대청, 안청, 마래 등 여러 가지 이름으로 부르는 마루는 바닥에서 올라오는 습기와 벌레를 차단하고 통풍을 원활하게 해서 쾌적한 환경을 만들어주는 시설이다. 그래서 주로 덥고 습한 남쪽 지방에서 발달되었고 춥고 건조한 평안도, 함경도 지역의 민가에는 마루가 없었다.

한편 구들 또는 온돌이라는 난방법은 유래가 매우 오래된 것으로 일찍이 고구려 서민 가옥에서 시작되었다. 온돌은 대개 부엌의 부뚜막에 불을 때어 밥을 짓고 물을 끓이면서 동시에 온기가 방바닥 밑을 지나게 해서 방을 덥히는 방식이다. 적은 연료로 장시간 실내를 따뜻하게 할 수 있는 훌륭한 난방법으로 일본의 이로리*나 서양의 벽난로에 비해 매우 효율적이었다. 그러나 간접적인 대류열로 방안을 따뜻하게 해야 했기에 방의 규모도 작게 되었고 출입문과 창문도 작게 만들었다. 온돌이 언제부터 일반화되었는지는 아직도 분명치 않지만 고려시대까지도 서민들의 난방법이었고 상류층은 침상, 평상, 의자 등을 사용하는 좌식 생활을 했던 것으로 보인다. 온돌이 전국적으로 전 계층에 일반화된 것은 조선 후기부터다.

— 정연식

이로리囲炉裏
난방과 취사를 위해 방바닥 일부를 네모나게 잘라내어 불씨를 담고 재를 덮어놓은 시설.

조선시대 서울에는 내의원, 전의감, 혜민서, 활인서 등 네 가지 의료기관이 있었다. 왕실 의료를 담당했던 내의원을 제외하고 전의감·혜민서·활인서를 삼의사로 불렀다. 먼저 전의감은 양반 관료들의 의료를 담당했다. 혜민서는 도성 내 거주민들의 구료를 담당했으며, 도성 밖으로 눈을 돌리면 활인서가 성 밖에 동시로 자리하고 있었다. 활인서는 적극적인 치료 기관이라기보다 역병 환자의 격리 장소였다. 무당을 동원한 주술 치료가 일반적이었다. 조선시대 내내 전의감과 혜민서의 역할 분담을 두고 논란이 많았다. 때문에 두 기관은 서로 합쳐졌다가 나누어지기를 반복했다. 한편, 지방의 경우 서울에 비해 상대적으로 의료 시설이 부족했다. 의생들과 의학교수 및 약재채취를 감독하던 심약과 국가에서 설립한 의원이 있었지만 만족할만한 수준은 아니었다. 상당수의 향촌 사족들은 평소에 몇 가지 약재를 준비했다가 가족, 친지 혹은 이웃이나 친구들이 병을 앓게 되면 서로 부조했다. 조선 후기에 이르면 서울에는 상업의 발달에 발맞추어 많은 의원들과 약국이 성행했다. 서울의 사족과 평민들은 의원으로부터 진단과 처방을 받은 후 약국에서 약물을 조제하거나 스스로 만들어 복용할 수 있었다. 지방의 사정은 크게 나아지지 않아서 여전히 약재의 구득이 서울만큼 쉽지 않았다. 약계(藥契) 등 약물의 상호 부조 전통은 오랫동안 지속되었다. 향촌의 사족들은 직접 약초를 재배하거나 주변 산야의 약초를 채취하여 활용했다. 산림이나 임원 경제에 필요한 생활백과류 서적들이 상당수 출간되었다. 사족에 비해 사정이 더 나빴던 상천 계층은 무격에 의존할 수밖에 없었지만, 조선후기에 이르면서 외과 기술과 역병 예방법 그리고 다양한 경험방의 수집 편찬으로 의료 혜택의 범위는 점차 넓어지고 있었다.

약과 의사가 넘치는 서울,
먹을 것도 부족한 시골

18세기 후반 조선의 의료 풍경

서울의 의료 풍경과
유만주의 일기

18세기 후반 서울의 진료 풍경

출처: 정약용, 《마과회통麻科會通》, 〈속의俗醫〉.

마과회통
정약용이 1798년 중국의 《마진서麻疹書》 등을 참고해 마진(홍역)의 병증을 관찰·기록하고 그 치료 방법을 기술하고 있다. 당시의 의학수준, 특히 마진 관계의 의료법에 대해 알 수 있는 자료로 여기서 종두법이 처음 소개되었다.

의서는 매우 외우기가 어렵다.…… 그런데도 환자의 집에 가면 (의원들은) 목을 뻣뻣이 세우고 잘난 척하며 종이를 펴들고는 손가는 대로 써내려가는지 모르겠다. 약재명을 한 번 보고 휘갈겨 쓰고 한 글자도 고치지 않고는 처방문을 방바닥에 던지면서 곁눈질을 한다. 그러면 주인은 공손하게 주워 조심스럽게 보다가 한 가지를 지적하면 의원은 성을 내며 "염려한다면 쓰지 마라. 나는 고치든 말든 모르겠다"라고 소리친다. 어찌 성인聖人도 아니면서 이처럼 자존自尊할 수 있는가.●

정약용이 자신의 책에서 세상의 의원을 비난하는 구절이다. 물론 정약용이 비판한 것처럼 당시 모든 의원이 이렇듯 거만하고 불친절하지는 않았을 것이다. 그럼에도 이 글을 통해 조선 후기 국가 의료기관의 쇠퇴에 발맞추어 활발히 성장하고 있던 민간 의원들에 대한 당시의 우려를 짐작할 수는 있다. 의원의 행태에 대한 정약용의 비판은 많은 의원과 약국이 번성하면서 부수적으로 생긴 폐단에 대한 염려였다.

지금은 대부분 환자가 병원을 찾는 것이 상례이지만 조선시대에는 거동이 불편한 환자를 위해 의원들이 병가病家를 왕진했다. 환자 가족은 말이나 가마 등을 보내어 의원을 대접하는데 대우가 신통치 않으면 의관들이 잘 가지 않았다. 처방전에 대한 의관의 전권은 매우 강력해서 환자가 약에 대해 왈가왈부하면 방문을 집어던지며 치료를 거부할 정도였다.

그러나 의약에 밝은 환자라면 사정이 달라졌다. 의원들은 환자 가족과 충분히 상의해 치료했는데, 의약을 잘 안다면 식자층이고 식자층이라면 대부분 양반이었기 때문이다. 양반들은 환자 상태를 누구보다도 잘 아는 자신들이 환자 치료 방식을 놓고 의사와 직접 의논하는 등 치료 과정에 적극적으로 참여했다. 그뿐만 아니라 환자의 병세를 관찰한 병력부病歷簿를 작성하고, 이를 가지고 의원과 의논해 투약을 결정하기도 했다. 물론 나쁜 의원들은 이를 악용해 의료 사고 시 모든 책임을 회피하기도 했다.

사실 이런 상황은 의료 시장이 넓게 형성된 서울 주변에서나 가능했다. 조선 후기에 이르면 의원들은 양적으로 증가했을 뿐만 아니라 질적으로도 전문화된 자신의 고유 영역을 확보하게 되었다. 서울처럼 의료 인력이 풍부한 지역은 현대적인 전문의는 아니지만 상당한 정도로 분화되어 소아과, 두과痘科(천연두 치료), 부인과 혹은 종기 치료만을 담당하는 의사들이 나타났다. 세분된 전공 분야는 당시 의원들이 얼마나 성행했고 경쟁력을 갖추고자 노력했는지를 잘 보여준다. 당시 의원들은 자신만의 전문 분야를 개척했을 뿐만 아니라 다양한 처방전을 개발하거나 발전시켰다. 의원의 처방전을 화제和劑라고 하는데 현재 광주 안씨廣州 安氏 집안에 전해내려오는 고문서에는 조선 후기에 널리 활용된 '인진산茵蔯散' 처방이 하나 수록되어 있다. 이 처방전은 인진, 치자, 적백복령, 택사, 활석 등의 약재를 재료로 황달黃疸을 치료하는 데 사용되었다.

인진산은 허준의 《동의보감東醫寶鑑》〈잡병편〉 '황달' 조에도 기재되어 있다. 17세기 초에 간행된 《동의보감》은 권수가 많고 생명과 관련된 내용 때문에 다른 서적들보다 교정과 간행이 어려웠다. 하지만 17~18세기에 전국적으로 보급되어 18세기 후반에 이르면 지식인이 갖추어야 할 4대 필수 서적인 《상례비요喪禮備要》, 《동의보감》, 《삼운성휘三韻聲彙》, 《경국대전》 가운데 하나가 되었다. 물론 사설 약국과 의원들 역시 대부분 《동의보감》에 기초해 처방을 내렸다.

흥미롭게도 안씨 고문서와 《동의보감》에 각각 기록된 인진산 처방은 약물 구성에서 차이가 존재한다. 《동의보감》 처방을 응용한 안씨 가문의 화제는 《동의보감》을 그대로 따르지 않고 약재를 바꾸었다. 적복령 대신에 적백복령을, 창출 대신에 염목을 쓴 것이다. 처방전의 약물을 바꾼 사람은 의원이었다. 조선 후기에는 의원들의 치료 경험이 많아지면서 《동의보감》의 처방을 그대로 따르지 않고 응용했다. 치료 효과가 큰 약물로 교체해 처방하거나 《동의보감》과는 전혀 다른 치료법을 모아 자신만의 처방집을 출판하기도 했다.

조선 후기에 자신만의 전문 분야와 처방을 개발한 의원이 늘어나면서, 많은 의원이 환자들을 진찰하고 처방전을 발급하는 의료시장에 뛰어들었다. 의원들은 환자가 찾아오거나 또는 환자의 집에 방문해 검진

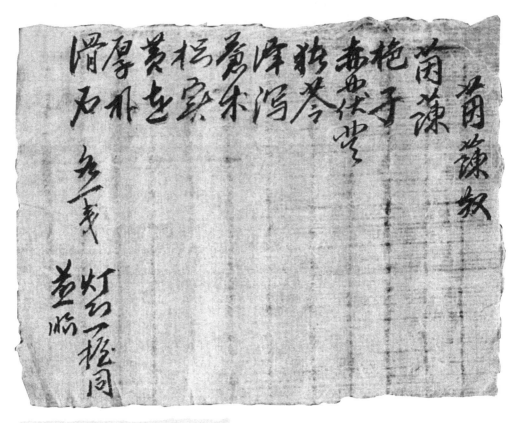

인진산인진산茵蔯散
인진茵蔯
치자梔子
적백복령赤白伏苓
저령猪苓
택사澤瀉
염목廉木
지실枳實
황련黃連
후박厚朴
골석 각일전 정즉일약동
滑石 各一戔 灯卽一握同
전일첩전일첩一貼

광주 안씨 화제　　　광주 안씨 및 경주 김씨 고문서집에 수록된 경기도 광주 덕곡에 세거하는 실학자 안정복(1712~1791)의 집안에 전해오는 화제《고문서집성古文書集成》8권, 1990, 한국학중앙연구원). 대략 17세기 이후 19세기 말 이전에 작성된 것으로 보이나 정확한 연대는 알 수 없다. 조선 후기에는 이처럼 화제를 작성한 후 약국에 가서 공임을 주고 약을 조제하거나 혹은 약재를 사다가 집에서 직접 만들어 먹었다. 조선 후기에 간편 의서들이 대량 보급되고 상업이 발달하면서 사설 약국 등이 성장하자 사족들은 언제든지 화제, 약방문을 준비했다가 약물을 구입·복용했다.

한 후 처방전을 써주었고, 환자들은 처방전을 가지고 약국에 가서 약재를 구매해 끓여 먹거나 알약 등으로 제조해 복용했다. 진료는 의사가, 조제는 약국이 담당하는 초보적 의약 분업이 이루어진 셈이다.

번성한 서울의 약국들

의사의 처방전이 아무리 좋거나 많다 한들 약물을 살 수 없다면 모두 허사일 뿐이다. 따라서 의약업의 발달은 의원들의 수가 증가하고 수준이 향상되는 동시에 많은 약국이 번성해야 가능한 일이었다.

조선 전기만 해도 서울에 거주하는 양반들조차 약재 구입과 구득이 매우 어려워 관청에서 안면을 통해 약간씩 얻는 정도였다. 이조차 마음대로 구할 수 없어서 지방의 사족들은 마음 맞는 동료와 약재를 상부상조하는 모임을 갖기도 했다. 계원이 병이 들면 누구는 감초, 누구는 인삼 등을 부조하는 방식이다. 그러나 18세기 후반에 이르면 서울에는 수많은 사설 약국들이 들어선다. 실학자 유득공柳得恭은《경도잡지京都雜誌》에서 성업하는 약국을 다음과 같이 언급한 바 있다. "약방들은 모두 갈대로 발을 만들어 문 앞에 늘어뜨리고 신농유업神農遺業, 만병회춘萬病回春 등의 상호를 내걸고 장사했으며, 이들을 봉사奉事라 한다"는 것이다.

오늘날 을지로 입구인 구리개[銅峴] 지역에는 수많은 약재상이 운집해 있었다. 물론 약국이 이곳에만 있었던 것은 아니었다. 이들은 자체 상호를 내걸고 수많은 약재를 취급했는데 18세기 후반에 이미 공물로 진상된 인삼을 비롯해 고가의 약재를 모두 서울의 약국들이 구매해 독점유통시키는 것이 상례였으므로 이들 약국은 막대한 이익을 남기

민간 의료의 성장 　조선 후기 번화한 도시의 모습이 그려진 〈경기감영도〉 부분(19세기). 이 작품은 북악산, 인왕산, 안산 아래로 펼쳐진 서대문 밖 경기감영 일대의 풍경을 그린 것이다. 이 경기감영 앞 사거리를 살펴보면 약국을 확인할 수 있다. 그림 왼쪽 하단부의 대로변에 위치한 ㅁ자형 기와집 이다. 흰 벽을 들여다보면 '萬病回春'이라는 상호가 쓰여 있다. 만병회춘은 명대의 의서 제목으로 조 선 후기에 《동의보감》과 함께 널리 활용되던 의서이다. 한편 약방 옆 짚으로 지붕을 덮은 임시 건물 [假家], 즉 가가[가게]가 보인다. 약국을 통해 부를 축적한 후 가게를 설치하여 매장을 늘려가려던 것으 로 추측된다.

고 있었다. 18세기 후반의 의료 시장은, 크고 작은 약국상들의 번성으로 처방전만 있다면 얼마든지 약물을 구할 수 있는 상황이었다.

화제만 있다면 약국에서 약재를 사다가 집에서 증세를 치료할 수 있었으므로 좋은 처방전을 잘 모아두는 일은 질병 치료에서 무엇보다 중요했다. 유명한 의사들의 화제는 고가에 팔리기도 하고 일종의 비방秘方처럼 유행하기도 했다. 가령 18세기 후반에는 평양의 모 의사가 처방했다는 삼용고蔘茸膏 처방이 매우 유명했다. 조선 후기 유명한 학자이자 관리였던 서명응徐命膺이 평양에서 근무할 때 평양 의사가 준 이 처방에 따라 약을 복용한 후 80세의 고령에도 눈이 밝고 밤에 허하지 않았다는 이야기가 인구에 회자되었던 것이다(《흠영》, 병오년 7월 6일). 모든 사람이 처방전을 구하고 싶어 혈안이었지만 약방문을 구하기도 어렵고 설사 구했다 해도 약재 값이 워낙 비싸 웬만한 사람들은 엄두도 내지 못했다. 처방에 들어가는 약재 하나하나가 모두 고가인 삼용고 한 제 가격은 무려 700냥에 달했다. 비슷한 시절에 4~5인 양반 가족의 서울집 매매가가 이 절반에도 미치지 못했던 점을 생각한다면 약 한 제가 이른바 집 한 채 값도 넘었다.

유만주의 서울 생활

18세기 후반 서울에 거주하던 양반 유만주俞晚柱는 자신의 일기《흠영欽英》에 당시 서울의 약국과 의원들의 활동 모습을 자세하게 기술했다. 유만주는 본관이 기계杞溪이며 18세기 후반 박지원과 문장을 다투었던 유한준俞漢雋의 아들이다. 자字는 백취伯翠이고 호號는 통원通園으로, 이 외에도 흠고당欽古堂이나 흠영외사欽英外史 등의 호를 자주 사용

1781(1월)

유만주 부인, 산후 통체通滯의 처방으로 당귀當歸·천궁川芎·축사縮砂 등이 들어간 약재 10첩 복용.

1782(6월)

유만주, 적리赤痢 증상으로 향소산香蘇散 복용.

1783(9월)

유만주 어머니의 질환으로 김의金醫에게 노강양위탕露薑養胃湯을 처방받음.

13년간의 기록   유만주가 남긴 《흠영》. 1775년 1월부터 기록하기 시작해 자신이 죽기 한 달여 전까지 13년간 기록한 일기로, 특히 주목할 점은 자신을 포함한 가족들의 질병과 함께 치료 과정 및 처방을 자세히 기록한 것이다. 유만주는 이렇게 자신이 기록한 증상과 처방들을 이후 유사한 질병이 발생했을 때 참고하는 주요한 전거로 삼았다.

했다. 그는 일생 대부분을 서울에서 지냈던 만큼 1775년(영조 51)부터 1787년(정조 11)까지 10여 년 동안의 일기에는 용산과 같은 서울의 상업 지역과 서대문 지역의 모습이 생생하게 담겨 있다.

꼼꼼한 성격의 유만주는 귀로 들은 것과 눈으로 본 것, 마음으로 느낀 것뿐만 아니라, 제사에 무슨 고기와 음식을 올렸는지, 병을 고치는 데 어떤 약물을 사용했는지까지 시시콜콜하게 모두 일기에 기록했다. 특히 33세에 요절한 그는 평소 건강이 좋지 않아 약물 구득과 의원 초빙에 골몰했으므로 그의 일기 자체가 하나의 '병록病錄'이라 할 만하다.

일기를 보면 유만주는 가족들을 위해 모두 일곱 군데 이상의 약국을 이용했다. 한국韓局, 약한藥韓, 명국明局, 약림藥林, 동국洞局, 임국林局 등으로 불리는 약국들은 유만주의 거주지인 남산 근처에 있었다. 유만주는 당시 약국들이 가장 많이 몰려 있는 구리개 근처인 명동明洞 소재의 약국인 명국을 가장 자주 이용했으며, 한씨韓氏가 운영하는 한국, 그리고 임씨林氏의 약국인 임국 등을 이용했다. 특히 비싼 약재들과 약재의 품질이 문제가 될 때는 오도형吳道洞이라는 사람이 운영하는 형국洞局에서 주로 약물을 구입했다. 오도형이 약국상 가운데 약리藥理를 가장 잘 아는 사람이었기 때문이다. 이 외에도 유만주는 급히 필요한 약재를 살 때 동국 혹은 근국近局이라 해서 동네 근처의 약국을 이용하기도 했다. 이처럼 당시 서울에는 수많은 약국이 있어 약재를 공급하고 있었다. 을지로 입구를 제외하고도 청파동 근처에 있었던 한국, 유만주의 근거지인 남창동 근처의 동국, 그리고 오늘날 청파동과 용산에 이르는 작은 개울물인 차천의 서쪽, 즉 수서水西 지역에 있었던 여러 개의 약국이 당시 그 번성을 짐작게 한다.

서울에만 약국이 성행한 것은 아니었다. 당연히 지방에도 약국이 존재했다. 그러나 지방의 약국, 즉 향국鄕局은 물산의 양이나 질적인 측면에서 서울을 따라갈 수 없었다. 이는 유한준이 평양에 부임했을 때 필요한 약재를 구하지 못하자 서울의 아들에게 제약製藥을 빨리 완료해 보내달라고 요구한 데서도 알 수 있다. 당시 평양조차 서울만큼 약재가 풍부하지 못했다면 규모가 그 이하였던 대부분의 지방 약국의 형편은 미루어 짐작할 만하다.

삼각산 약고　　중인으로서 약방을 경영했던 전기가 그린 삼각산 약 창고〈한북약고〉와 유숙이 그린 이형사산상二兄寫山相이 합쳐진 〈한북약고와 이형사산상〉(전기·유숙, 1849). 여기에 당시 약을 팔고 사던 안경 쓴 인물이 등장한다. 18세기 후반 한양의 의학계는 상업화가 한창 진행되고 있었다. 효종 때 사약계私藥契를 금지하는 조치가 나올 정도로 사설 약방이 점차 확대되었고, 특히 영조 때는 한양의 경우 약방들이 간판을 걸고 경쟁적으로 영업하는 것을 규제해야 한다는 논의가 나올 정도였다. 이러한 상황에서 유만주는 진찰을 부탁하고 자문을 구하는 의원들이 다수 나타나는데, 이들은 강명길康命吉이나 피재길皮載吉 등과 같은 관의들을 제외하고는 대부분 사적으로 활동하던 의원들이었다. 그리고 의원들은 진찰을 통해 처방을 내려줄 뿐이며, 약재는 별도로 운영되던 약국에서 구입해 사용했다. 아울러 탕제가 아닌 환제를 만들기 위해서는 특별한 기술이 필요했는데, 그 때문에 약제만을 전문으로 만드는 직종도 생겨날 정도였다.

그럼 약국에서 하는 일들은 무엇이었을까? 조선 후기에는 의원이 환자에게 처방전을 주면 환자가 약국에서 약재를 지어다가 탕으로 달여 먹는 게 보통이었다. 환제丸劑의 경우에도 약국에서 만들어주었다. 그래서 약국은 약재를 공급할 뿐만 아니라 환제나 탕제湯劑 등을 제조해주고 공임을 별도로 받았다. 유만주도 집에 약재를 보관하고 있다가 의원에게 처방전을 받으면 이 약재를 가지고 약국에 가서 약을 제조하는 경우가 많았다. 물론 제조비를 따로 주었는데 대개 약가의 10퍼센트 안팎이었다.

주로 거래하던 약재상들과는 외상도 할 수 있어 약을 가져다가 먹고서 약값을 치르기도 하고 또 약값의 일부만을 치른 후 나머지를 후일 갚기도 하는 등 거래의 형태는 다양했다. 특히 품질 좋은 약재를 공급받으려고 약재상에게 선물을 주기도 했는데 약재의 품질과 관련해 사기가 성행했기 때문이다. 서울 시전의 사기 행각은 "백통을 은이라 하고 염소뿔을 대모玳瑁라 우기며 개가죽을 담비가죽[貂皮]이라고 속여 팔 정도였으므로" 좋은 약재를 속지 않고 사는 일이 중요했다. 유만주도 약물을 잘못 사서 반품한 적이 있었다. 그처럼 의약에 밝은 사람도 속을 정도였던 것이다.

의원의 초빙과 약물 관리

약재상들과 함께 조선 후기 의료의 많은 부분을 담당했던 이들은 사설 의원이었다. 유만주는 아버지의 보약, 어머니의 갱년기 장애와 신경통, 자신의 고질병 그리고 자식들의 전염병 등을 치료하기 위해 서울 지역의 많은 의사를 방문했다. 직접 수소문해 처방을 받아오기도 하고 의사가 유만주의 집을 찾아오기도 했다. 보통 유만주는 집에 자주 왕래하던 의원들의 도움을 받았지만 효과가 없을 때는 명의로 소문난 의원을 직접 찾아다녔다.

18세기 후반이 되면 서울에서 활동하는 의원들은 그 수가 매우 많아 유만주가 접하는 의사만 해도 김씨 성을 가진 의사[醫金], 이씨 성의 의사[醫李], 조씨 성의 의사[醫趙], 장씨 성의 의사[醫張], 새로 개업한 의사[新醫] 등 정확한 이름은 알 수 없지만 10여 명에 달했다. 심지어 강명길, 피재길, 이헌길 등 당시 명의로 이름을 떨치던 의사들도 모두 만나고 있었다. 유만주는 당시 치병治病을 위해서 서울의 유명하다는 의사는 거의 다 방문한 셈이다.

서울 의원들은 양적으로 많았을 뿐만 아니라 질적으로도 전문화된 고유 처방 영역을 확보하고 있었다. 유만주는 한때 이러한 의사들을 '단의斷醫'라 칭하며 종합적인 의술을 갖추지 못한 바람직하지 못한 의사상으로 치부하기도 했다. "요즘 의원들은 비록 한 분야는 부족해도 다른 분야에서 뛰어나므로 훌륭하다고 칭송받는다. 그러나 결국 자신의 분야 외에는 모두 형편없는 의사[庸醫]일 뿐이다"라면서 적어도 의사라면 한 분야의 기술자로 전락하기보다는 인술仁術을 펼치는 통의通醫가 되어야 한다고 강조했다. 그러나 이미 서울의 의원들은 더욱 전문화되어가고 있었다.

딸아이의 천연두 증세가 심해지자 유만주는 소아과 전문의인 이행눌을 찾았다. 원칙적으로는 다방면에 능통한 통의가 좋겠지만 현실적으로 딸의 천연두를 치료하기 위해 두창 전문의를 방문한 것이다. 후일 유만주는 한 가지 분야에 능한 의원[專醫]들도 그 기술이 매우 정밀

하다면 칭찬받을 만하다고 태도를 바꾸었다.

자식들의 홍역이 나아지지 않자 유만주는 답답한 나머지 서대문 밖으로 우씨 의원을 찾아가 왕진을 부탁하기도 했다. 이때 환자 가족은 말이나 가마 등을 보내어 의원을 대접했는데 당시 유만주는 친척으로부터 수레를 빌려 사용했다.

유만주는 집에 보관 중인 약재를 자신의 질병인 눈병과 치질, 여름철 설사 증세 그리고 아이들의 천연두 및 홍역과 회충과 같은 기생충 치료, 어머니의 갱년기 장애 치료 및 신경통 치료, 아버지의 보약에 주로 사용했다. 그렇다면 유만주는 그 많은 약재를 어떻게 구매하고 관리했을까? 또 약재 가격은 어느 정도였을까?

유만주는 가족들의 질병이 악화되거나 병에 걸리면 의원을 불러 진찰과 처방전을 받은 후 자신이 직접 집에 있는 약재를 이용해 약물을 제조했다. 간단하다면 환제든 탕제든 직접 만들었다. 약국에 의뢰해도 제조 과정을 직접 검사했다. 약재 가격이 당시의 물가와 비교해서도 그리 싼 편이 아니었으며, 약재 가공을 약국에만 맡겨놓으면 속이는 일이 허다했기 때문이다. 정약용도 소합원蘇合元과 같은 약재는 재료가 희귀해 약국에서 만들어주는 대부분이 가짜이므로 집에서 직접 만드는 게 가장 좋다고 말한 바 있다.

유만주는 집에 보관 중인 많은 약재를 품목, 수량, 구입 시기 등으로 정리해두었다. 그는 일종의 약 가계부인 약장부를 '수복부壽服簿'라고 이름 지었는데 간혹 이를 열람하고서 약국에서 부족한 약재를 미리 구매했다. 약재 가격은 저가는 1첩에 3문에서 시작해 보통 수십 문에 달했다. 물론 환제나 보약 종류[心神丸]는 가격이 매우 비싸 각각

한 제에 970문(97냥)과 3455문(345냥)이나 하는 것들도 있었다. 고가의 재료가 들어갔기 때문인데 왜황련倭黃連 등 수입 약재를 포함해 녹용, 경면주사鏡面朱砂, 인삼 등은 전통적으로 잘 알려진 비싼 약재들이었다. 대표적인 고가 약재인 녹용은 1700여 문에 이르렀으며 인삼은 2전(7.5그램)의 가격이 무려 320냥에 달했다.

유만주의 집안에서 사용한 약재 중 최고가는 인삼과 녹용 등을 넣어 만든 삼용고라는 보약이었다. 약 한 제의 가격은 한 무려 700냥에 이르렀으며 이는 유만주가 매매하려던 집값보다 훨씬 비쌌다. 유만주는 쌀 시세가 한 말에 1냥이면 생활이 어려웠다고 회상했는데, 쌀값이 아주 비싸지 않았던 1778년(정조 2) 유만주 가의 여덟 사람이 1년간 소비한 쌀의 총 가격이 대략 56냥이었다. 이를 감안한다면 700냥이나 하는 약값이 얼마나 고가였는지 알 수 있다. 일반인들이 이런 약재를 복용하기는 사실상 불가능했다.

모든 약이 비싼 것은 아니어서, 탕약은 비교적 저렴한 가격으로 구입할 수 있었다. 당연히 일반 백성의 이용도 가능했다. 조선 후기 서울에는 의원들과 약국들이 성업 중이었으므로 많은 이들이 손쉽게 처방전을 구입하고 약물을 복용할 수 있었다. 도리어 쉽게 약을 구입할 수 있자 약을 과용하거나 남용하는 폐단이 생길 정도였다. 모든 사람이 인삼[蔘]·녹용[茸]·계피[桂]·부자[附] 등 성질이 강하고 효과가 빠른 네 가지 중한 약재를 넣지 않으면 약으로 취급하지 않을 정도였다. 빠른 약효를 추구하던 조선 의학의 전통이 초래한 결과이기도 하지만 근본적으로는 약물을 쉽게 구할 수 있었던 서울의 의료 환경이 더욱 주요한 배경이었다.

유만주 가의 질병들

유만주의 가족은 그의 아들딸인 유소년층 그리고 유만주 자신인 청장년, 그의 부모인 노년층에 이르기까지 다양한 연령층으로 구성되어 있었다. 따라서 그의 일기에는 다양한 연령층의 질병 이력이 상세하다. 유만주는 당시 최악의 질병으로 다섯 가지를 꼽았는데, 천연두[痘瘡], 홍역[紅疹], 성홍열[唐疹], 장티푸스 혹은 학질[時患]이 그것이다. 이들 전염병에는 아이에서 어른까지 예외 없이 노출되었다. 유만주의 아이들도 거의 빠지지 않고 천연두와 홍역에 걸렸으며 평소에는 회충 등 소화기 계통의 질병으로 배앓이를 호소하는 경우가 많았다.

천연두와 홍역은 조선 전 시기를 걸쳐 가장 많은 희생자를 낸 대표적인 질병이었다. 1786년 도성의 홍역 유행이 특히 심각해서 많은 도성 거주민이 피해를 당했다. 당시 유만주의 집안에도 희생자가 생겨났다. 그의 종숙은 아들을 잃었으며 유만주의 아들과 딸 모두 홍역으로 고생했다. 그는 자식들을 치료하기 위해 먼 곳을 마다치 않고 명의를 찾아다녔다. 홍역을 앓는 자식들의 병력을 꼼꼼히 기록한 후 여러 의사에게 문의해 처방전을 받았으며 심지어 한 번에 두 명의 의사를 함께 불러 공동으로 진찰하도록 요구하기도 했다. 이는 당시 보통 사람들이 홍역(혹은 성홍열)에 걸렸을 때 특별한 처방 없이 속수무책으로 당했던 것과는 큰 차이를 보여준다.

조선 후기에는 유아 사망률이 높았다. 유만주도 아이를 생후 며칠 만에 잃기도 했다. 양반 자제임에도 유아 때 사망하는 사례가 많은 것으로 보아 당시 위생 등 여러 가지 생활환경이 좋지 않았음을 알 수 있다. 유만주는 아이가 태어날 때 구급 예방에 주의를 기울였다. 들기

1800(정조 24)
정약용, 《종두심법요지種痘心法要旨》를
통해 종두법과 인두법 소개.

1879(고종 16)
지석영, 종두 시술 성공.

1882(고종 19)
전주, 우두국 설립 우두 접종 실시.

천연두가 순하게 지나가기를 〈호구거리〉(《무당내력巫堂來歷》, 19세기 말)라는 제목의 무당굿. 천연두신을 호구라 부르는데, 호구거리는 집안에 천연두를 아직 치르지 않은 아이가 있을 때 큰 탈 없이 잘 넘어가게 해달라고 비는 굿이다. 그림에 천연두신이라는 명칭이 쓰여 있는데 천연두라는 공식 언어가 무속에까지도 침투한 것을 보여준다.

역병 중에서도 가장 혹독한 것은 두창 또는 두진이라 불리는 천연두였다. 민간에서는 천연두를 마마 또는 호환마마라고 불렀다. 예전에는 누구든 이 병에 걸리기만 하면 죽는 줄 알았고, 실제로도 대부분 죽었다. 사람들은 마마신媽媽神이 찾아오기 때문에 이 병이 생긴다고 믿었다.

름을 작은 수저에 덜어 아이의 입에 문지르거나 탯줄 부위에 뜸을 떠 파상풍에 대비했다.

식생활의 문제로 야기되는 질환은 회충, 설사병 등의 소화기 질환들이었다. 기생충 감염은 조선시대 최다의 질환으로 날것을 즐기는 식습관이 문제였다. 유만주 집안의 병력을 정리해보면 회충으로 고통받는 일이 잦았다. 유만주의 어머니 또한 회충으로 인한 배앓이로 고생했다.

조선시대에는 '기생충'의 감염 경로라든지 기제를 이해하지 못했기 때문에 정확한 치료약이 개발되기 어려웠다. 주로 속방俗方이라는 형태의 다양한 치료법으로 대응하기는 했지만 근본적인 치유 방식은 아니었다. 유만주 역시 회충 치료로 '더운 묵'을 먹는 속방을 사용했다. 그러나 효과가 없었던지 안회산이라는 약물을 복용했다.

당시 유만주의 어머니는 갱년기 장애로 혈액순환장애와 신경통을 앓고 있었다. 의원들은 이러한 부인질환을 대개 산후조리를 잘못한 결과 혈분血分이 부족해서 생겨났다고 인식했다. 유만주 자신과 아버지 유한준은 모두 치질로 고생했다. 여름철 습기로 치질이 발생한다고 생각되었던 만큼 집 안의 거주 조건이나 생활 습관 등이 질병과 무관하지 않았을 것으로 보인다. 공부하는 학자로서 눈병은 치명적이었다. 안경이 널리 보급되기 이전에 수많은 사람이 안질 때문에 시력을 잃거나 책을 볼 수 없었기 때문이다. 유만주 자신이 우스갯소리로 말한 것처럼 안질을 치료하는 가장 좋은 방법은 책을 원수로 여기는 것이었다.

귀한 생활이 도리어 병을 만든다

상시로 질병에 노출되었던 전근대 사회에서는 질병이 발병하기 전에 미리 조섭하는 일을 양생의 가장 좋은 방법으로 생각했다. 유만주도 예방에 주의했다. 유만주 자신이 눈병과 치질 그리고 배가 부어오르는 증세로 고통받고 있었기 때문이다. 또한 유만주는 어머니와 아버지 그리고 처와 두 아들, 두 딸 등 모두 여덟 사람의 건강을 돌봐야 하는 책임이 있었다. 그는 특히 어머니와 아이들의 질병에 많은 관심을 쏟았다.

여름철에는 상비약을 준비해 설사와 같은 계절 질환에 대비했으며, 평소에는 건강관리를 통해 질병을 예방했다. 평소의 건강관리로 유만주가 강조한 방법은 소식小食이었다.

건강을 유지하는 데 가장 좋은 방법은 가난한 것이요, 가장 나쁜 것은 부귀영화를 누리는 것이다. 부자들은 주택이 편리하고 살림이 풍족해 병이 없을 듯하고 가난한 선비는 병이 많을 듯하지만, 병이 있을 것 같은 자가 병이 없고 병이 없을 듯한 사람이 병이 많으니 무슨 까닭인가? 가난하면 항상 먹고사는 것이 어려워 먹는 게 적고 먹어봐야 채소가 대부분이다. 또한 항상 따뜻한 방에 거처하지 못하므로 근골이 자연히 단단해져서 여름에 겨울옷을 입어도 문제가 없다. 이것이 섭생의 지름길이다. 반대로 부자는, 거처가 겨울에는 너무 덥고 여름에는 너무 시원해 모시로 옷을 해 입고도 더운 바람을 참지 못해 부채질하다가 곧 얼음을 구하니 혹 병이 생기면 약초와 녹용을 먹어도 겨우 차도가 있을 뿐이다.

이처럼 조선 후기에 이르면 일부 부유층을 중심으로 과식과 운동 부족 때문에 비만이 문제가 되고 있었다. 유만주는 건강해지려면 약에 의존하기보다는 많이 생각하고 부지런히 움직여야 한다고 주장했다. '무지無志', 즉 무엇을 하려는 의지가 없는 데서 병이 발생한다고 본 유만주는 게으름이야말로 곧 무위無爲를 불러일으키고 무위는 나태로 이어져 병에 걸린다고 보았다.

결국 부지런히 몸을 움직이는 노비들은 병이 생길 리가 없다는 것이다. 그 때문에 같은 병이라도 노비와 양반은 서로 구별해서 약을 져야 한다고 보았다. 두 계층은 의식주와 노동 강도가 서로 다르므로 혹 같은 증세가 발병하더라도 처방이 다를 수밖에 없다는 주장이다. 유만주는 이러한 차이를 무시하고 단지 의서에 적힌 대로 처방하는 의사들을 질타했다.

의술을 쓰는 자들이 말하기를 한 병에 동일한 처방을 쓴다고 하지만 조선에는 양반과 상놈의 구별이 있다. 대개 천한 자는 기름진 음식을 적게 먹고 근골을 많이 쓰므로 오장육부가 항상 소통해 막히는 법이 없다. 그러므로 위장과 설사병을 치료하기 쉽다. 천한 여자가 월경불순하고 애 낳기 어렵다는 이야기를 듣지 못했는데 모두 위장과 사지가 고귀한 양반들과 다르기 때문이다.

유만주의 '귀한 자=병, 천한 자=건강' 도식은 후일의 체질론을 연상시킨다. 서울에 살면서 풍족하게 먹고 마시는 양반들이 도리어 병이 많은 현실을 문제 삼은 것이다. 그러나 턱없이 먹을 게 부족해 먹고사는 것 자체가 힘든 시골에서는 천한 자가 곧 건강하다는 유만주의 생각을 배부른 자의 고민이라고 조롱했을 것이다. 당시 향촌의 의료 환경은 서울과 전연 달랐기 때문이다.

김약행의 시골 생활

김약행의 유배 일기

아들을 집에 돌려보내고 울적하게 지내면서 새해(1788)를 맞이하려니 집을 떠난 지 몇 해가 지나 자식들이 모두 생각나고 어린 손자들이 보고 싶다. 그러나 사면되기 전에 어찌 집에 돌아가 자손을 데리고 시름을 풀 수 있겠는가. 새해 조상에게 제사지내는 일을 빠뜨리지는 않았는지 이곳 멀리서는 알 수가 없으니 천 리 밖의 모진 목숨이 나 같은 자가 또 있겠는가. 가히 슬프도다. 8년 유배객이 수많은 비감한 회포를 이기지 못해 금갑金甲(진도의 한 지명)에서 유배 일기를 적어 집에 돌아가는 날, 집안사람들에게 보이면서 내 고생담을 말하고자 한다.

1788년(정조 12) 1월 유배지의 아버지를 뵈러 왔던 아들을 집으로 돌려보낸 후 김약행金若行은 고향집을 떠올리고 있었다. 여러 해가 지난 진도 금갑의 귀양 생활을 언젠가는 마감하고 집으로 돌아가 아들과 손자의 재롱을 기대하던 그였다. 그러나 꿈은 이루어지지 않았고 그는 유배지 진도에서 쓸쓸하게 71세의 생을 마감했다.

1767년(영조 43) 50세의 나이에 느지막하게 알성시에 급제하고 벼슬길에 나선 김약행은 1768년 사간원 정언正言 시절 올린 상소가 문제가 되어 흑산도로 귀양을 가게 된 후 여생을 대부분 유배지에서 보냈다. 1771년 7월 잠시 해배되어 홍문관 부수찬이 되었다가 이후 순천부사를 역임했지만, 1776년 소론을 비판했다가 직산으로 유배되었다. 얼마 후 해배되었지만 1781년 서울 보광동의 개인 집을 사사로이 빼앗았다는 혐의로 다시 진도에 유배되었다.

유배처를 정하다

1781년 5월 김약행의 나이 64세였다. 유배지로 가기 위해 진도 읍내에 들어와 금갑진이 어디인지 물었다. 김약행은 자신이 머물 장소를 몰라 머뭇거리다가 빈 관청에서 일단 쉬어 가기로 했다. 그런데 이때 김약행이 순천부사로 재직할 당시 알고 지내던 유성건이 찾아왔다. 유성건은 강진에 살고 있던 김약행의 매부 이항선과 잘 아는 사람이었다.

김약행은 자신을 방문한 유성건에게 성 서쪽 밖에 사는 유천총의 집에 자신의 유배 소식을 전해달라고 부탁했다. 하룻밤을 유천총의 집에서 묵고 난 김약행은 곧 아침밥을 먹고 나서 금갑으로 향했다. 만호萬戶가 근무하는 관청 앞에 도착한 김약행은 서리들이 일하는 작청作廳으로 가서 자신이 가져온 의금부 문서를 주면서 죄인이 도착했으니 보수주인保授主人을 정해달라고 요청했다.

1768(영조 44)
사간원 정원이었던 김약행이 승정원을 경유해 상소를 올려 이로 인해 흑산도 유배(~1771).

1776(영조 52)
관아 화재 복구 과정에서 김약행이 사리사욕을 취했다는 노론벽파의 모함으로 직산현 유배(~1778).

1781(정조 5)
김약행이 서울 보광동의 한 개인집을 빼앗았다는 모함으로 금갑도 유배(~1788).

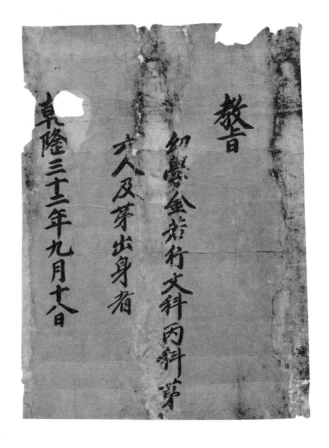

쉰 살에 문과에 급제하다　1767년 김약행이 50세에 문과에 병과로 급제한 교지. 정시문과로 급제했고, 사간원 정언, 순천부사, 좌부승지 등을 역임했다. 김약행의 일생은 유배로 시작해 유배로 끝났다. 그의 아버지 김시일金時逸이 노론과 소론 간의 권력 투쟁이었던 신임사화에 휘말려 10여 년간(1722~1732) 유배생활을 했는데, 이때 김약행의 나이 5~15세였다. 50세라는 늦은 나이에 문과에 급제한 그는 나주 흑산도, 충남 천원군 성환, 진도 금갑도로 모두 세 차례 유배된다. 김약행은 마지막 유배지이자 생을 마감한 진도 금갑도에서 유배 일기 《적소일기》를 남긴다. 금갑도 1책 68면으로 구성되었으며, 유배에서 겪은 유배 생활의 참상과 고통을 기록했다.

1498(연산군 4)
무오사화 때 이주 금갑진 유배.

1721(경종 원년)
신임사화에 연좌된 김춘택의 아들 김후재 금갑진 유배.

1792(정조 16)
김희채의 탄핵을 받아 심환지 금갑진 유배.

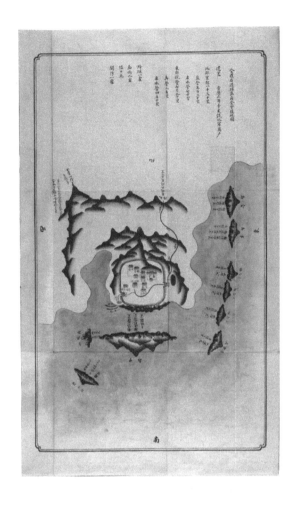

형벌의 땅 김약행의 마지막 유배지 금갑진의 지방지도 〈진도부 금갑진〉(1872). 금갑진은 진도의 남쪽에 위치한 수군 진영으로 1431년에 창설되었다. 현재의 행정구역으로는 전남 진도군 의신면 금갑리에 해당한다. 이곳에서 김약행은 현지 주민들의 냉대와 섬의 열악한 현실, 전염병 등으로 어려운 유배생활을 보냈다.

조선시대 유배지로 많이 이용된 곳은 섬이었다. 섬은 중앙 정부와 멀리 떨어져 있으며, 바다 한가운데 위치해 육지와도 단절되었기 때문이다. 당시 사람들은 섬 유배를 세상과 인연을 끊고 외롭게 살아가야 하는 혹심한 형벌이라 여겼다.

가족들과 함께 유배지로 간 사람은 모르거니와 김약행처럼 홀로 유배생활을 하게 되면 일단 숙식 해결이 중요했다. 정부에서는 '보수保授'라 해서 해당 지역 주민에게 죄인들을 거두어 잠자리와 음식을 제공하도록 하고 대신 국역을 면제해주었다. 그러나 극악한 죄인을 누가 담당하고 싶겠는가? 유배죄인을 홀대하는 것이 당연했다. 특히나 돈도 없고 권력도 없다면 더욱 그러했다. 심지어 진도처럼 유배죄인들이 많은 지역에서는 유배 온 사람들을 '귀양달'이라 부르며 매우

〈표 2〉 유배 동안 김약행의 거주처와 보수주인

지명	연도	보수주인	이사한 이유	비고
금갑	1781	윤동우	주인집 아이를 가르치다가 문제가 됨.	
	1782	빈 서당	해풍을 견디지 못하고 다시 윤동우의 집으로 돌아감.	
	1782	윤취익	조수가 바로 집 앞까지 차올라 이사함.	
	1782	윤동우	윤득수가 새집을 짓자 이사함.	
접섬들판	1785	윤득수	점고가 강화되어 다시 금갑으로 이사함.	제주도나 추자도 등 더 먼 지역으로 유배될까 걱정함.
금갑	1785	윤연홍	윤연홍의 딸이 역질을 앓아 사령청으로 이사함.	피접避接
	1785	사령청	사령들이 추운데도 마루에서 잠을 자므로 눈치가 보임.	술을 사 먹이고 사령청을 이용함.
	1785	윤기신	윤기신의 처가 모욕해 집을 구하기로 하고 오앙살의 집에 잠시 이주함.	
	1785	사령 오앙살	집을 매득하기 전까지 잠시 이주하기로 함.	
	1785,1786	사령 만단의	풍설에 지붕이 무너져 이사함.	가격: 두 냥 반
	1786 이후	이씨 노파	이씨 노파의 집을 사고 그녀를 보수주인으로 삼음.	

천시했다. 김약행도 7년여 동안의 유배생활 중 모두 네 명의 보수주인을 만났다. 마지막에는 아예 돈을 주고 집을 사서 홀로 거주하기도 했다.

금갑에 온 김약행을 관아의 서리와 하인들은 중한 정배죄인定配罪人이 왔다면서 예의도 갖추지 않을뿐더러 보수주인을 정해주지도 않았다. 유배죄인이 오면 바로 식주인食主人을 정한 후 성명을 장부에 기록하고 감영과 의금부에 보고하는 게 원칙이었음에도 아무도 김약행을 거들떠보지 않은 것이다. 나중에 알고 보니 섬 안에 유배죄인이 많아 이익이 될 것 같지 않은 사람을 서로 꺼렸던 것이다. 서리가 굳이 마음에도 없는 주민들에게 강제로 유배객을 맡겨 보수주인으로 삼게 되면 서리를 원망하고 욕하기 때문에 서리들 역시 쉽사리 식주인을 정하지 못했다.

결국 김약행은 아들 김이서에게 거주할 집을 직접 물색하도록 부탁했다. 우여곡절 끝에 거처할 집이 정해지자 김약행은 아들과 함께 가보았는데, 한 채는 기와집이요, 다른 한 채는 초가집이었다. 집 주인 윤동우는 김약행에게 기와집인 위채의 사랑방을 내주었다. 김약행보다 두 살 어린 보수주인 윤동우는 관아에서 오래도록 일한 서리였다. 당시 나이가 많아 향리 역役을 면한 상태였으므로 동리 사람들은 그를 노제老除(퇴역자) 윤대장이라고 불렀다. 윤동우의 집안은 조상 대대로 해남에 살았는데, 그의 고조가 진도에 이주하면서부터 금갑에 거주했다. 4대째 살면서 진鎭의 서리와 군관 사령을 역임하다 보니 자연스럽게 서리 집안으로 굳어진 것이다. 당시 윤씨 일가는 제법 족속들도 널리 퍼져 번성한 집안이었다. 동네 사람들도 그 권세를 인정하고 진도에 도착해 금갑도의 위치를 확인하다　김약행의《적소일기》부분(이하 동일). 처음 진도 읍내에 도착해 머물 곳을 알지 못해 빈 관청에 앉아 쉬다가, 진도 읍내에 거주하는 지인 유천총에게 기별을 보내니 그가 찾아와 인사를 하고 집으로 청해 대접했다는 내용을 담고 있다.

금갑진에 도착해 거주지를 정하다　배소지 금갑진에 도착해 거주지와 보수주인을 배정받아야 하지만 중한 정배죄인이라 그렇게 하지 못해 손수 거주지를 구한 것과 거주지 주인과 가족에 대한 내용을 담고 있다.

배소지의 사정이 흑산도보다 좋지 않다　현재 배소지인 금갑도는 흑산도보다 좋지 못하고 파리와 빈대가 밤낮으로 괴롭히니 견디기 힘듦을 토로했다. 또한 금갑진 주민들이 만든 서당이 비어 있으므로 그곳에 가서 지낼 수 있게 했다는 내용을 담고 있다.

거주지를 옮기다　거주지 주인의 아들 윤득수의 집으로 거주지를 옮겼다는 내용으로 "산야고촌에서 신선과 같이 지내니 이것이 바로 선분의 인연이 없지 아니한 적객이로다" 하며 스스로를 위로했다.

있었다. 흰 구레나룻의 윤동우는 인상이 매우 진실하고 경박하지 않았다. 사실 유배객들 사이에서 윤씨 일가가 예의 바르고 음식도 좋다는 소문이 있던 터라 김약행은 내심 기뻐하고 있었다.

김약행은 귀양지로 오면서 서책은 짐이 될까 싶어 작은 글씨로 빽빽하게 인쇄된 사서삼경 몇 권만 챙겨왔을 뿐이었다. 잠시 같이 내려와 있던 아들 김이서와 경서를 읽고 뜻을 강론하면서 마음을 달래기 위함이었다. 그러나 별로 할 일도 없던 터라 김약행은 윤동우의 손자 윤치언에게 글이나 가르치며 세월을 보내기로 마음먹고 있었다.

역병에 속수무책인 사람들

섬 생활의 가장 큰 문제는 역병에 속수무책이라는 것이었다. 1785년 (정조 9) 5월 당시 김약행은 금갑의 새 보수주인 윤연홍의 집에 묵고 있었다. 그런데 그만 그의 딸이 감기에 걸려 앓아눕게 되었다. 윤연홍은 병든 아이를 김약행이 묵는 방에다가 데려다 놓았다. 그대로 방치하기를 10여 일, 김약행은 역병이 아닐까 걱정하면서 전염을 우려했지만 어찌할 도리가 없었다. 마땅히 갈 데도 없는 데다가 윤연홍이 역병은 아니므로 너무 걱정하지 말라고 우기는 데야 별수 없었던 것이다.

10여 일이 지나고서야 윤연홍의 딸은 기력을 회복하고 자리에서 일어났다. 증세는 확실히 감기가 아니라 시환時患(학질)이었다. 시환은 장티푸스와 같은 여름철 전염병이었는데, 아이가 조금 나아질 무렵 윤연홍 자신이 시환으로 앓아누웠다. 그리고 김약행의 방에 들어와 거처했다. 시환이 확실하다고 생각한 김약행은 이사를 결심했다. 그러나 막상 다른 곳으로 가려 하자 아무도 그를 받아주지 않았다. 역병에 노출된 사람과 동거하지 않는 게 당시 풍습이었으니 너무나 당연한 일이었다.

생각다 못한 김약행은 일단 사령청으로 거처를 옮기기로 작정했다. 일전에 한 번 거절을 당했던 터라 이번에는 술을 사서 갔다. 사령청에 찾아간 김약행은 보수주인 윤연홍의 병이 시환이라 자신이 피해야겠는데 갈 곳이 없어 잠시 머물고자 하니, 허락해준다면 빨리 다른 장소를 알아보겠노라고 구차하게 변명했다. 이미 술을 얻어먹은 사령배들이 아주 인정이 없지는 않았다. 겨우 사령청 한구석을 얻은 김약행은 윤연홍의 집에서 돗자리와 간단한 옷 보따리 등만 챙겨서 나왔다. 김약행은 고향에서 보내준 여름용 배가리개를 가져오지 못해 아쉬웠지만, 역병에 걸릴 위험에서 빠져나온 안도감과 자신을 받아준 사령배들에게 고마워했다.

더욱이 진영鎭營의 문지기 이연창의 처(이득복의 어미)가 밥을 해주기로 했으니 숙식이 한번에 해결된 셈이었다. 다만 가지고 있던 양식이 모두 떨어져 관에서 환자곡을 빌릴 수밖에 없었다. 관아의 창고지기에게 부탁해 쌀 한 말을 빌리고 반찬값을 얻어 득복 어미에게 맡긴 후 조개나 나물 반찬을 부탁했다. 그러나 사령청 생활은 오래가지 않았다. 일단 모기와 빈대들이 너무 많아 잠을 잘 수가 없었기 때문이다. 잠을 자려면 빈대들이 몰려왔다. 돗자리에 들어온 놈들을 일일이 잡을 수 없어 손바닥으로 문질러보면 바닥에 빈대들이 으깨어져 노린내가 진동할 정도였다. 이전에 살던 낮은 초가집들과는 달리 관청은 천장이 매우 높아 시원하기는 했지만 달려드는 모기와 빈대로 잠을 잘 수 없으니 방법이 없었다.

사실 이뿐만이 아니었다. 더 중요한 이유는 김약행이 사령청에 머무는 동안 사령배들은 마루에서 잠을 자야만 했다. 여름철에야 괜찮다지만 날이 점점 서늘해진다면 사령배들의 눈치가 전과 달라질 게 분명했다. 엎친 데 겹친 격으로 사령청에 머문 지 수일이 지나고 김약행은 보수주인이던 윤연홍의 사망 소식을 전해 들었다. 놀랍고 두려웠지만 한때 주객의 인정이 있는지라 빈소에 가볼 생각이었다. 이에 먼저 윤연홍의 사정을 물어보니 이미 그의 주검을 거두어 산에 임시로 빈소를 마련했는데, 윤연홍의 처가 그만 만삭의 상태로 전염되어 앓다가 연이어 죽었다는 소식이었다. 부부가 모두 죽은 후 김약행이 사용하던 여름 이불로 시신을 염해 장사지낸 후 돗자리와 이불 등은 모두 불태웠다는 것이다.

윤연홍 일가의 죽음에서 알 수 있듯이 섬사람들에게 역병은 한 집 안을 쑥대밭으로 만드는 무서운 존재였다. 윤연홍과 그의 부인이 죽게 되면서 남은 자식들도 졸지에 부모를 잃고 의지할 데 없는 고아로 버려졌다.

가을이 되면서 마루에서 자던 사령배들이 불편해할 뿐 아니라 관청이 지척이라 서리들도 오가며 마주치는 것을 어렵게 여겼다. 더 이상 사령청에 머물 수 없었다. 이때 비어 있던 윤연홍의 집에 윤기신이란 자가 들어와 살면서 새 보수주인 노릇을 하겠다고 나섰다. 다행이라 여긴 김약행은 부지런히 짐을 챙겨 사령청을 나섰다. 그런데 김약행을 본 윤기신의 처가 죽게 된 귀양객을 집 안에 들였다며 야단을 쳤다. 그녀는 윤연홍의 집에 머물던 김약행이 틀림없이 몹쓸 시환에 걸렸을 것으로 단정하고 자신의 가족에게 옮길까 걱정했던 것이다.

사실 역병은 신분의 고하를 막론했다. 김약행의 유배생활에 큰 도움을 주었던 윤씨 일가에도 역병의 환란이 닥쳐왔다. 1786년(정조 10) 여름 윤동우의 둘째 아들 윤득후와 손자 윤치언(윤득수의 아들)이 연이어 역병으로 세상을 떠난 것이다. 먼저 같은 해 5월 역병에 전염되어 앓아누웠던 윤득후가 얼마 되지 않아 죽었다. 일전의 은혜도 있어 김약행은 위로차 상가喪家에 다녀왔다. 그런데 곧이어 윤치언의 병환 소식이 전해왔다. 한때 자신의 제자였으므로 김약행은 부지런히 문병을 갔다. 그러나 며칠 만에 윤치언 또한 사망하고 말았다(1786년 5월). 윤동우는 아들과 손자를 연이어 잃었고 윤치언의 어린 부인은 혼인한 지 얼마 안 되어 청상과부가 된 것이다.

나쁜 환경과 역병

당시에는 덥고 습한 데다 악한 기운을 포함한 장기瘴氣(바닷바람)야말로 여름철 학질의 주요 원인이라고 여겼다. 그러나 학질의 원인은 바닷바람이 아니라 모기 때문이었다. 습한 바닷바람이 학질의 필요조건이기는 하지만 병균을 옮기는 모기나 파리 등 충분조건은 따로 있었다. "파리와 모기 그리고 빈대들이 주야로 달려드니 괴롭기 이를 데 없다(1781년 5월 24일)"는 김약행이 쓴 유배 일기가 이를 잘 보여준다.

바닷가의 습한 환경과 부족한 영양은 김약행을 괴롭혔다. 1786년 여름철 계속되는 습기에 김약행의 아랫도리가 심하게 부어올랐다. 그는 습한 데서 오랫동안 거주한 탓으로 판단하고, 바닷물로 하부下部를 닦으면 좋다는 말을 어디선가 듣고는 갯물을 길어다가 씻어보았다. 처음에는 좀 나은 듯 보였지만 병세는 여전했다. 김약행은 고통 속에

여름 열병　창원 황씨昌原黃氏 고문서 중 전하는 약방문. 여름 열병에 대한 처방으로 청폐탕을 내었으며, 그것을 조제한 기록이다. 처방은 전호前胡·지각枳殼·지모知母·패모貝母·백복령白茯苓·길경桔梗·아교阿膠·맥문동麥門冬·형개荊芥·시호柴胡·박하薄荷·상백피桑白皮·감초를 달여 마신다.

약방문　먼저 11살 아이의 증상에 대한 자세한 언급이 있고, 이에 대하여 의원의 처방(창원 황씨 고문서)이 있다. 집안에 환자가 생겨 약방으로 약을 지으러 하인을 심부름을 보낼 때 적어주기도 하고, 때로는 경험 많은 의사로부터 처방을 받기도 했다. 대개의 경우 한학에 밝은 사람에게 부탁해 의약서에 적혀 있는 처방 내용을 증상에 따라 그대로 옮겨 약을 지었다.

저절로 낫기만을 기대할 뿐이었다.

1년 후인 1787년에는 배가 공처럼 부어오르는 부종으로 거의 의식을 잃기도 했다. 한 달 내내 이어지는 장마로 장기가 음습해 온몸이 부어올랐던 것이다. 등과 배 그리고 허리와 엉덩이, 팔, 다리가 모두 퉁퉁 부어올랐다. 온몸은 나무토막처럼 뻣뻣해 움직일 수가 없으며 문밖에 나가 측간을 다녀올라치면 문지방을 넘지 못하고 숨이 차올라 반나절을 누워 있어야 하는 지경이었다. 마침내 대소변도 밖에서 보지 못하고 요강에 받아내야 했다.

4~5일이 지나도 전연 나아질 기미가 보이지 않고 증세는 더욱 심해졌다. 부종이 복부 아래로 내려가 온몸은 더욱 부어오르고 정신마저 혼미해 죽을 듯하므로 의학을 아는 이웃에게 약을 좀 구해달라고 요청했다. 이웃사람은 비록 처방이 있어도 이런 시골에서는 약재를 구할 수 없을 테니 빨리 사람을 서울로 보내 약재를 사다 먹으라고 일러줄 뿐이었다.

김약행은 낙담할 수밖에 없었다. 생각해보면 서울길이 천 리인데 왕래하는 데 20일은 족히 걸릴 것이요, 그 사이 사생결단이 날 것이 분명했기 때문이다. 더욱이 약을 구해오라고 품삯을 주어 보냈는데 그 사이 죽게 된다면 다시 부고를 알리기 위해 품삯이 두 배로 들 게 분명했다. 차라리 죽고 나서 사망했다고 한 번 기별하는 편이 낫겠다고 생각한 김약행은 서울로 사람을 보내 약재를 사려던 계획을 포기했다.

그리고 읍내 약국에서 약을 구해보려는 한 가닥 희망으로 유천총에게 처방전을 보내주었다. 다행히 수일이 지나 유천총은 아들 편에 약두 첩을 보내며 효험이 있으면 바로 연락하라는 안부까지 전했다. 김약행은 급히 약제를 약탕관에 달여 먹었다. 하룻밤 사이에 오줌을 무수히 누고 배가 조금 가벼워진 듯했다. 연이어 두 첩째를 먹고 나자 온몸의 부기가 점점 빠지면서 약효가 보이니 다시 세 첩을 더 지어다가 달여 먹었다. 다섯 첩을 먹고 난 김약행은 부기가 모두 빠져 앙상한 뼈에 쭈글쭈글한 가죽만 걸친 형체가 되었다. 살아남은 여유랄까, 김약행은 부어오른 이전의 몸을 둥근 달덩이에 비유하며 쭈그러진 몸을 기꺼워했다.

김약행이 복용한 약물은 가감곽령탕加減藿苓湯으로 몸이 부어오르는 부종 등을 치료하는 데 대표적으로 사용되는 것이었다. 몸이 부어오르는 이유는 다양하지만 조선시대에는 상한 음식으로 부종이 생기거나 혹은 서습으로 몸이 부어오른다[水腫]고 생각했다. 《동의보감》 간행 이후 널리 활용된 이 처방이 18세기 후반에 이르면 진도와 같은 섬에서도 부종을 치료하는 처방으로 활용되고 있었다.

겨우 살아난 김약행은 병색이 조금 나아지자 입맛이 돌았는지 매번 바다 것만을 먹으니 맛이 없다면서 차라리 조금의 술이나 먹었으면 좋겠다는 심정을 토로했다. 김약행의 전신이 붓고 호흡이 곤란했던 이유는 몸이 쇠해지면서 신장 기능도 약해진 데서 비롯한 신부전腎不全의 하나로 보는 것이 옳겠지만, 수년 동안의 섬 생활에서 오는 영양부족 역시 빼놓을 수 없는 원인이었다. 유배 내내 부족한 양식 때문에 항상 노심초사하던 그였기 때문이다.

배고픈 서러움, 매일 갯것만 먹으니 고기가 그립구나

김약행이 처음 유배지에 왔을 때 아들 김이서도 아버지를 위해 고향에서 따라왔다. 그런데 먹을 것이 부족해지자 아들은 먼저 남포(현재 충남 보령시 남포읍)로 돌아갔다. 김약행은 떠나가는 아들에게 집에 가면 먹고 입을 것을 조금 보내달라고 부탁할 정도로 궁핍했다(1781년 10월 초). 김약행의 조석朝夕 식사는 간소하기 그지없었다. 아침에 밥, 저녁에 죽이 그가 하는 식사의 전부였으니 글자 그대로 '조반석죽朝飯夕粥'의 가난한 생활이었다.

1782년 봄과 여름을 바닷가에서 습기로 고생하던 김약행은 때마침 외가에서 술을 가져왔다는 윤효언의 말을 듣고 술을 얻어 마셨다가 크게 탈이 나고 말았다. 10여 일을 계속 설사한 후 완전히 원기를 잃자 밥맛이 없어진 김약행은 떡이라도 하나 먹어보았으면 하고 있었다. 당일 주인집에서 아이의 병굿을 하려는지 떡을 찧는 광경을 본 김약행은 행여나 떡을 좀 보내줄런가 하고 온종일을 기다리다가 결국 얻어먹지 못하고 말았다. 실망한 김약행은 자신을 떡 하나 얻어먹으려다가 뜻을 이루지 못한 아이에 비유하면서 허탈해했다.

그에게 오로지 먹을 것이라고는 갯것뿐이었다. 1785년(정조 9) 4월 윤연홍의 집으로 옮겼을 때에도 집안이 가난해 오로지 풋보리를 베어다 지은 보리밥 혹은 보리죽에, 반찬이라야 바지락과 같은 조개와 작은 게들을 주워 모아 만든 것이 전부였다. 어쩌다가 다른 음식을 먹을 때라곤 그저 서울이나 충청도 고향에서 누군가가 올 때였다. 김약행은 1782년 겨울에도 크게 병을 앓아 입맛이 전연 없자 품삯을 주고 심부름꾼을 서울에 보내 음식 등을 요청하기도 했다. 맛있는 반찬과 음식은커녕 그나마 양식이 떨어지지 않으면 다행이었다. 유배생활 막바지에 이르자 김약행은 이젠 읍내에 살던 유천총에게 미곡을 구걸할 수도, 관아의 곡식을 빌릴 수도 없어 가지고 있던 부채 등을 팔아가면서 양식을 마련할 정도였다.

김약행이 이씨 노인을 보수하인으로 삼아 살고 있을 때였다. 양식이 모두 떨어지자 김약행은 동네 부자인 박도감에게 연을 대고 쌀을 얻어먹을 생각을 하고 있었다. 그나마 이씨 노파가 구변이 좋아 김약행이 선물로 받은 부채 두 자루와 민강閩薑(과자의 일종) 두 조각을 박도감에게 선물하고 쌀 얼마와 콩 닷 되를 얻어온 게 고작이었다. 그럼에도 김약행은 너무 다행이라면서 이제 굶을 때라도 쌀을 얻을 방법이 생겼다고 자위할 정도였다(1787년 7월).

심지어 김약행은 정초부터 굶는 날도 있었다. 1786년 정초에 밥을 해주기로 한 윤득수의 고공雇工(머슴) 이상남이 노는 데 정신이 팔려 밥을 해주지 않자 김약행은 온 종일 굶으며 배고픔을 참아야 했다. 이런 처지였으므로 고기를 먹는 일은 상상하기 어려웠다. 김약행이 유배를 하는 수년간 고기를 먹은 기록은 단 한 번이었다. 보수주인 집에 머무는 동안에는 마음대로 개를 잡을 수도 없었다. 이씨 노파의 집을 구매해 살고 있을 때 아들이 내려와 묵고 간다고 하자 아들을 위해 개를 잡기로 한 것이다. 이씨 노파에게 부탁해 개를 잡도록 한 후 개장국을 끓였지만 정작 김약행 본인은 이가 약해 고기를 먹을 수 없었다. 단지 국물만 마시고 개고기를 잘 씹어 먹는 아들을 바라보며 즐거워할 뿐이었다.

부인과 형제 그리고 희망을 잃다

김약행의 유배생활을 가장 힘들게 한 것은 관청의 악착도 질병의 엄습도 배고픔의 설움도 아니었다. 부인의 죽음을 보지 못한 데다 동생마저 사망했음에도 아내와 형제를 조문弔文하지 못한 채 그저 유배지에서 울기만 해야 했던 '절망감'이 그를 괴롭혔다. 육체적 고통이야 참을 수 있다지만 슬픈 마음은 죽을 때까지 치유되지 않았다. 특히 국가 경사 때 으레 죄를 감형받아 해배解配되는 유배객들의 명단에서 자신의 이름이 연속으로 빠지자 그는 고향에 돌아가리라는 희망을 점점 잃어갔다. 희망도 없는 데다 슬픔이 가중되는 유배생활은 김약행의 심신心身을 힘들게 하는 가장 주요한 원인이었다.

1784년 12월 고향 남포(현재의 충청남도 보령 지역)에 거주하던 종 삼봉이가 연락도 없이 김약행을 찾아왔다. 놀란 김약행이 집안이 모두 평안하냐고 묻자 집안이 화락和樂하면 왔겠냐며 바삐 편지를 내놓았다. 부인 창원 황씨가 두 달 전인 10월 12일에 죽었다는 전갈이었다. 당시 홍주현감으로 근무하던 사위 이노간의 도움으로 상사喪事를 마무리했으며, 안방 뒤에 빈소를 마련했다가 12월에 새로 묏자리를 잘 보아 장사지냈음을 알려온 것이다. 김약행은 부인이 죽은지도 모르고 2개월여를 그냥 지낸 것이다.

내 50여 년을 해로하다가 이곳 유배지로 떠나와 천고영결千古永訣(산 자와 죽은 이의 이별)이 될 줄 어찌 알았는가. 집안이 가난해 일생토록 고생하고 배고픔을 면치 못했구려. 늦게나마 과거했으나 벼슬이 중도에 엎어지지 않으면 근심을 잊을까 했는데 내가 남들처럼 처세를 못해 귀양만 다니니 집이 쇠락하고 산업이 흩어져 자식들의 유한遺恨이 되었구려. 거문고 줄이 한 번 끊어지니 다시 잇기 어렵고 아름다운 자네의 덕을 생각해도 이제 만나볼 길이 없으니 만사가 속절없구려. 이제 장사지내는 데도 갈 수 없고 두어 줄 제문만 지어 보내니 어찌 슬픔을 다 펼 수 있겠소. 늙은 홀아비의 슬프고 또 슬픈 마음을 먼 하늘나라에서나마 알아주기 바랍니다.

김약행의 슬픔은 여기서 그치지 않았다. 종 삼봉이에게 즉시 답장을 써 보내고 성복成服하려 했으나 사실 삼베를 살 돈마저 없었던 것이다. 옛말에 지극히 슬플 때는 문채文彩가 무슨 소용이냐며 스스로 위로했지만 성복하지 못한 자신의 심정은 찢어지는 듯했다. 울고 있는 그를 주인집 사람들이 도리어 위로했다. 김약행은 밖으로 나와 하릴없이 해변이나 산중에 사람이 없는 곳을 찾았다. "망자亡者는 만날 수 없고 생자生者는 비통을 견디며 무심한 세월만 보내련다"는 이날의 기록은 보는 이의 마음을 아프게 한다.

그런데 몇 개월 후인 1785년 4월 또다시 비보가 날아들었다. 그의 둘째 동생(金默行)이 강진에서 사망했다는 것이다. 먼저 유배형이 풀린 김묵행은 형 김약행의 해배를 기다리며 고향으로 돌아가지 않은 채 형님과 가까운 강진에 살다가 4월 15일 세상을 떠났다. 감기로 신음하다가 약도 못 쓰고 의사의 진찰도 제대로 받지 못한 채 죽고 만 것이다. 동생이 죽었지만 유배생활을 하는 처지의 중죄인이라 조문도 할 수 없었던 김약행은 결국 사람을 보내 자신이 쓴 제문이나마 읊어 주는 것으로 동생의 영혼을 위로했다.

18세기 후반 섬 생활의 곤란은 먹을 것의 부족과 장기에 노출된 생활환경 탓에 학질이나 부종과 같은 풍토병에 항시 노출되어 있었다. 그러나 이를 마땅히 치료할 대책도 없었으며 먹을 것마저 부족했다.

심지어 역병이 한 번 돌면 가족이 모두 죽어나가는 참혹한 상황의 연속이었다. 18세기 후반 정치적 소용돌이 속에서 진도에 유배되어 8년여의 유배생활 끝에 외로이 생을 마감한 김약행은 일기에서 당시 섬 사람들의 생활과 자신의 이야기를 담담하게 혹은 슬픈 필체로 그려내고 있다.

반면 18세기 후반 서울의 변화는 대단했다. 물산이 넘쳐나 구할 수 없는 약이 없는 데다 의사도 많아 따로 전문 분야를 가질 정도였다. 심지어 너무 먹어 생기는 비만이 문제가 되기도 했다. 18세기 후반에는 산업이든 학문이든 서울과 시골의 분리가 현격하게 진행되고 있었다. 평생 서울에서 살았던 유만주의 서울 일기와 김약행의 진도 유배 일기는 이처럼 당시 서울과 시골의 삶과 의료 환경의 차이를 극명하게 보여주고 있다.

— 김 호

후아 백이 아은 여 드 의 편지 방이 의 나 겨 방 이 옴 의

동 라 나 라 와 온 생 의 우 더 를 쥐 거 를 저 죽 의 나 들 의

울 의 첫 쥐 겨 이 며 게 살 져 아 저 이 를 벼 겨 얻 이 올 의

며 그 병 으을 올 아 녀 며 변 이 되 며 녀 병 이 만 으 다 복

다 의 이 며 버 라 워 한 의 녀 의 와 이 의 어 예 라 다 이 완

울 며 병 이 의 의 러 녀 지 며 벗 며 와 다 이 고 녀 을 겨 써

혹 기 실 은 편 형 이 와 어 를 도 의 이 별 복 드 러 반 지 녀 여

저 겨 이 여 반 한 라 거 며 으 겨 를 임 의 기 며 셔 겨 이 며

려 울 거 를 술 는 져 죄 은 간 의 와 녀 을 업 다 써 으 는 편 를

안 를 의 병 와 나 라 의 병 벗 기 거 을 혼 을 병 방 우 녀

방 이 는 본 셔 은 한 속 은 와 의 바 라 라 를 한 화 이 비 워 를 복 슈 위

룰 의 거 다 잇 거 옷 는 아 울 의 와 거 리 의 더 며 보 녀 의 녀

어 이 를 거 다 오 며 다 며 며 의 비 며 변 의 의 니 려 이

守令亦有其罪

史臣曰盜賊之

相之不廉今

血以事權要

則無以資生故

是豈民之性也

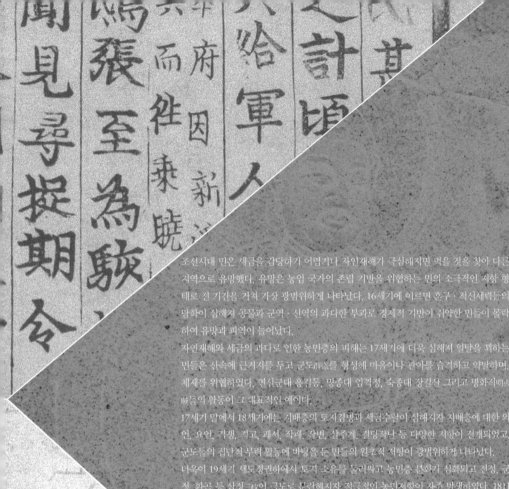

조선시대 민은 세금을 감당하기 어렵거나 자연재해가 극심해지면 먹을 것을 찾아 다른 지역으로 유망했다. 유망은 농업 국가의 존립 기반을 위협하는 민의 소극적인 저항 형태로 전 기간을 거쳐 가장 광범위하게 나타났다. 16세기에 이르면 호구·척신세력들의 말학이 심해져 공물과 군역·신역의 과다한 부과로 경제적 기반이 취약한 민들이 몰락하여 유망과 피역이 늘어났다.

자연재해와 세금의 과다로 인한 농민층의 피해는 17세기에 더욱 심해져 일탈을 꾀하는 민들은 산속에 근거지를 두고 군도群盜를 형성해 마을이나 관아를 습격하고 약탈하며, 체제를 위협하였다. 연산군대 홍길동, 명종대 임꺽정, 숙종대 장길산 그리고 명화적明火賊들의 활동이 그 대표적인 예이다.

17세기 말에서 18세기에는 지배층의 토지겸병과 세금수탈이 심해지자 지배층에 대한 와언, 요언, 격쟁, 격고, 괘서, 작변, 자변, 살주계, 검당작난 등 다양한 저항이 전개되었고, 군도들의 집단적 무력 활동에 바탕을 둔 민들의 원초적 저항이 광범위하게 나타났다.

더욱이 19세기 세도정권하에서 토지 소유를 둘러싸고 농민층 분화가 심화되고 전정, 군정, 환곡 등 삼정三政이 극도로 문란해지자 적극적인 농민저항이 자주 발생하였다. 1811년에 평안도 지역에서 홍경래 난이 일어났고, 1862년에는 경상도 지역을 시작으로 전국에서 임술농민항쟁이 전개되었다. 1869년에는 광양난, 1871년에는 이필 제난이 빈발했으며, 명화적들의 활동도 성행했다. 그러나 봉건적 모순이 개혁되지 못하자 농민항쟁의 불길은 더욱 고조되어 1894년 반봉건 반제를 부르짖는 동학농민항쟁이 발생하였다.

일탈과
저항

체제를 벗어나려는 자, 체제에 저항하는 자

마을을 떠나는 자들

과중한 역을 피해서

조선시대 민民들은 세금을 감당하기 어렵거나 한발, 홍수 등 자연재해가 극심해 먹을 것이 없으면 살던 곳을 떠나 또 다른 삶의 터전을 찾아 나서기도 했다. 그뿐만 아니라 지배층의 침탈로 토지를 빼앗겨 소작인이나 노비로 전락하거나 혹은 몰래 다른 지역으로 삶을 찾아 떠났다. 그들은 부모를 앞세우고 자식을 등에 업은 채 가족을 이끌고 몰래 도망해 이곳저곳을 떠돌았다. 그러다 정착을 하게 되면 그나마 다행이지만 그렇지 못할 때는 죽음에 이르기도 했다. 농민들이 국가의 파악 대상에서 벗어나 떠돌아다니는 것을 유망流亡이라 한다. 유망은 개인적인 차원에서 이루어지기도 하지만 집단적으로 벌어지기도 했는데, 조선시대 전 기간을 통해 항상 존재했다. 유망은 겉으로 보기에는 매우 온건하고 소극적인 행위처럼 보이지만 농업을 기본으로 하는 국가의 존립기반 자체를 위협하는 현상이었다. 유망은 조선시대 민들의 저항 형태로서 가장 광범위하게 나타났다. 세금 징수를 이용한 지배층의 탐학이 심해지면 이를 견디기 힘든 민들은 몰래 도망을 갔고, 또 자연재해가 극심해 흉작이 거듭되고 기근이 심화되면 곳곳에서 많은 유망민이 발생했다.

조선왕조가 건국된 초기에는 지배층의 개혁적인 노력으로 민들의 삶이 다소 나아졌지만, 단종을 몰아내고 왕위에 오른 세조가 정권을 유지하기 위해 많은 공신을 배출한 이후 훈구세력이 증가하면서 지배층이 보수화되었다. 훈구세력들은 권력을 이용해 비리와 부정을 자행하며 국가 재정과 민의 생활을 불안정하게 만들었다. 지방에 근거지를 둔 신진세력인 사림들은 훈구세력을 견제하며 개혁을 추진했지만 잦은 사화로 실패하면서 훈구·척신들의 비리가 더욱 심해졌다.

건국 이후 조선왕조가 200년이 되어가던 16세기에 이르면 양반사회가 심화되고 훈구·척신세력들의 탐학이 더욱 심해져서 민들에게 부과되는 세금이 날로 늘어나게 되었다. 특히 양인들이 국가에 부담해야 했던 세금인 공물과 군역·신역의 과다한 부과는 경제적 기반이 취약한 민들에게 큰 부담이 되었다. 그동안 인정人丁에 대한 직접적인 징발로 이루어지던 군역이 포布로 대신 납부하는 물납역物納役으로 바뀌면서 민들의 부담은 더욱 커졌다. 그리고 민의 부담이 커짐에 따라 유망민도 증가했다.

양인들이 지는 군역에는 대개 육군인 정병正兵과 수군水軍이 있는데 정병들의 군역 부담도 늘어났지만 수군의 역이 훨씬 힘들었다. 이들은 군역을 지러 갈 시기가 되면 가재도구를 팔아 여비와 식량을 마련해야 했고, 군역을 지고 온 뒤에도 또 바쳐야 하는 물건이 많아지는 등 여러 방법을 통해 수탈당했다. 군軍의 고위 관료들은 침탈한 재물을 자기 집으로 실어 나를 뿐만 아니라 권문權門에 보내어 출세의 발판으로 삼았다. 특히 진에는 소수만 머물러 군역을 지게 하고 나머지는 돌려보내는 대신 많은 포를 징수했다. 이 때문에 군인의 정액은 부실해지고 군역을 지는 군인들의 부담은 증가해 1549년(명종 4)경 각 고을의 수군 상황을 살펴보면 그 정원이 절반쯤 결원이 된 곳도 있고 전부 도망해 없는 곳도 생겨났다. 결원된 수군의 신역은 다시 남아 있는 자에게 떠넘겨졌고, 결원된 군액을 채우려고 그 일족이나 가까운 이웃이 대신 나오게도 했다. 그것도 잘되지 않으면 관계도 없는 사람을 위협해 대신 부담하도록 다그치기도 했다. 그러다 보니 수군들은 가혹한 징수에 무거운 신역까지 부담하면서 농사지을 겨를도 없는 실정이 되었다.

민뿐만 아니라 관아에 속해 있는 관속류官屬類들도 신역 부담이 늘어 고통이 심했다. 하층 아전인 조예皂隷들은 두 달에 한 번씩 번番을 서는데 한 해에 납부해야 하는 포가 10필이나 되었다. 게다가 관청에서 포의 올 수를 점검받을 때에는 번번이 퇴짜를 받기 일쑤였고, 과중한 세금 징수에 재산을 다 탕진하고 난 뒤에는 결국 유망하는 형편이었다. 사복시 제원諸員은 한 달 동안 대신 일해준 사람에게 지급해야 하는 대립가代立價가 3~4배 정도로 너무 비싸서 큰 고통을 당했다. 각 관아에 속한 노비들의 처지는 더 열악했다. 한 차례 번을 드는 값을 준비하기도 힘겨운데 그 일족과 이웃의 몫까지 대신 물게 되었기 때문이다.

또한 민들은 지방 수령들의 수탈로도 고통을 받았다. 1565년경 경기 지역의 감사나 도사는 자신들의 부모나 아내의 초상初喪에 여막廬幕과 무덤 만드는 일을 각 고을에 나누어 배정했으며, 각 고을 수령들은 다시 민가에 역을 책임지게 해서 공공연히 일을 시켰다. 장지가 멀리 있어서 나무나 돌을 실어 나를 수 없으면 쌀과 포목을 바치게 하고, 나무토막과 돌에도 그 값을 몇 배로 붙여 거두어 민들의 고통이 매우 심했다. 또 흉년으로 민들의 고통이 심한데도 수령들은 종자용 환곡까지 받아들여 민들의 원망이 커졌다. 결국 이를 감당하지 못하는 민들은 몰래 유망해 동네가 비게 되었다. 유망한 민들은 도적이 되지 않으면 산골짜기나 길에서 죽어 조선 도처에 시신이 나뒹굴게 되었다.

이러한 상황에 대해 당시 《명종실록》에는 "생민生民의 곤궁함이 이때보다 심한 적이 없고 온갖 역사役事 가운데 선상選上의 고통이 가장 심하므로 유망하는 자는 많고 여러 읍에서는 으레 일족—族을 함께 충당해 보내고 있는데 각 사司에서 받아들일 때 교활한 술책을 부리는 것을 말로 다할 수 없다(명종 18년 7월 6일조)"고 했다. 신역의 부담이 커지고 수탈이 심해지면 민들은 가족들을 이끌고 몰래 다른 곳으로 삶을 찾아 떠나갔지만 그 지역 역시 그들에게 안정된 곳은 아니었다.

자연재해로 먹을 것을 찾아서

조선시대에는 연이은 자연재해 탓에 크고 작은 기근이 항상 있었고 이로 인해 먹을 것을 찾아 떠돌아다니는 유망민이 발생했다. 15세기에도 자연재해가 심했고, 16세기에도 자연재해가 심했다. 자연재해가 심하면 경제적으로 불안정한 하층민일수록 그 고통이 심했다. 경제적으로 안정된 민들은 어느 정도 자연재해를 견뎌낼 수 있었지만, 경제력이 취약한 하층민들은 곧바로 피해를 당했다.

자연재해로 인한 농민층의 피해는 17세기에 이르러 더욱 심각해졌다. 특히 1670년대에는 지독한 흉년이 발생했다. 수많은 사람이 거리를 헤매고 심지어 인육을 먹는 상황이 벌어졌다. 지독한 배고픔은 인간을 동물과 다를 바 없이 행동하게 만들었다. 1671년(현종 12) 3월에 연산 지역의 노비인 순례는 다섯 살 난 딸과 세 살 난 아들을 잡아먹었는데, 이웃들은 그가 자식들이 큰 병과 굶주림으로 죽었기에 삶아 먹었지 죽여서 먹은 것은 아니라고 했다. 순례는 지독한 가난과 배고픔으로 얼굴과 배는 살가죽만 남고 머리는 산발해 마치 귀신과 같은 모습을 하고 있었다. 이처럼 당시 극심한 흉년 때문에 민들의 생활은 비참했다.

다른 지역도 마찬가지여서 읍내에는 걸인들이 구름같이 모여들었고, 걸인이 아이를 버리는 일도 부지기수였다. 6~7세 된 아이들은 버림을 받아도 따라오므로 부모가 나무에 매어놓고 가기도 했고, 부모 형제가 눈앞에서 죽어도 애통해하지 않는 지경이었다. 충남 금산군에서는 어떤 굶주린 사람이 죽소粥所(죽 배급소)에서 갑자기 죽었는데 역시 굶어 죽을 지경에 놓인 그의 처는 죽을 다 먹은 다음에야 통곡했다. 또한 한양 안팎에는 굶어서 부황이 든 사람들이 길에 서로 이어진 상태로 쓰러져 있었는데 부모처자가 서로 엉킨 채 죽는 일도 있었다. 젖먹이가 죽은 어미의 젖을 찾아 빨다가 젖이 나오지 않자 서럽게 울음을 터뜨려 보는 사람들을 안타깝게 하기도 했다. 흉년으로 인해 굶어 죽은 자들이 늘어나 동서 교외 10리 안은 쌓인 시체가 산을 이루었으며, 비가 많이 와서 물이 넘쳐나면 시체가 떼로 떠내려올 정도로 참혹한 상황이 벌어지기도 했다. 게다가 목숨이 아직 끊어지지 않았는데도 사람을 내다 버리는가 하면, 진휼청에서 면포를 주어 시체를 싸서 묻어주면 그 자리를 파서 그 면포를 몰래 벗겨가는 사람들조차 있었다.

숙종대(1674~1720)에도 극심한 흉년이 들었다. 기근에 내몰린 민들은 먹을 것을 찾아 떠돌다가 길에서 죽는 일이 허다했고, 심지어 자식을 버리거나 인육을 먹기도 했다. 1695년(숙종 21)에는 팔도의 적자赤子(백성)가 대부분 사망해 길 위에 굶어 죽은 자가 즐비했고, 황폐한 촌락은 텅 비어서 실로 병화보다도 심하다고 할 지경이었다. 또 1698년에는 도성에서 쓰러져 죽은 자가 1582인이고, 팔도에서는 2만 1546인인데 서울 밖의 지역에서 보고한 숫자는 열에 두셋도 되지 않았는데도 이렇게 많으니 기근과 전염병의 참혹함이 실로 전에 없던 일이라고 했다.

기호 지방에서는 큰 흉년이 아닌데도 도적이 자행해 길을 다니지 못할 정도였고, 굶주림이 심해 늙은이는 구렁텅이에 쓰러지고 젊은 사람들은 도둑이 되었다. 숙종은 비망기備忘記를 자주 내려 굶주림과 추위를 참아서 처자를 보호하고 이산하지 말며 도둑이 되지 말 것을 호소했다.

1703년(숙종 29) 3월에는 해서·관서·경기·관동 지역의 굶주린 백성이 삼남 지방으로 먹을 것을 찾아 계속 내려왔다. 시골에는 노인을 부축하고 아이를 이끈 채 길거리에서 구걸하는 경우가 많았다. 이에 숙종은 삼남 지방의 관찰사에게 이들을 구제해 살리는 데 특별히 힘쓰도록 하고, 구제를 잘하지 못해 죽은 자가 가장 많이 발생한 지방에는 벌을 주게 했다. 또 조정에서는 감진어사監賑御史*를 보내고 죽을 끓여 먹이는 죽소를 설치하기도 했다. 농사가 상대적으로 잘 된 고을에는 창고에 쌓인 곡식을 내어 그 지방에 들어온 유민들을 구제하게

감진어사
흉년이 들었을 때 기근의 실태를 조사하고 굶주리는 백성을 구제하는 일을 감시, 감독하기 위해 파견된 어사.

하고, 만일 그 관할 지역 내에서 굶어 죽은 자가 발견되면 수령을 죄로 다스려 유민들이 구렁에 쓰러져 죽는 일이 없도록 했다.

그러나 수령들은 지방직으로 나가면 수탈을 일삼아 부자가 되는 상황이었고, 토호들이 백성을 침해하는 폐해도 매우 컸다. 이들은 벼슬을 얻기 위해 공공연하게 뇌물을 바쳤다. 부유한 사람들은 돈과 곡식을 가난한 사람들에게 빌려주고 토지문서를 저당 잡았다가, 이자가 날로 불어나 가난한 자가 빚을 갚을 수 없게 되면 그의 토지를 빼앗았다. 또 세력가들은 유민을 불러 모아 부역을 면하게 해주고는 개인적으로 공공연히 부려먹었다.

이와 같이 17세기에는 흉년과 기근 탓에 백성이 많은 고통을 겪었다. 이에 국가는 유민을 방지하기 위해 호적 작성, 호패법, 오가통사목五家統事目, 노비추쇄사업 등을 실시했다. 그리고 이미 발생한 유민에 대해서는 이들을 위로하고 어루만져 모여서 편히 살 수 있도록 다양한 진휼책을 마련했다. 죽소를 설치해 운영하거나 곡식을 나누어주는 등 구휼 조치를 시행하고, 기민이 내버린 아이들을 거두어 기르면 노비로 삼도록 인정해주는 유기아수양법遺棄兒收養法 등을 제정했다. 또 유망민들을 한강 가운데 있는 밤섬에 수용했다가 서해안의 섬으로 나누어 이송시켜 고공雇工으로 정착시키는 방안도 마련했다. 그리고 자기 고장에서 농사지으라고 권농을 강조했다.

그러나 이러한 일시적인 조치로는 당시 광범위하게 진행되고 있는 유망을 제대로 막을 수 없었다. 국가의 세금이 늘어나고 민에 대한 지배층의 침탈이 계속되고 자연재해가 심각해질수록 민의 고통은 가중되었으며, 민은 국가체제를 벗어나는 이탈을 몰래 꾀했다.

역병과 재앙을 일으키는 역귀   〈무화기 감로탱화〉(18세기) 부분. 감로탱화의 구성은 과거에서 현재, 미래로 이어지는 삼세의 시간이 한 화면에 전개되는 것이 특징이다. 특히 하단에 묘사되는 것이 전제, 즉 과거인데 여기에는 인간이 살아가면서 경험할 수 있는 온갖 희로애락과 죽음의 순간이 표현된다. 따라서 당시 시대상이 그대로 재현되기도 하는데 각종 재난으로 어려움을 겪는 백성의 모습을 짐작해 볼 수 있다.

굶주림에 대처하는 법　기근이 전국적으로 심해지자 1639년 조정에서 배포한《구황촬요》. 기근이 심한 지역에서는 사람들이 먹을거리가 없어 산으로 들로 다니면서 나무뿌리나 열매를 닥치는 대로 먹다가 독성이 있는 것을 잘못 먹어 사망하는 일도 발생했다고 한다. 따라서 조정에서는 각 지방의 수령들에게 식량을 대신할 수 있는 야생 먹을거리를 잘 구분할 수 있도록 백성들을 지도할 것을 당부했다.

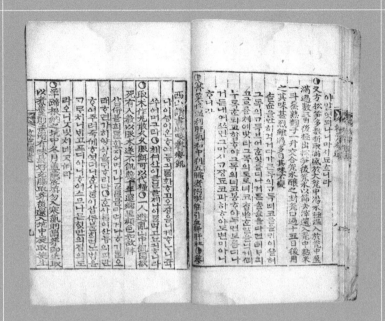

아동 구휼　1783년 정조가 걸식아동 구제를 위해 규정한 법령《자휼전칙》. 흉년을 당하여 10세 이하의 어린이들이 걸식하거나 버림받아 굶주리므로, 이들이 부모 및 친척 등 의지할 곳을 찾을 때까지 구호하고, 또 자녀나 심부름꾼이 없는 사람들로 하여금 수양하게 하기 위한 구휼법이다.

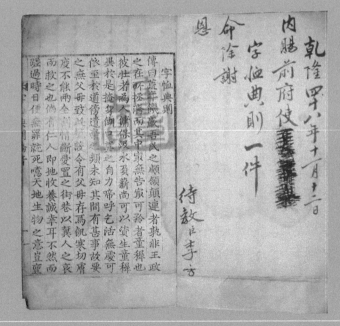

모이면 도적,
흩어지면 농민

수령을 농락한 홍길동

조선시대에는 신분적 차별과 가중한 조세 부담, 자연재해 등 여러 가지 이유로 삶의 터전을 일탈해 산속에 근거지를 두고 무리를 형성해 활동하는 도적떼들이 많이 있었다. 군도群盜로 불리는 도적떼들은 마을이나 관아를 습격하고 사람을 해치고 물건을 약탈함으로써 현실에 저항하는 존재들이었다. 특히 흉년이나 기근이 들면 도적떼들의 활동은 극심해졌고 체제를 위협하기까지 했다. 조선 초기부터 크고 작은 도적집단의 발생이 점차 증가하고 무장이 강화되는 추세를 보여왔는데 연산군대 홍길동, 명종대 임꺽정, 숙종대 장길산 그리고 명화적明火賊이라 불리는 군도들의 활동이 그 대표적 예이다.

홍길동은 허균許筠이 쓴 소설의 주인공으로 잘 알려졌지만 사실은 1500년(연산군 6)을 전후해 충청도를 중심으로 활동한 큰 도적집단의 우두머리였다. 그가 활동한 시기는 무오사화戊午士禍(1498)*가 일어난 지 불과 2년이 채 지나지 않은 때로, 중앙 정계에서는 훈구와 사림의 피비린내 나는 정치적 싸움이 벌어지고 있었다. 연산군의 폭정이 아직 극에 달한 시점은 아니었지만 훈구세력들의 비리와 경제적 수탈이 심화하던 시기이기도 했다.

홍길동은 무척이나 배짱이 큰 도적이었던 것 같다. 그는 머리에 옥정자를 달고 홍대紅帶 차림을 하는 등 당시 최고의 관리인 당상관의

무오사화
유자광, 이극돈 등 훈구파가 김일손, 권오복 등 사림파를 제거한 사건. 사초史草가 계기가 되어 일어났기 때문에 '무오사화戊午史禍'라고도 한다.

차림새를 하고 무관 정3품에 해당하는 첨지를 사칭하며 양반 흉내를 내고 다녔다. 그리고 대낮에도 무장한 무리를 이끌고 관아에 드나들면서 수령들을 농락했다. 권농勸農이나 이정里正, 유향소의 품관들은 이를 알면서도 체포하거나 고발하지 못했다. 이들을 고발하면 혹시 나중에 보복을 받을까 두려워하는 마음도 있었지만, 한편으로는 이들의 행동을 눈감아 줌으로써 자신들을 괴롭히는 수령들을 골탕먹이려는 보상심리도 작용했던 것으로 보인다.

홍길동은 엄귀손이라고 하는 무인 출신의 당상관과 연결되어 있었다. 엄귀손은 군공으로 당상에까지 오른 인물로, 홍길동의 뒤를 봐주고 있었다. 그는 홍길동의 장물아비였으며 같은 무리였다. 엄귀손은 홍길동이 가져다준 장물들을 받았고, 또 일찍이 가옥까지 사주었다. 이것을 안 의금부에서는 엄귀손을 곤장 일백 대를 때려 삼천리 밖으로 유배하고 임명장을 모두 회수해야 한다고 주장했고, 고관들도 엄귀손을 처벌해야 한다고 한결같이 주장했다. 그리고 1500년 10월에는 강도 홍길동을 잡았다는 소식을 듣고 국가의 재상들은 이보다 더 기쁠 수는 없다고 흥분하면서 백성을 위해 해독을 제거하는 일이 이보다 큰 것이 없으니 아예 이참에 그 무리를 다 잡자고 건의했다.

홍길동의 신분이나 출신, 무리의 활동 범위 등은 자료 부족으로 잘 알 수 없다. 다만 홍길동 무리는 그 규모가 상당히 컸고 꽤 조직적으로, 또 지속적으로 오랫동안 활동했다. 그의 이름이 후세에 널리 알려지게 된 이유는, 광해군 때에 허균이 소설에서 홍길동을 불의한 세상을 구하는 소년 의적으로 묘사했기 때문이지만, 무엇보다도 그의 행위가 수령들의 수탈과 침탈에 억눌려 있던 민들의 가슴을 후련하게

1500(10월 22일)

들건대, 강도 홍길동을 잡았다 하니 기쁨을 이길 수 없습니다. 백성을 위하여 해악을 제거하는 일이 이보다 큰 것이 없으니, 청컨대 이참에 그 무리들을 다 잡아들이도록 하소서.

1500(12월 29일)

홍길동이 옥정자玉頂子와 홍대紅帶 차림으로 첨지라 자칭하며 대낮에 떼를 지어 무기를 가지고 관부에 드나들면서 기탄없는 행동을 자행하고 있습니다.

1513(8월 29일)

충청도는 홍길동이 도둑질한 뒤로 유망이 또한 회복되지 못하여 양전을 오래도록 하지 않았으므로 세를 거두기가 실로 어렵습니다.

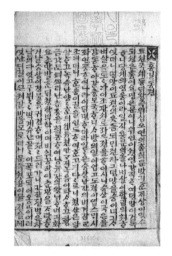

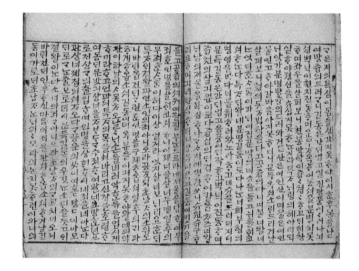

탐관오리의 부패상을 고발하다 허균이 지은 우리나라 최초의 국문소설 《홍길동전》(16세기). 홍길동은 뛰어난 재주를 지녔고 부당성을 자각하고 있었던 인물이며, 이를 시정해보려는 행동력까지 갖춘 인물이었기 때문에 호민으로서의 위상을 지니고 있다 할 수 있다. 특히 홍길동은 활빈당의 무리를 이끌고 다니면서 수령 가운데 탐관오리들만을 골라 징치하는데, 이는 호민이 한번 소리치면 원민과 항민이 모여들어 무도한 자를 징치하는 모습과 서로 통한다. 《홍길동전》에는 홍길동이 일반 백성들의 재물은 추호도 건드리지 않고 각읍 수령의 준민고택浚民膏澤하는 재물만 빼앗았다고 하고 있으며, 천총을 가리는 조정의 소인배들에 대한 증오심 등이 잘 드러나 있는데 이는 불의와 비리가 판치던 당대 사회의 문제를 나름대로 강력히 제기한 것이라 볼 수 있다.

해주었기 때문인지도 모르겠다. 조선 후기의 실학자였던 성호 이익은 그의 저서 《성호사설星湖僿說》*에서 "예부터 서도에는 큰 도둑이 많았다. 그중에 홍길동이란 자가 있었는데 세대가 너무 멀어서 어떻게 되었는지는 알 수 없으나 지금까지 장사꾼들이 맹세하는 구호에도 들어 있다"고 했다. 홍길동은 오랫동안 민들의 입에 오르내리며 그들의 영웅이 되었다.

온 나라를 공포에 떨게 한 임꺽정

조선시대의 가장 대표적인 도적두목은 임꺽정이다. 임꺽정은 적어도 1559년(명종 14) 3월 이전부터 그가 처형당한 1562년 1월까지 3년 이상 황해도를 중심으로 활동했다. 임꺽정이 활동하게 된 원인은 당시 정치 기강이 무너지고 양정良丁들의 군역 부담이 늘어남에 따라 농촌사회가 피폐해져 많은 민들이 몰락해갔기 때문이었다. 특히 윤원형·심통원·심전 등 척신세력들의 탐학이 극심해지고 집권세력들이 권력을 이용해 농민들로부터 가중한 수취를 하고 있었다. 당시 《명종실록》을 편찬한 사관은 "훈척세력인 윤원형·심통원 등 대도들이 조정에 도사리고 앉아 백성들의 이익을 빼앗아 이로 인해 백성의 생활이 곤궁해져서 도둑이 되었다"고 했으며, 또한 "하나의 도둑(임꺽정)이 창도하자 백 사람이 호응해 서쪽 변방이 소란스러워져 양민이 해를 입어 마을이 텅 비게 되었다"고 했다.

훈척세력들은 권세를 이용해 남을 속이고 약탈하며 자신들의 이익을 불리기에 힘썼다. 이들은 별로 개척되지 않았던 황해도와 평안도 지역까지 관심을 넓히면서 이권을 독점하고 남의 땅을 빼앗았고, 그

땅을 부치던 민들의 고통과 원망은 더욱 커졌다. 황해도에는 갈대밭이 많아서 민들이 갈대를 채취해 그릇을 만들어 팔기도 했는데, 권세가나 내수사는 이것을 자신들의 농장으로 편입하고 민들에게 소작료를 내게 했다. 갑자기 삶의 터전을 빼앗긴 민들은 불만을 품은 채 전호로 전락하거나 유랑하게 되었다. 또한 황해도에는 도살업으로 살아가는 백정들이 많았다. 이들은 생업의 특수성 때문에 향촌사회의 양반들이나 농민들에게 차별을 받으면서 따로 집단적인 생활을 해야 했는데 직업상의 차별뿐만 아니라 신분적으로도 천대를 감내해야 했다.

두목 임꺽정은 양주 출신의 백정이었다. 그는 백정을 비롯해 상인, 장인匠人, 노비, 아전, 역리驛吏, 농민 등 다양한 사람들을 불러 모았다. 그들은 당시 교통로의 발달과 장시의 확장을 배경으로 보부상으로 변장하고 장사도 했는데, 개성이나 서울의 상인들과 연계해 상인으로 가장해 약탈한 물건을 팔았다. 임꺽정집단은 단순히 백정집단이 아니라 한편으로는 농사를 짓고 또 한편으로는 장사도 하는 이른바 반농반상半農半商의 삶을 살고 있는 민들이 주류를 이루었다. 따라서 국가에서는 이들을 가리켜 "모이면 도적이 되고 흩어지면 농민이 되어 출몰이 일정하지 않아 잡을 수가 없다"고 했다. 임꺽정집단은 백정들의 본거지인 봉산鳳山을 무대로 서흥, 문화, 재령, 해주 및 구월산 지역, 평산, 개성, 장단을 거쳐 서울에 이르는 간선도로에서 활약했다. 심지어는 서울 장통방(현 종로구 종로 2가 부근)에 나타나 중앙 관료들을 두려움에 떨게 했다.

임꺽정집단은 자신들을 못살게 굴던 지방 수령을 죽이려고 모의했다. 평산 남면 마산리에 사는 대장장이 이춘동의 집에 모여서 새로 부임한 봉산군수 이흠례를 죽이기로 했는데, 그 이유는 그가 신계군수로 있었을 때 자기 무리를 많이 잡아들여 그 공으로 봉산군수에 올랐기 때문이었다. 또 그들은 활과 화살, 도끼를 가지고 밤을 틈타 성에 들어가 전옥서의 옥문을 부수고 이전에 체포되었던 임꺽정의 처를 구해내려는 계획을 세우기도 했다.

임꺽정집단은 관군의 공격을 받으면 백성들의 사이로 흩어졌다. 주변의 고통받는 민들은 관군을 도와 이들을 잡기보다는 오히려 숨겨주었고 임꺽정은 민들의 지지와 아전들의 도움을 받으면서 관군을 격파하곤 했다. 임꺽정을 잡으러 간 패두牌頭 이억근은 임꺽정집단에게 살해당하기까지 했다. 그러나 임꺽정은 결국 남치근이 이끄는 관군들의 산을 둘러싼 포위망에 걸려 서울로 압송된 뒤 처형을 당했다.

당시 임꺽정의 활동에 대해 사신史臣은 "도적이 성행하는 것은 수령의 가렴주구 탓이며, 수령의 가렴주구는 재상이 청렴하지 못한 탓"이라 평했다. 따라서 "진실로 조정이 청명해 재물만을 좋아하는 마음이 없고, 수령을 청빈한 인물로 가려 임명한다면, 칼을 잡은 도적이 송아지를 사서 농촌으로 돌아갈 것이오, 어찌 이토록 심하게 살생을 하겠는가"라고 해 곤궁한 백성이 도적이 되는 이유는 하소연할 곳 없고, 도적질이라도 하지 않으면 살아갈 수 없기 때문이라고 보았다(명종 14년 3월 27일조). 이처럼 당시의 도적집단은 삶의 기반을 잃은 민에 모체를 두고 있었다.

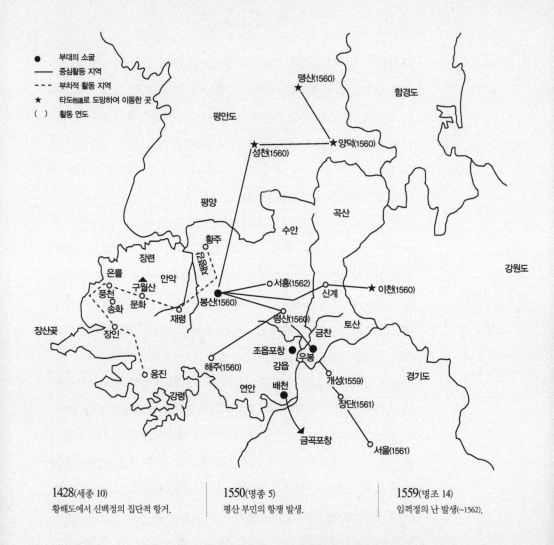

범례
- ● 부대의 소굴
- ── 중심활동 지역
- ---- 부차적 활동 지역
- ★ 타도他道로 도망하여 이동한 곳
- ( ) 활동 연도

맹산(1560)
함경도
평안도
성천(1560) ★ ★ 양덕(1560)
평양
곡산
수안
황주
장련 재령강
은률 안악
풍천 구월산
송화 문화
장산곶 장인 재령
옹진
강령
연안
금곡포창
서흥(1562)
신계 ★ 이천(1560)
봉산(1560)
토산
평산(1560)
금찬
조읍포창 우봉
해주(1560) 강음
배천
개성(1559)
장단(1561)
서울(1561)
경기도
강원도

1428(세종 10)
황해도에서 신백정의 집단적 항거.

1550(명종 5)
평산 부민의 항쟁 발생.

1559(명조 14)
임꺽정의 난 발생(~1562).

임꺽정집단의 활동 지역　임꺽정집단은 우봉과 봉산 지역에 근거지를 두고 인접하고 있는 평산과 토산·해주·서흥 지역으로 주활
동 무대를 확대했다. 이들은 황주·재령·문화현까지 출몰했으며 평안도·강원도 지역으로 쫓겨 은거기도 했고, 경기를 거쳐 서울에
까지 거점을 마련해 거의 서울─황해도─평안도에 이르는 주요 거점을 연해서 활동하고 있었다.
임꺽정집단은 서울로 향하는 경기도 역로를 중간 거점으로 하여 약탈한 장물을 운반하여 개성 등지에서 처분했으며, 서울에 잠입해
거점을 마련하고 장물처분, 정보수집 등의 활동을 전개할 정도로 서울과 밀접한 연관을 가지고 활동하고 있었다.

변란을 꿈꾸는 사람들의 우상, 장길산

17세기 후반에서 18세기로 접어들면서 무장을 한 명화적들의 활동은 더욱 치성熾盛했다. 그 가운데 가장 대표적인 인물이 장길산이다. 장길산은 숙종대에 황해도 일대를 중심으로 활동하던 군도群盜의 우두머리였다. 그가 활동하던 시기는 장기간에 걸친 대기근으로 민들의 고통이 극심했으며 유민과 기민 또한 많이 발생했다. 유민 중 청장년층은 군도를 형성해 각지에서 활동하며 국가를 위협했다. 흉년이 다소 약해지고 풍년이 들면 도적집단의 활동도 수그러들었지만, 흉년이 계속되는 시기에는 도적들의 활동이 더욱 심해졌다.

1697년(숙종 23) 1월에 이영창의 역모 고변사건이 발생했다. 이영창이란 사람이 금강산에 있는 승려 운부, 장길산 등과 함께 거사를 도모해 정씨와 최씨 두 사람을 얻어, 정씨 성을 가진 자를 왕으로 세우고 나서 중국을 공격해 최씨 성으로 중국의 왕을 삼겠다는 것이었다. 이 사건에서 주목되는 것은 역모를 도모한 세력들이 장길산을 끌어들이려 했다는 점이다. 이영창에 의하면 장길산집단은 주로 황해도 해서 지방을 비롯해 경기도 파주, 평안도 양덕, 구월산, 함경도 서수라, 평안도 벽동 등에서 활동하고 있었고, 미륵신앙을 숭배하는 승려세력과 결탁해 있다고 했다. 그런데 2월에 이영창을 다시 추문하자 그는 말을 바꿨다. 그는 장길산과 관계를 맺은 상황을 자신이 지어낸 것이라 했다. 그 외에도 이름난 중의 이름을 빙자해서 말하는가 하면 알고 있던 여러 절의 이름을 서로 관련지었으며, 여러 승려의 이름을 지어냈다고 했다. 특히 운부의 존재, 승려세력의 움직임 등도 거짓으로 꾸며낸 것이고, 장길산집단을 구월산에 포진시켜 필요할 때 동원하려 했다는 내용도 사실이 아니라고 했다. 이영창은 실제 장길산이 어디 있는지 알지도 못했고 다만 자신의 말을 과장하기 위해 이렇게 둘러대었던 것이다.

그러나 실제 장길산집단의 조직 규모가 작은 것은 아니었다. 장길산은 매우 날래고 사납기가 견줄 데가 없는 인물이었다. 그의 무리는 여러 도를 왕래해 그 수가 많았는데 10년 이상이나 활동했으나 조선 정부는 잡지 못하고 있었다. 경기도 양덕에서 군사를 동원해 체포하려고 포위했지만 끝내 잡지 못했다. 장길산집단의 존재는 국왕 숙종을 비롯해 당시 권력집단에 오래전부터 알려진 큰 걱정거리였다. 따라서 장길산을 체포할 것을 해당 관찰사와 병사에게 특별히 명령했고, 또 비변사에서는 은밀히 군대와 포도청에 명해 그를 잡으면 후한 상과 높은 벼슬을 아끼지 않겠다고 독려했다.

장길산에 대한 기록은 그의 명성에 비해 매우 부족하지만, 《성호사설》에 의하면 장길산은 해서 지방을 무대로 활동했는데 원래 광대 출신으로 곤두박질을 잘하고 용맹이 뛰어나 괴수가 되었다고 나온다. 조정에서 이를 걱정해 신엽을 감사로 삼아 체포하게 했으나 잡지 못했다. 그 후에 그의 도당 하나를 잡아 그가 숨은 곳을 알아냈다. 무사 최형기가 자원해서 여러 고을의 군사를 징발해 각기 요소를 지키다가 밤을 타 쳐들어갔다. 그러나 이미 염탐으로 이 사실을 알고 있던 장길산 일당은 최형기와 군사들에게 욕설을 퍼부으며 도망쳐 모두 자취도 없이 사라졌다.

장길산집단은 말과 병장기를 갖추고 무장단을 형성했으며, 또 여러 도를 왕래하는 등 활동 범위도 넓었다. 그는 장시를 중심으로 농촌에서 일탈한 농민들을 규합해 도적집단을 형성해 지배층에 저항했다. 그러한 까닭에 변란을 도모하고자 한 세력들은 직접 장길산과 접촉한 사실이 없었음에도 그 무리에게 관심을 두었고, 그들을 거사계획에 끌어들여 물리적 기반으로 삼으려 했던 것이다. 장길산의 존재는 불만세력이나 저항세력에 의해 사회를 개변시킬 무력적인 기반으로 인식되었다.

장길산이 활동한 지 10여 년이 지나고, 조정에서 그를 체포하라는 조치가 내려진 지 5년이 지나도록 잡히지 않았다. 그리고 그는 이영창의 모반사건에 연루되어 다시 관심을 끌었지만 끝내 잡히지 않았다. 그가 잡히지 않았다는 사실은 이후 그를 전설적인 인물로 만들었고, 장길산은 현실에 불만을 품고 저항하는 자들의 우상이 되었다.

명화적, 임꺽정·장길산의 후예들

17세기 말에서 18세기로 넘어서는 시기에는 도적들의 집단적 무력활동이 더욱 광범위하게 나타났다. 유망이 많아지면서 민들의 저항도 한 단계 진전되었다. 지배층의 토지겸병과 세금수탈이 심해지자 민들은 총포와 말을 가지고 무장력과 기동력을 강화해 명화적을 형성했다. 토지로부터 분리되었으나 아직 다른 곳으로 흡수되지 못한 유망농민층을 중심으로 광산노동자, 도망노비 등이 이에 가세해 집단을 이루었다.

명화적은 무장력·조직력·전투력을 갖춘 일종의 농민무장단이다. 당시 지배층은 명화적을 '무리를 지어 물화를 약탈하는 도적'이라 파악했다. 이들은 마치 군대와 같이 명령체계에 따라 북을 치면 진격하고 징을 치면 후퇴하는 등 잘 훈련되어 있었다. 또 높은 무장력과 전투력을 유지하기 위해서 화약이나 납·구슬 등의 화력도 확보했다. 그들은 무기를 사적私的으로 만들거나 사들여 무장력을 갖추고 지방관아를 습격하거나 관옥에 잡혀 있는 동료를 탈옥시키기도 했다.

1695년(숙종 21) 10월에는 명화적 수십 명이 기를 세우고 포를 쏘며 철원읍의 인가에 돌입했으나 부사 황진문은 겁을 내고 끝내 이들을 체포하지 못했다. 그리고 1703년 3월에는 흉년이 들고 백성이 곤궁해 도적이 사방에서 일어나고, 서울 안 무뢰배가 도당을 결성하고 대낮에도 시장을 습격해 약탈하여 해가 저물면 사람들이 다니지 못할 정도였다. 또 1713년에는 정읍 땅에 적당 100여 명이 창을 지니고 포를 쏘며 인가에 돌입했는데, 그 두목은 갑옷을 입고 말을 타고 있었다.

명화적은 단團을 형성하고, 단호團號를 가지는 등 조직력도 갖추었다. 이들은 무리를 짓고 칼과 몽둥이를 휘두르며 거리낌 없이 활동했다. 그들은 각각 단호를 세우고 노략질과 약탈을 자행했는데 아전들도 감히 잡지 못했다. 이들은 서울에 있는 단은 '후서강단', 평양에 있는 단은 '폐사군단', 재인은 '채단', 유개인流丐人은 '유단'이라 칭하기도 했다. 김포군에 출현한 명화적은 말을 타고 깃발을 휘날리며 자신의 소속을 나타내는 단호의 깃발을 중심으로 일사불란하게 움직였다. 대체로 하나의 단은 수십 명에서, 많게는 300명에서 400명 정도의 대규모로 조직되었다.

이들은 산악지대나 도서 지방과 같이 공권력이 미치기 어려운 곳이나 교통로의 요지 등에 출현해 약탈을 자행했다. 또 대낮에 공공연히 관군을 공격하고 물화를 약탈하기도 했으며, 포교, 영장 등 포악한 관리들의 만행을 응징했고 양반 지주나 토호들을 습격해 고리대와 지대를 통한 착취에 보복을 가했다. 그러나 이들의 저항은 약탈을 본질로 하는 간헐적이고 즉흥적인 저항이었다. 이처럼 홍길동, 임꺽정, 장길산, 명화적들의 활동은 농촌에서 삶의 기반을 잃어버리고 일탈해 도적 무리를 형성한 민들이 관아와 지배층, 그리고 물자의 유통로를 약탈해 국가에 위협을 가한 원초적인 저항이라 할 수 있다. 유민이 늘어날수록 도적은 증가했고, 생산의 터전에서 일탈한 농민들은 다시 생업에 정착하기까지 농민과 도적의 경계를 넘나들며 저항하고 있었다.

지배층이 부패하고 체제가 기득권층을 중심으로 운영될 때 백성의 삶은 수취와 억압으로 피폐해질 수밖에 없다. 삶에 대한 불안과 고통은 결국 지배층과 사회를 향한 집단적인 행동과 저항의식으로 표출될 수밖에 없으며, 국가가 이에 대한 해법을 제시하지 못할 경우 그러한 저항의식은 아래로부터의 변혁을 꿈꾸게 하는 원인으로 작용한다. 조선 중후기에 지배층의 수탈, 과중한 조세 부담, 자연재해로 인한 기근 등으로 생업을 유지할 수 없게 된 민들은 할 수 없이 유민의 신세가 되었다. 이러한 유민들이 늘어나고 조직화되면서 '군도'라 불리며 사회에 집단적으로 저항하는 모습을 보였다. 도적들은 피폐해진 삶에 대한 분노로 인해 관군에 저항했지만, 이는 삶의 터전을 떠난 일탈의 형태에 지나지 않았다. 그러나 이러한 군도들의 원초적 저항은 이후 백성이 주인이 되는 새로운 세상을 만들고자 부패한 지배층에 저항하는 적극적인 농민저항으로 이어졌다.

현실에 저항하는 자들

진인의 재림을 예언하며

조선 후기에는 체제를 부정하거나 담학하는 지배층을 비방한 와언
訛言이나 요언妖言이 무성하게 난무해 현실에 불만이 많은 사람을 자
극했다. 와언이 현실이나 체제를 위협하거나 부정하기 위해 일부러
퍼뜨린 헛소문인데 비해 요언은 주로 미래불인 미륵신앙을 비롯한 불
교사상을 바탕으로 한 것과 풍수설을 바탕으로 한 것, 또는 다른 어떤
의술을 내세워 좀 더 근본적으로 체제를 부정하고 새로운 세계를 꿈
꾸는 내용으로 되어 있었다. 와언이 지배층의 명예와 지위를 더럽히
기 위한 일시적인 비방인 데 비해 요언은, 새로운 세상을 잘 다스릴
메시아의 재림을 기다리며 그것을 신봉하는 사람들이 비교적 신심을
갖고 지속적으로 신봉하는 특성이 있다.

한 예로 숙종대 경기도 양주 지역에서는 현실의 고통을 벗어나기
위한 바람에서 석가의 세계가 다하고 미륵이 세상을 다스리게 된다는
미륵신앙을 신봉하는 사람들이 변란을 꾀한 일이 있었다. 그들은 경
기도와 황해도 지역에서 큰 비가 내리는 어지러울 때를 이용해 한양
의 대궐로 쳐들어가려고 했다.

조선 후기 사건을 다룬 《추안급국안推案及鞫案》*의 1688년(숙종 14) 8
월 기사에 의하면 "요승妖僧 여환 등 11인이 불궤不軌를 꾀하다가 죽음
을 당했다. 양주 청송면에 한 요인妖人이 있어 민간에 왕래하면서 신

추안급국안
1602년(선조 34)부터 1905년(광
무 9)까지 일어난 각종 중요 사
건의 신문訊問 기록과 판결서를
모은 책. 331책으로 의금부에
서 편찬했다. 변관, 도적, 역모,
흉소凶疏, 천주교, 괘서, 가칭어
사, 능상방화 등 국가 및 정권
의 안위에 관계되는 중대한 사
건들에 관한 죄인들의 공초기
록供招記錄으로 역모사건에 관
한 것이 가장 많다.

령을 자처하고 무리를 모으고 무리를 지어 어리석은 백성을 광유誑誘했다"는 기록이 보인다. 통천지방의 승려인 여환은 스스로 "금화의 천불산에서 7별이 강림해 3국三麴을 주었는데 국麴과 국國은 음이 서로 같다"고 하고, 또 한 수중 노인과 미륵 삼존이 자신에게 부처를 존숭하면 나라를 전할 테니 3년을 공부하라는 등의 이야기를 했다고 하며 사람들을 유혹했다. 그는 풍수가인 황회와 '상놈' 정원태와 함께 석가가 다하고 미륵이 세상을 다스리게 된다는 말을 하며 경기와 서해 지역에서 사람들을 모았다. 또 여환은 천불산 선인이 일찍이 "세간은 장구치 못하리라. 이제부터 이을 자가 있으리라. 용이 아들을 낳아 나라를 다스리리라"고 했다며 은율 지방 상민의 딸 원향을 아내로 맞이했다. 그리고 기이한 징조가 있어 구름을 일으키고 비를 오게 하는 등 그 변화를 예측할 수 없다고 하며 양주에 사는 무당 정계화의 집에 머물면서 그의 처를 용녀부인이라고 불렀다.

이후 무당 계화는 정성인鄭聖人이라는 이름으로 이상한 글을 지어서 "비록 성인이 있어도 반드시 장검과 관대가 있어야 하니 제자된 자는 마땅히 이들 물건을 준비해야 한다"고 하면서 온 마을의 사람들을 불러 모았다. 이들은 7월에 큰 비가 내려 산악이 허물어지면서 서울도 당연히 탕진할 것이니 8월 10일에 군사를 일으켜 입성하면 대궐 안에 앉을 수 있다는 말이 문서에 씌어 있다고 했다. 그리고 7월 15일에 여러 사람과 함께 각각 군장·장검 등을 준비해 성 안으로 잠입한 다음 비가 오는 것을 기다려 대궐을 침범하기로 약속했다. 그러나 그날 비는 끝내 오지 않았다. 그들은 하늘을 우러러보고 탄식하기를 공부가 이루어지지 않아 하늘이 아직 응하지 않는다고 하며 삼각산에 올라가 불경을 외우고 대사가 이루어지기를 하늘에 빌었다. 이 사건은 결국 탄로가 나서 실패로 돌아갔고 이들은 모두 역적으로 몰려 죽임을 당했다.

이 미륵신앙사건에 참여한 사람들은 양반층이 아닌 하층 양인 또는 노비층이었다. 이들은 위대한 날의 도래를 예고하는 예언자의 말에 귀를 기울이며 현실의 고통으로부터 벗어나길 희망했다. 그리고 그것을 위해 단결했으며, 더 나은 세상에 대한 꿈을 가지고 새로운 세상으로 들어가기를 기원했다.

이러한 사건 외에도 민들은 그들을 억압하고 수탈하는 관리나 지주에 대한 나쁜 소문을 퍼뜨림으로써 지배층의 비리를 폭로하거나 규탄했으며, 현실 부정적인 와언을 많이 만들어냈다. 1675년(숙종 1) 12월에 재이가 심해지자 민간에서는 "병거兵車를 만들어서 강을 건너려고 하는데 기일이 2월에 있다"고 하며 곧 난리가 날 것이라면서 민심이 흉흉해졌고, 성 안에 와언이 흉흉하니 외방에서도 반드시 그럴 것이라는 소문이 나돌기도 했다. 1681년 2월에도 민간에서는 요서妖書를 익혀 남의 재물을 속여서 빼앗고 흉언을 지어내어 사람들을 선동하는 이들이 출몰하면서 해도海島의 진인眞人이 구원하러 올 것이라느니, 병화兵禍가 장차 일어날 것이라는 등 현실을 부정하고 새로운 세상을 기대하게 하는 말들이 유행했다. 1733년(영조 9)에는 호남 연안에 거듭 흉년이 들자 도적이 창궐했는데 진도와 나주의 여러 섬에는 주인을 배반한 젊은 무리가 모여 동전을 몰래 주조하고, 당시 바다에 출몰하던 타국의 배인 황당선荒唐船과 왕래하며 서로 반역을 꾀하기도 했다. 그리고 역적에 연좌된 자들이 여러 섬에 유배되어 요언을 만들어

백성의 희망　충남 서산에 있는 강댕이미륵
불. 현재 조사가 가능한 남한 각 지역에 분포
되어 있는 미륵상은 371기나 된다. 미륵세계의
도래를 이야기하는 미륵신앙은 체제전복적일
수밖에 없으며 현실에 불만이 많은 세력이나
정치적인 야망에 많이 이용되기도 했다. 삼국
시대에 전래된 미륵신앙은 구원 사상 때문에
사회 혼란기 때마다 하층민을 중심으로 많이
퍼졌다. 조선 후기에는 세도정치로 국가 기강
이 문란해지자 미륵신앙이 유행하기도 했다.

사람들을 선동하고 변란을 자극하기도 했다.

주인을 죽이려는 노비들의 음모

조선 후기에는 사회·경제적인 변화의 영향으로 신분제의 굴레와 고된 노역에 불만을 품은 노비들이 도망하거나 주인을 구타 또는 살해하는 일이 많이 늘어났다. 노비들은 때로는 집단을 형성해 자신들을 추쇄하러 온 양반을 공격했고, 흔하지는 않았지만 자기 주인뿐만 아니라 양반을 대상으로 살육과 겁탈, 재산 약취를 목적으로 하는 살주계殺主契를 조직하기도 했다. 심지어 양반 여성을 간음하는 등 패륜 행위를 저지르면서 신분제에 대해 불만을 토로했다.

1673년(현종 14)에 김포 사람 허정許炡은 불만을 품은 반노叛奴에게 해를 입어 죽을 뻔하다가 겨우 살아났지만 일가는 모두 피살되었다. 또 노비주가 노비들을 관리하는 일로 지방에 갔다가 무리를 지어 길 중간에서 기다리고 있던 반노들의 칼에 찔려 구덩이 가운데 버려졌다가 다행히 다른 사람의 도움으로 겨우 살아 돌아온 일도 있었다.

그러나 무엇보다도 듣기만 해도 무시무시한 것은 1684년(숙종 10) 9월에 있었던 검계劍契, 살주계 사건이라 하겠다. 《조야회통朝野會通》에 의하면 무뢰배들이 모여 계를 만들어 살략계殺掠契 또는 홍동계閧動契 또는 검계라 하면서 밤에 남산에 올라가 나팔을 불어 군사를 모으거나 중흥동에 모여서 진을 치는 모양을 하면서 피난인의 재물을 쫓아가 빼앗기도 하고 간혹 인명을 해치기도 했다. 이들은 조직을 만들어 양반들과 부자들을 공략했다. 또 한양의 청파 근처에는 살주계가 있었는데 포도청에서 7~8인을 잡아들여 조사해 그들의 약조를 적

조야회통
조선시대 역대 정강政綱과 사실을 기록한 편년체 역사서. 28권 16책으로 체제는 열조별로 약전略傳과 후비, 왕자, 공주 등 왕실을 먼저 소개하고 정강과 사력事歷을 기술했다.

은 책자를 압수했다. 그 약조에는 '양반을 살육할 것, 부녀를 겁탈할 것, 재화를 약탈할 것' 등이 적혀 있었다. 이들은 모두 창포검을 차고 살인을 하는 것도 주저하지 않았다. 그들은 포도대장 이인하가 엄하게 다루자 남대문과 대간의 집에 방을 붙여서는 "우리가 모두 죽지 않는 한 끝끝내는 너희 배에 반드시 칼을 꽂으리라"고 하면서 관리들을 위협했다.

또한 신분 차별에 불만을 품은 서자들은 양반의 처를 겁탈했다. 역시 《조야회통》에 의하면 1684년 9월에 경기도 광주의 한 과부가 노상에서 7명의 적당에게 잡혀 겁간을 당했는데 적당을 잡고 보니 그중 하나는 과부의 서얼 사촌으로 검계의 당원이었다. 이후 적당들은 사형되었고, 그 부인도 수치심에 스스로 목매 죽었다. 그리고 또 교하에서 많은 사람이 모였는데 그중 한 사람이 장차 난리가 일어나면 자신들이 양반으로 처를 삼을 수 있다고 했으며 "양반의 음陰은 심히 좋다고 하는데 이제 양반의 처를 얻게 되었다"고 큰소리로 외쳤다고 한다. 적자와 서얼, 양반과 상놈 등 강상의 윤리가 엄격했던 조선시대에 천대받던 노비나 서얼들은 유약한 양반 여성들을 성적으로 욕보임으로써 불만을 해소하고자 한 것이다.

《조야회통》은 야사의 일종으로 그 내용을 모두 진실로 받아들이기는 어렵다 하더라도 1684년 《숙종실록》의 "도성 밖의 무뢰배들이 검계를 만들어 사사로이 서로 연습함으로 인해 마을이 더욱 소란한데 장차 이를 처치하기 곤란함이 외적의 침입보다 더하다"는 기록(숙종 10년 2월 12일조)이나, "포도청에서 잡은 검계 10여 인 중에서 가장 패악한 자는 칼로 살을 긋고 가슴을 찢기도 하는 등 흉악한 일을 자행함이 끝이 없다"고 언급(숙종 10년 2월 18일조)한 것을 볼 때 이러한 내용이 거짓만은 아니라고 할 수 있다.

저항을 위한 다양한 몸부림

민들은 혼자 힘으로 도저히 극복하기 어려울 때는 그저 불만을 강하게 분출하면서 자신이 할 수 있는 다양한 저항의 몸짓을 하다가 자살을 택하기도 하고 나아가 무리를 지어 난을 일으키기도 했다. 굶주림이나 신포身布, 환곡을 견디지 못한 민들은 자살하기도 했고, 개인적으로나 집단적으로 공동의 이해 문제를 해결하고자 자신들의 사정과 요구를 관아, 특히 왕에게 알려 호소하기 위해 북을 치기도 했다[擊鼓]. 또한 징을 치기도 했고[擊錚], 직접 내용을 고하거나[上言], 소장을 올리기도 하고[呈狀], 집단적으로 소리쳐 알리기도 했다[呼訴]. 이러한 방법들은 대체로 합법적인 것으로 인정되었으나 힘없는 민들에게 그리 쉬운 일은 아니었다.

1699년(숙종 25)에 급료 문제로 죄를 입은 이상휘는 부정했다는 이유로 신문을 100차례나 받기에 이르자 이를 억울하게 생각한 그의 14세 된 어린 딸은 두 번이나 북을 치면서 도로에서 통곡해 원통함을 호소했다. 또 1704년 10월에는 충청 감사 이제가 송사로 남포의 선비 이상익에게 중형을 가해 이틀 만에 죽게 하자 그의 아들들이 여러 번 북을 치며 억울함과 원통함을 호소한 일도 있었다. 또 부평의 관원인 박태원이 묘지를 둘러싸고 소송하며 민진표를 협박해 자결하게 하자 그의 어린 아들이 아버지가 비명에 죽은 것을 슬퍼하며 머리를 풀어헤친 채 큰 소리로 슬피 울고, 추운데도 밖에서 거처하며 굶고 언 몸으로 미친 듯이 뛰어다니며 여러 번 북을 치며 원통함을 호소했다. 이같이 부모의 억울함을 호소하기 위해 북을 치면서 통곡을 하는 일이 비일비재했다.

또 궁궐이나 왕과 관련된 능묘, 각 지방 객사에 모셔놓은 왕의 상징물인 전패殿牌 등을 훼손해 왕실의 권위를 실추시켜 불만을 토로하기도 했다. 궁궐에 대한 작변은 그리 많지는 않으나 능묘에 불을 지르거나 또는 부속 물건들을 훔치거나 석물들을 훼손하는 식의 작변은 비교적 흔했다. 이 외에도 사직이나 종묘 등 국가의 정신적 상징물에 모셔놓은 위판을 훼손해 국가의 권위를 손상시키기도 했다. 그리고 불만을 품은 창고의 아전이 관곡을 많이 훔치고는 수령을 쫓아내려고 몰래 전패를 가져다가 돼지우리에 던져버린 일도 있었고, 불만을 품은 민들이 깊은 밤에 객사의 전패를 봉안한 곳에 모여 곡을 하기도 했다. 또 불만을 해소하기 위해 대낮에도 돌입해 전패를 때려 부수기도 했다. 이런 일들은 발각되는 날이면 매우 큰 벌을 받음에도 민들은 목숨을 내걸고 국가에 화풀이를 했다.

지방 수령과 아전과의 관계도 악화하여 아전들이 수령을 살해하기도 했다. 아전들이 무리를 모아 서로 맹세하고 통문을 돌려 난을 일으키기도 했고, 병졸들이 추수 때 별장別將이 수확물에 대해 세금을 많이 매긴 일에 앙심을 품고 무리를 지어 그에게 총을 쏜 사건이 발생하기도 했다. 또 향권鄕權의 쟁탈을 둘러싸고 유생과 향소가 서로 싸우기도 했다. 유생 박지태 등은 진천현 향소의 권일과 서로 다투고, 이어 현감을 쫓아내려고 일제히 현감 앞에 나아가 소리를 지르는가 하면 동헌 문밖에 모여 곡을 하고 또 향교에 모여 곡을 하기도 했다.

또한 민들은 대자보라 할 수 있는 괘서掛書(벽서)를 내걸어 자신들의 불만을 토로하기도 했다. 괘서는 대개 정치나 사회제도 등 체제에 불만을 품은 개인 혹은 집단이 특정 인물이나 체제를 공격대상으로 삼아 원망怨望·저주하는 내용의 글을 써서 벽에 붙이는 것이 일반적이다. 괘서를 붙이는 장소는 대개 장시나 포구, 관아의 대문[少是], 마을 입구의 장승 등 사람들의 주의를 쉽게 끌 수 있는 곳이었다. 괘서는 집권층의 실정失政이 잦거나, 집권층 내부의 정쟁이 심할 때, 사회의 언로가 막혀서 하층민의 의견과 염원이 상층부에 제대로 전달되지 못할 때 주로 내걸렸다. 정치적인 불만을 가진 양반들은 한문으로 괘서를 썼지만 간혹 신분을 숨기려고 일부러 한글을 사용하기도 했다. 한문을 모르는 민들은 한글로 써서 붙이기도 했는데 주로 백성의 고혈을 짜내는 수령을 고발하는 데 이용했다. 괘서에 담긴 내용은 목격자의 입을 통해 다른 사람에게 전파되었으므로 글을 모르는 사람들도 그 내용을 알 수 있었다.

괘서는 일반민 사이의 개인적 감정 혹은 관청, 관원과의 관계에서 비롯된 사사로운 원한이나 불만을 갚기 위해 붙여지기도 했지만 지배층 내부의 격심한 정쟁 과정에서 권력의 부침을 둘러싸고 나붙기도 했다. 1547년(명종 2)에 문정왕후와 집권세력을 비판하는 내용이 양재역良才驛에 내걸리기도 했고, 이후 정치적 격돌이 심한 숙종·영조대에 절정에 이르러 1755년(영조 31)에는 나주 객사에 영조와 노론을 비방하는 내용의 괘서가 붙어 소론세력을 몰아내는 정쟁으로 발전하기도 했다.

그런데 괘서는 사회체제 혹은 집권자에게 불만을 품고 변란을 꾀하는 사람들이 대중을 선동하기 위한 목적에서 내걸기도 했다. 즉 사회·경제적으로 어려운 처지에 있는 하층민에게 반란과 봉기를 선동하거나, 조만간 변란이 있을 것이라 선전하고 피난을 권하거나, 조정의 권력자를 살해하고 권력을 탈취하자거나, 조선왕조의 멸망을 예언하는 등 변란이나 신분 상승에 대한 열망, 체제에 대한 불만을 나타냈다. 이러한 괘서는 19세기에 세도정치가 시작되고 왕권이 약화되면서 수령의 탐학이 극에 달하자 이에 대한 하층민의 저항이 고조되면서 더욱 많이 나타났다.

또한 소작민들은 지주들의 수탈에 대응해 자기 몫을 늘리고자 가을걷이한 볏단을 미리 빼돌리거나 나아가 지대의 양을 줄이거나 아예 지대 바치기를 거부하는 항조抗租투쟁도 전개했다. 또 농민들은 국가에 대한 여러 의무에서 벗어나기 위해 피역을 했으며, 부유한 양반 신분을 사거나 사칭하고, 가난한 농민들은 양반집에 투탁해 묘지기, 산지기, 비부, 행랑아범 등이 되어 군역에서 벗어나기도 했다. 이 외에도 민들은 수령이나 아전 등의 학정에 반대해 동헌 뒷산에 올라가 큰 소리로 그들의 비리를 외치거나[山呼], 밤에 횃불시위를 하고[擧火], 부정한 관리나 지주 집에 요구 사항과 온갖 욕설을 담은 글을 살포했다[投書].

나아가 민들은 자신들의 근거지에서 요구를 내걸고 집단적으로 봉기하기 시작했다. 민들은 지배세력의 토지 침탈, 과중한 세금 부담, 수령의 지나친 형벌과 처형 등에 대해 흔히 결당작난結黨作亂, 소요, 난동 등으로 불리는 집단행동을 했다. 수령이나 아전, 토호와 같은 지역의 유력자가 부정이나 탐학을 할 경우 집단적으로 시정을 요구하고

길 위의 송사 　길 위에서 읍소하는 민의 애기를 듣는 수령을 그린 〈취중송사醉中訟事〉(김홍도, 1778). 아전들을 거느린 수령이 외출하는데 탄원을 하는 두 사람이 길을 막고 송사를 하고 있다. 엎드려서 수령이 부르는 제사題辭를 쓰는 사람이 형리다.

그것이 받아들여지지 않을 때는 무장투쟁을 감행함으로써 자신들의 뜻을 이루려 한 것이다.

조선 후기 농업경제의 발전으로 농민층 분화가 심화되어 부농과 빈농 사이의 갈등이 커지고, 부세 운영을 둘러싼 비리와 불법이 자행되어 관과 민 사이의 갈등이 커지자 민들은 개인적 저항뿐만 아니라 집단적 투쟁까지 감행했다. 민들은 그들을 억압하고 수탈하는 관리나 지주에 대해 와언, 요언 등과 같은 방법으로 비방하거나 비리를 폭로·규탄했으며, 격고, 격쟁, 읍소 등으로 자신들의 억울함을 호소하고, 나아가 피역, 양반 모칭, 항조, 전패 훼손, 괘서, 산호, 거화, 투서, 결당작난 등 다양한 방법으로 저항을 전개했다. 그리고 이러한 소규모의 저항형태는 점차 집단적 농민저항으로 발전해 갔다.

새로운 세상을 향해 저항하는 자들

평안도민의 차별에 저항한 홍경래

평안도는 몇몇 평야지대를 제외하고는 산이 많아 사람이 적고 평탄한 농지도 적어서 농민층의 농업생산은 남쪽 지방보다 훨씬 못했다. 그러나 조선 후기에 이르러서는 상업과 광업이 발달해 재화를 모으는 데는 다른 지역보다 나았다. 특히 청과의 교통로에 있는 평안도는 대對중국 무역의 중심지였기 때문에 매년 정기적으로 이루어지는 공무

역뿐 아니라 잠상潛商들에 의한 밀무역도 대규모로 이루어졌다. 18세기 말에서 19세기 초에 평양의 유상柳商과 의주의 만상灣商, 안주 상인들은 서울의 경상京商, 개성의 송상松商들과 어깨를 나란히 하며 상업에서 주도적 역할을 하면서 부를 축적했다. 반면에 대청 무역에서 은의 수요가 크게 늘어나자 은의 채굴이 급속하게 증대하고, 금광이 개발되면서 농촌으로부터 토지를 상실한 무전無田 농민들이 많이 흘러들어오고 있었다.

평안도 지역에는 정부의 지역적 차별로 말미암아 오랫동안 사족층이 형성되지 않았다. 향권은 향인층, 즉 원향元鄕들이 장악해 왔는데 18세기 중엽 상품화폐경제의 발전을 계기로 재력을 확대하는 새로운 부민층富民層이 등장하자, 원향 중심의 지배질서가 동요하기 시작했다. 부민층은 재력을 바탕으로 쉽게 향안에 오르고 향임직을 차지해 신향층新鄕層을 이루었지만 향촌사회에서 실질적인 영향력을 행사하지는 못한 채 오히려 수령의 집중적인 수탈 대상이 되었다. 따라서 부민들은 수령에 대해 상당한 불만을 지니게 되었다.

또한 어린 순조(재위 1800~1834)가 즉위하면서 권력이 외척세력에 의해 움직이는 세도정치가 시작되자 세금에 대한 수탈이 점차 늘어나고 있었다. 서북 지역민에 대한 경제적 수탈뿐만 아니라 신분적 차별은 이 지역민들에게 공통의 피해의식을 심어주었다. 따라서 서북 지역의 민들은 수령의 수탈에 대항해 반봉건항쟁을 자주 벌였다. 1808년(순조 8)에 함경도 단천과 북청에서, 1811년에는 황해도 곡산에서 농민들이 봉기했다. 특히 곡산의 경우 관속류와 부민 상인은 상업적 이해를 둘러싸고 서로 연대해 수령에게 저항했다.

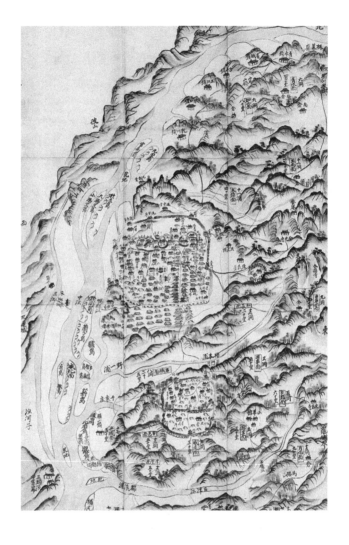

척박한 땅 19세기 말 〈평안도 의주군도〉. 평안도는 청과의 무역이 활발해 다른 지방에 비해 경제적으로 발전한 지역이었지만, 양반 세력이 미약해 관리를 견제할 수 있는 세력이 없었다. 그런 까닭에 중앙 정부의 손쉬운 약탈 대상이었다. 게다가 서북민들은 과거에 합격해도 요직으로 진출하는 데 제한을 받는 등 지역적 차별을 받고 있었다. 홍경래의 난은 이와 같은 상황에 불만을 가진 이 지역의 상인과 노동자 등이 지역 차별 타파를 구호로 내걸고 봉기한 것이다. 평안도 가산에서 일어난 봉기군은 한때 청천강 이북 지역을 거의 장악했으나 박천 송림 전투에서 패하고 정주성에서 농성한 지 4개월 만에 관군의 초토화 작전으로 진압되고 말았다.

이러한 서북민의 저항은 1811년 홍경래洪景來의 난을 통해 평안도의 여러 계층이 연합한 거센 항쟁으로 발전했다. 평안도 농민저항의 주동자인 홍경래는 봉기 10년 전부터 각처를 돌아다니며 몰락해가는 농촌사회의 실정을 파악하고 동료를 규합했다. 그는 군사를 일으켜 세도정권을 뒤집어엎을 것을 결심하고 우군칙·이희저·김창시 등 뜻을 같이하는 동료를 불러모았다. 봉기지도자들은 세상을 구원할 정진인鄭眞人을 받들어 새로운 세상을 만든다고 내세웠다. 또 토호와 관속들을 향해서는 지역 차별과 정치적 모순을 바로잡아야 한다고 강조했다. 이들은 의주에서 개성에 이르는 지역의 부호, 큰 상인과 역사力士, 유민, 장사壯士들을 불러모았고, 또 항쟁 과정에서 직접 농민군을 설득해 지휘했다. 상인들은 경제력을 바탕으로, 토호와 관속들은 행정력을 바탕으로 농민들을 끌어모았다. 이들은 가산의 대정강 인근 다복동에 비밀 군사기지를 마련했다.

군사력과 군비를 마련한 주도층은 당초 거사일을 1811년 12월 20일로 잡았으나 거사계획이 선천부사 김익순에게 발각되자 18일로 앞당겼다. 거병 당시 다복동에 모인 병력은 1000여 명이었다. 홍경래는 이들을 남진군南進軍과 북진군北進軍 두 부대로 나누어 관아를 향해 진격했다. 난으로 인해 민심이 소란스러워지자 사대부 중에는 가족을 데리고 시골로 피난 가는 자들도 있었다. 봉기군은 아전들을 죽이고 곡식을 풀어 동지를 불러모았다. 청천 이북의 6~7고을이 함락되었으며, 관인들은 겁을 먹고 살려 달라 애걸하기도 했다. 오랫동안 신분적 차별과 가렴주구에 시달려온 민들은 난이 일어나자 홍경래 부대로 모여들어 합세했다. 항쟁 과정에서 봉기군은 급속히 불어나 수천 명이 되었고 점차 농민군의 성격을 띠어갔다.

남진군은 가산·박천·태천을 별다른 저항 없이 즉시 점령했고, 북진군도 곽산·정주를 점령한 후 어려움 없이 선천·철산을 거쳐 용천을 점령하면서 의주를 위협했다. 이들은 봉기한 지 10여 일 만에 가산, 정주, 박천, 곽산, 선천, 태천, 철산, 용천 등을 장악했고, 구성, 의주와 도내 군사행정의 중심지인 안주를 위협했다. 봉기군은 점령 지역의 지배와 병력 충원을 위해 그 지방 출신의 향임, 군교층을 유진장留陣將으로 임명해 수령을 대신하게 하고, 기존의 행정 체계와 관속을 이용해 군졸을 징발하고 군량·군비를 조달했다.

한편 봉기가 일어났다는 소식을 들은 조선 정부는 즉시 봉기군을 진압할 군대를 편성해 파견하고 국왕의 회유문을 각지에 보냈다. 봉기군은 안주의 관군과 박천 송림松林에서 격돌했다. 그러나 전열을 정비한 관군에 비해 열세인 봉기군은 패하여 정주성으로 퇴각했다. 이때 정주성에 박천·가산의 일반 농민들도 매우 많이 따라 들어와 함께 계속 저항했다.

봉기군의 거센 항거로 정주성의 정면 공격에 실패한 관군은 4월 들어 땅굴을 파고 화약을 장착시켜 성벽을 폭파시키는 방법으로 공격로를 열기로 했다. 3일부터 동쪽 성에 축築을 쌓고 북쪽 성 밑의 흙을 파기 시작한 관군은 18일에 성 파기를 끝냈다. 성 밑으로 땅굴을 판 관군은 먼저 각 장령將領을 단속해 몰래 성 밖의 사방으로 나아가 진을 치게 하고 한밤중에 화약 1800근을 지하에 감춘 다음, 곁의 구멍으로부터 불을 붙였다. 그러자 잠시 후 화약이 우레와 같은 소리를 내며 폭발하면서 성벽이 조각조각 무너져 내렸다. 북쪽 성에 매복해 있던

1800(순조 원년)
홍경래가 우군칙, 김사용, 이희저, 홍총각, 김창시 등과 함께 서북지방 차별을 구실로 반란을 모의, 이후 10여 년간 반란을 준비.

1811(순조 1)
흉년으로 민심이 혼란해지자 12월 2000여 명을 동원해 난을 일으킴.

1812(순조 2)
정주성으로 퇴각한 반란군은 토벌군에 맞서 4개월간 공방전을 벌였으나, 4월 토벌군의 정주성 폭파로 반란군 진압.

민란의 시대　　정주에서 순무영군이 홍경래 봉기군과 대치하고 있는 장면을 그린 〈신미년 정주성공위도〉 부분. 홍경래가 평안도에서 일으킨 대규모 농민반란의 사회적 배경은, 세도정치로 정치가 문란해지면서 일부 관료가 되지 못한 몰락한 양반층의 불만이 고조되었고, 삼정의 문란으로 농촌사회가 피폐화되는 가운데 하층민들의 사회의식이 성장해 사회의 변혁을 바라는 상황이었다. 처음 민란은 저항적 지식인의 도움으로 소장을 올리는 정도에 그쳤으나 농민들의 무장 봉기는 18세기 중엽부터 나타나기 시작해 19세기에 이르러 본격화되었다. 무장 봉기 가운데 가장 규모가 컸던 것이 홍경래의 난과 진주에서 시작되어 전국으로 확산된 임술농민항쟁이었다.

농민군은 모두 깔려 죽었고, 성 주위에서 망을 보며 지키던 농민군은 모두 달아나 흩어졌다.

성 북쪽에 있던 관군들은 일시에 성 안으로 진입해 농민군을 잡아들였다. 성 안의 농민군은 놀라서 모두 서남쪽 모퉁이로 몰려들었고, 관군들은 사방을 포위해 이들을 잡아내어 한 사람도 빠져나가기가 어려웠다. 관군들은 손에 칼을 들고 농민군을 살육해 성 안은 삽시간에 삶과 죽음이 교차하는 아수라장이 되었다. 이때 관군에 사로잡힌 사람들은 2983명이었고, 이 가운데 여자와 어린이를 제외한 1917명이 일시에 처형당했다. 홍경래는 교전 중에 전사했으며, 우군칙과 이희저는 달아났으나 홍총각·윤언섭 등은 사로잡혀 서울로 압송되어 참수되었다. 이로써 119일, 만 4개월간에 걸친 서북민의 처절한 항쟁은 끝이 났다.

그러나 난이 진압된 다음에도 사회 변혁 세력은 홍경래가 죽지 않고 섬에서 봉기를 준비한다고 말했다. 이들은 장수라 칭하기도 하고 혹은 행상이라고 하면서 무리와 결탁해 유언비어를 퍼뜨렸다. 그들은 황해도에서 배가 내려온다느니 진인이 섬에 있다는 등의 말을 퍼뜨리면서 민심을 선동하고, 현실에 대한 불만과 새로운 세상에 대한 희망을 토로했다.

봉기하는 임술년의 농민들

평안도 지역에서 홍경래 난이 일어난 지 약 50년 뒤인 1862년(철종 13)에는 경상도 지역을 시작으로 전국에서 농민들이 봉기했다. 당시는 실권을 잡고 있던 안동 김씨 가문이 헌종의 7촌이 되는 철종을 왕으로 옹립하고 세도정치를 계속하던 때였다. 세도정권하에서는 공공연하게 공명첩空名帖*이 매매되었고, 벼슬을 산 관리들은 본전을 뽑으려고 갖가지 명목을 붙여 농민에게서 세금을 거둬들였다. 토지 소유를 둘러싸고 농민층 분화가 심화되면서 부농과 빈농 사이의 갈등이 깊어졌고, 전정, 군정, 환곡으로 대표되는 삼정三政이 극도로 문란해져 최저생활조차 어려운 몰락 농민들이 증가했다.

토지에 대한 징수인 전정은 본래 토지 1결당 4두에서 6두로 정해져 있었지만 전세보다도 부가세가 훨씬 많아졌다. 전정의 문란은 지방 아전들의 농간으로 고질화되었다. 군정 역시 균역법의 실시로 양인의 군포 부담이 줄어드는 듯했지만, 양반층의 군역 회피가 늘어나고 과중한 군역 부담을 피해 도망하는 양민이 늘어남에 따라 결국 남아 있는 가난한 농민에게 부담이 집중되었다. 지방관은 그 고을에 부과된 목표량을 채우기 위해 죽은 사람[白骨徵布]과 어린 아이[黃口簽丁]에게까지 군포를 징수했다. 환곡은 본래 관에서 가난한 양민에게 이자 없이 빌려주는 곡식인데 여기에 비싼 이자를 붙이거나 양곡의 양을 속여서 거두어들여 농민 생활을 파탄으로 몰고 갔다. 부세 운영을 담당하는 수령과 이서·향임들의 수탈과 지방 토호세력의 횡포로 삼정이 문란해지자 민들이 부담해야 하는 세금은 더욱더 늘어났다.

마침내 1862년 2월에 문익점의 면화 시배지로 유명한 단성丹城에서 큰 봉기가 일어나 곧 이웃고을인 진주로 이어졌고, 5월에는 비슷한 처지에 있던 전국 각 군현으로 퍼져갔다. 크게는 수만 명에서 작게는 천여 명에 이르는 규모로 전국 각지의 농민들이 학정에 대항해 봉기에 참가했다. 1862년 한 해 동안 농민항쟁이 일어난 지역은 72개 군

공명첩
받은 자의 이름을 적지 않는 백지 임명장. 여기에는 관직·관작의 임명장인 공명 고신첩告身帖, 양역의 면역를 인정하는 공명 면역첩免役帖, 천인에게 천역을 면제하고 양인이 되는 것을 인정하는 공명 면천첩免賤帖, 향리에게 역을 면제해주는 공명 면향첩免鄕帖 등이 있다.

현에 달했고, 제주도에서는 이듬해까지 계속되었다.

단성 지역의 민들이 가장 고통받던 징수는 환곡이었다. 환곡은 일반 농민들 외에 나무꾼인 초군을 비롯해 소빈농층에게도 부과되었다. 그런데 관리들은 자신들이 져야 할 포흠逋欠도 환곡의 분급방식을 통해 향촌민들이 부담하게 했다. 이러한 부세 운영으로 토호·요호부민들도 수취대상이 되었고, 자연히 이들의 불만과 반발도 높아졌다.

특히 농민항쟁이 일어나기 직전인 1861년 겨울에는 수령과 이서들의 수탈이 극심했다. 단성농민들은 이를 시정해줄 것을 계속 호소했지만 세금 부담은 더욱 늘어만 갔다. 더 이상 참을 수 없었던 농민들은 향회에 모여 관청을 습격할 날을 잡았다. 그리고 분노한 농민들은 손과 손에 각종 농기구와 몽둥이 등 무기가 될 수 있는 물건들을 들고 관아 앞으로 모여들었다. 농민들은 평소 수탈에 앞장섰던 마을의 악독 지주나 고리대업자들을 습격하고 집을 불태우며 기세를 올렸다.

단성과 이웃한 진주의 상황은 더욱 심했다. 부세를 이용한 수령들의 수탈이 심해져 진주 농민들은 한층 더 궁핍해졌다. 관속류들도 여러 가지 방법으로 환곡을 횡령하고 그것을 농민 부담으로 전가했다. 특히 진주목사 홍병원이 주도한 도결都結, 우병사 백낙신이 주도한 통환統還을 통한 탐학과 수탈은 진주민들의 쌓인 불만에 기름을 끼얹었다. 백낙신이 민란이 일어나기 전 몇 년 동안 착취한 돈만 해도 5만 냥에 달했다. 이것을 쌀로 환산하면 약 1만 5000석이나 되는 엄청난 양이었다. 게다가 당시 진주목에서는 지금까지 지방 관리들이 불법적으로 축낸 공전이나 군포 등을 보충하기 위해 그것을 모두 결세에 부가시켜 해결하려 했다. 그 액수는 무려 수만 석에 해당해 농민 부담이 급격하게 가중될 처지에 있었다.

진주 농민들은 1862년 2월 14일부터 23일까지 항쟁을 전개했다. 이 항쟁을 이끈 주동자는 요호와 부민이었지만 유곡면 내평촌에 살던 몰락 양반 유계춘柳繼春과 같이 초군과 다를 바 없는 가난한 처지에 이른 인물도 있었다. 그들은 도결과 통환을 철폐하기 위해 향회를 개최했고, 농민들의 공론을 모아 경상감영에 그 철폐를 호소했다. 그러나 그들의 요구는 받아들여지지 않았다.

농민들은 자신들의 요구가 받아들여지지 않자 수곡 도회와 수청가 회의를 통해 의견을 결집하고 무력봉기를 통해 읍내를 점거했다. 봉기군들은 스스로 초군이라 부르면서 머리에 흰 띠를 두르고 진주성으로 쳐들어갔다. 초군들은 대체로 생계가 어려워 머슴이나 비부婢夫로 살거나 나무를 베어다 땔감으로 팔아서 생계를 유지하는 존재들이었다. 초군들 외에도 수공업자, 상인, 유민, 뜨내기 짐꾼, 날품팔이 등 다양한 사람들이 참여했고, 그 수는 삽시간에 수만 명에 이르렀다. 삼정의 문란에 시달린 진주의 난민들은 병사兵使를 협박하고 사람들을 불태워 죽였다. 당황한 우병사 백낙신은 환곡과 도결의 폐단을 시정할 것을 약속했다. 그러나 농민들은 그를 놔주지 않고 죄를 물었다. 그리고 악질적인 아전들을 죽이고 원한을 샀던 토호들의 집을 불태웠다. 이후 이들은 외곽으로 나가 각지의 양반, 무단토호, 보수적인 요호부민 등을 집중적으로 공격했다. 진주민의 항쟁은 23개 면을 휩쓸었고, 이 과정에서 120여 호의 집이 파괴되고 재물 손실이 10만 냥을 넘었다.

정부에서는 진주농민항쟁의 조기 수습을 위해 각지에 암행어사와 선무사 등을 파견해 수령의 비리를 조사하게 했다. 또 안핵사를 보내 발생 원인을 조사하고 주동자를 찾아내어 보고하게 했다. 진주 안핵사 박규수朴珪壽는 민란의 원인으로 삼정문란과 전 우병사 백낙신의 탐욕을 꼽았다. 백성이 난을 일으킨 까닭은 삼정이 모두 문란해진 것이 이유인데, 그중에서도 살을 베어내고 뼈를 깎는 고통은 환곡이 제일 큰일이라 했다. 또한 백낙신이 시기를 틈타 병영의 환포와 도결을 거행해 6만 냥의 돈을 거두려 했기 때문에 농민들의 노여움이 폭발해서 변란이 발생했다고 보았다. 이에 철종은 백낙신을 엄하게 다스린 다음 제주도에 귀양 보냈다. 그리고 진주 안핵사로 하여금 각 현을 두루 돌면서 난의 원인을 철저히 찾아서 아뢰도록 했다.

난 초기에는 정부에서 항쟁의 원인이 수령의 실정에 있다고 보고 수령을 파직시키는 한편 봉기 농민에 대해서는 비교적 관대하게 처벌했다. 그러나 항쟁이 전국적으로 번져가자 위기의식을 느낀 정부는 매우 강경하게 대응해 주모자를 처형했고 가담자들도 가혹하게 처벌했다. 이러한 강경 탄압에도 항쟁이 계속 번져가자 정부는 1862년 (윤) 8월에 삼정이정청을 설치해 삼정의 폐단을 개혁하려 했다. 이러한 삼정개선책은 농민층의 부담을 어느 정도 덜어주었지만, 그나마 보수적인 지배층의 반발에 부딪혀 겨우 3개월 남짓 추진되다가 10월 말에 가서 슬그머니 백지화되고 말았다. 이에 따라 당시의 사회 모순은 심화되어갔고 농민들의 부담은 줄어들지 않아 뒤에도 항쟁은 계속되었다.

1862년 이후에도 농민들은 끊임없이 항쟁했다. 대원군이 집권하고 있던 1869년에는 광양난, 1871년에는 이필제난과 같은 병난兵亂이 발생했으며, 이 사이 명화적들의 활동도 성행했다.

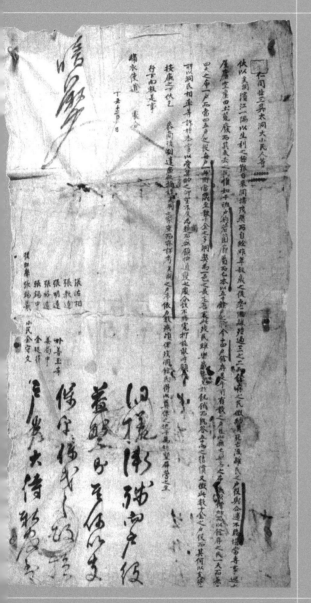

민의 호소: 과도한 호역 부담을 시정
해주기를 요청하는 등장等狀(1877). 안동
북삼면 오태동에 사는 유학 장석희를
비롯한 대소 민인들이 자신들에게 부과
된 호역의 과도한 부담을 암행어사에게
시정해줄 것을 호소하는 청원서다.

조선시대 지배층의 탐학과 과중한 부세수탈에 민들의 불만은 18세기 전반까지는 자살이나 유망, 도적활동 등 간헐적이고 즉흥적인 저항으로 나타났다. 그리고 지배층을 비방하는 와언, 요언, 격쟁, 격고, 작패, 작변, 살주계, 결당작난 등 다양한 저항이 전개되었다. 농민층의 분화가 심화되는 18세기 후반부터는 농민들의 일상적인 삶에 토대를 둔 저항이 본격적으로 이루어져 농민저항의 최고 형태라 할 수 있는 무력항쟁으로 발전해갔다. 농민들의 불만을 해결해줄 봉건적 모순에 대한 구조적 개혁이 이루어지지 못한 가운데 항쟁의 불길은 더욱 고조되어갔다. 특히 개항 이후 추진된 여러 개혁 사업 및 대외 교역은 지배층의 농민층 수탈을 오히려 심화시켰고 농민층의 몰락을 더욱 가속화했다. 이에 따라 농민들의 결집은 1894년 봉건적 사회구조의 타파와 외세의 배격을 부르짖는 동학농민항쟁으로 발전해나갔다.

— 한희숙

참고문헌

● 성리학적 인간의 형성

고영진, 〈15,16세기 주자가례의 시행과 그 의의〉,《한국사론》21, 서울대학교 국사학
　　과, 1989.

금장태,《한국의 선비와 선비정신》, 서울대출판부, 2000.

김강식,《임진왜란과 경상우도의 의병운동》, 혜안, 2001.

김기현, 〈성리학의 인간관과 생활예절〉,《유교사상연구》29, 2007.

김준석, 〈조선전기의 사회사상—《소학》의 사회적 기능분석을 중심으로〉,《동방학지》
　　29, 1981.

김훈식, 〈16세기 군신윤리의 변화와 출처론〉,《역사와 현실》50, 2003.

미야지마 히로시, 노영구 옮김,《양반》, 강, 1996.

설석규,《조선시대 유생상소와 공론정치》, 선인, 2002.

신병주,《남명학파와 화담학파 연구》, 일지사, 2000.

윤병희, 〈조선 중종조 사풍과《소학》〉,《역사학보》103, 1984.

이성무,《조선시대 당쟁사 1》, 아름다운날, 2007.

이수건,《영남사림파의 형성》, 영남대출판부, 1979.

이태진,《조선유교사회사론》, 지식산업사, 1986.

한국고문서학회,《조선시대 생활사 2》, 역사비평사, 2001.

● 학문적 네트워크의 형성

경북대 퇴계연구소·경상대 남명학연구소 편,《퇴계학과 남명학》, 지식산업사, 2001.

고영진,《조선중기 예학사상사》, 한길사, 1995.

_____, 《조선시대 사상사를 어떻게 볼 것인가》, 풀빛, 1999.

_____, 〈포스트모던시대의 근대 전환기 인식과 근현대사 교과서의 역사서술〉, 《한국사 교과서의 희망을 찾아서》, 역사비평사, 2003.

_____, 《호남사림의 학맥과 사상》, 혜안, 2007.

金文植, 《朝鮮後期 經學思想硏究—正祖와 京畿學人을 중심으로》, 일조각, 1996.

金泳斗, 〈朝鮮 前期 道統論의 展開와 文廟 從祀〉, 서강대박사학위논문, 2005.

금장태 외, 《韓國儒學思想大系 Ⅱ·Ⅲ》. 哲學史想編(上·下), 예문서원, 2005.

金鍾錫, 〈《陶山及門諸賢錄》과 退溪 學統 弟子의 범위〉, 《한국의 철학》 26, 경북대학교 퇴계연구소, 1998.

김홍경, 《조선초기 관학파의 유학사상》, 한길사, 1996.

신병주, 《남명학파와 화담학파 연구》, 일지사, 2000.

劉明鍾, 〈折衷派의 鼻祖 牛溪의 理氣哲學과 그 展開〉, 《成牛溪思想硏究論叢》, 우계문 화재단, 1988.

유봉학, 《燕巖一派 北學思想 硏究》, 일지사, 1995.

李家源, 〈退溪學의 系譜的 硏究〉, 《退溪學報》 37, 퇴계학연구원, 1983.

李楠福, 〈고려후기의 座主·門生〉, 《高麗後期 新興士族의 硏究》, 경인문화사, 2004.

李樹健, 〈南冥 曹植과 南冥學派〉, 《民族文化論叢》 23, 영남대학교 민족문화연구소, 1982.

_____, 《嶺南學派의 形成과 展開》, 일조각, 1995.

鄭萬祚, 〈朝鮮中期 儒學의 系譜와 朋黨政治의 展開 Ⅰ〉, 《朝鮮時代史學報》 17, 조선시 대사학회, 2001.

정재훈, 《조선시대의 학파와 사상》, 신구문화사, 2008.

崔完基, 《韓國性理學의 脈》, 느티나무, 1989.

충남대학교 유학연구소 편, 《기호학파의 철학사상》, 예문서원, 1996.

_____, 《명재 윤증의 학문연원과 가학》, 예문서원, 2006.

한국사상사연구회 편저, 《조선 유학의 학파들》, 예문서원, 1996.

韓基範, 〈朝鮮中期 湖西·嶺南 禮家의 禮說交流—《儀禮問解》의 分析을 중심으로〉, 《東

洋禮學》창간호, 동양예학회, 1998.

한형조, 〈조선 유학의 지형도 −조선유학사의 전개와 이기理氣 개념의 지형 변화〉, 《오
　늘의 동양사상》 11, 2004.

황의동, 《우계학파 연구》, 서광사, 2005.

● 재지사족, 향촌의 지배자가 되다

고석규, 〈19세기 전반 향촌사회 지배구조의 성격: '수령−이향수탈구조'를 중심으로〉,
　《외대사학》 2, 1989.

＿＿, 《19세기 조선의 향촌사회연구》, 서울대출판부, 1998.

김건태, 《조선후기 양반가의 농업경영》, 역사비평사, 2004.

김무진, 〈율곡 향약의 사회적 성격〉, 《학림》 5, 1983.

＿＿, 〈조선중기 사족층의 동향과 향약의 성격〉, 《한국사연구》 55, 1986.

김성우, 《조선중기 국가와 사족》, 역사비평사, 2001.

김양식, 〈1894년 농민전쟁연구—1·2차 전주화약과 집강소 운영〉, 《역사연구》 2, 역사
　학연구소, 1993.

김용덕, 〈향청연혁고〉, 《한국사연구》 21·22, 1978.

＿＿, 〈향약과 향규〉, 《한국사론》, 국사편찬위원회, 1980.

＿＿, 〈19세기 향청연구〉, 《한국제도사연구》, 일조각, 1983.

김인걸, 〈조선후기 향권의 추이와 지배층동향〉, 《한국문화》 2, 1981.

＿＿, 〈조선후기 향안의 성격변화와 재지사족〉, 《김철준박사화갑기념사학논총》,
　1983.

＿＿, 〈조선후기 향촌사회통제책의 위기—동계의 성격변화를 중심으로〉, 《진단학보》
　58, 1984.

＿＿, 〈조선후기 향촌사회 변동에 관한 연구〉, 서울대박사학위논문, 1991.

＿＿, 〈향촌자치체계의 변화〉, 《한국사》 34, 국사편찬위원회, 2003.

김준형, 〈조선후기 면리제의 성격〉, 서울대석사학위논문, 1982.

김항수, 〈16세기 사림의 성리학 이해〉,《한국사론》7, 서울대국사학과, 1981.

김현영, 〈사림파의 유향소복립운동─조선전기 성리학 정착의 사회적 배경〉(상·하), 《진단학보》34·35, 1972·1973.

____, 〈사림파의 향약보급운동─16세기의 경제변동과 관련하여〉,《한국문화》4, 서울대 한국문화연구소, 1976.

____, 〈조선전기의 향촌질서〉,《동아문화》13, 1976.

____, 〈조선후기 남원의 사회구조─사족지배구조의 변화와 그 성격〉,《역사와 현실》2, 1989.

____, 〈조선시기 사족의 향촌지배 연구와 자료〉,《조선시기 사회사 연구법》, 한국정신문화연구원, 1993.

____, 《조선시대 양반과 향촌사회》, 집문당, 1999.

____, 〈향촌질서의 재편운동〉,《한국사》28, 국사편찬위원회, 2003.

____, 〈16세기 사족의 향촌지배〉,《한국사》31, 국사편찬위원회, 2003.

박진우, 〈조선전기 면리제와 촌락지배의 강화〉,《한국사론》20, 1988.

배재홍, 〈조선후기의 서얼허통과 신분지위의 변동〉, 경북대박사학위논문, 1994.

서한교, 〈조선후기 납속제도의 운영과 납속인의 실태〉, 경북대박사학위논문, 1995.

안병욱, 〈19세기 임술민란에 있어서의 '향회'와 '요호'〉,《한국사론》14, 1986.

오영교, 《조선후기 향촌지배정책 연구》, 혜안, 2001.

이규대, 《조선시기 향촌사회 연구》, 신구문화사, 2009.

이수건, 《조선시대지방행정사》, 민음사, 1989.

이태진, 《한국사회사연구》, 지식산업사, 1986.

이해준, 〈조선전기 향촌자치제〉,《국사관논총》9, 국사편찬위원회, 1989.

____, 〈조선시대 향도의 변화양상과 촌락공동체조직〉,《성곡논총》21, 성곡학술문화재단, 1990.

____, 《조선시대 촌락사회사》, 민족문화사, 1995.

____, 〈향촌자치조직의 발달〉,《한국사》31, 국사편찬위원회, 2003.

____, 《조선후기 문중서원 연구》, 2008.

정만조, 《조선시대 서원연구》, 집문당, 1997.

정진영, 〈16~17세기 재지사족의 향촌지배와 그 구조〉, 《역사와 현실》 3, 한국역사연구회, 1990.

____, 〈19세기 향촌사회 지배구조와 대립관계〉, 《1894년 농민전쟁연구 1》, 역사비평사, 1991.

____, 〈1894년 농민전쟁기 향촌지배층의 동향〉, 《1894년 농민전쟁연구 5》, 역사비평사, 1996.

____, 《조선시대 향촌사회사》, 한길사, 1998.

____, 〈조선후기 향촌 양반사회의 지속성과 변화상 1—안동 향안의 작성과정을 중심으로〉, 《대동문화연구》 35, 성균관대 대동문화연구원, 1999.

____, 〈국가의 지방지배와 새로운 세력〉, 《조선은 지방을 어떻게 지배했는가》, 아카넷, 2000.

____, 〈조선후기 향촌 양반사회의 지속성과 변화상 2—안동향안의 입록인물 검토〉, 《대동문화연구》 38, 성균관대 대동문화연구원, 2001.

____, 〈조선시대 성리학적 향촌자치운동〉, 《한국유학사상대계—사회사상편》, 한국국학진흥원, 2009.

한상권, 〈16, 17세기 향약의 기구와 성격〉, 《진단학보》 58, 1985.

향촌사회사연구회, 《조선후기 향약연구》, 민음사, 1990.

田川孝三, 〈조선전기 지방의 자치적 조직과 民政〉, 《제7회동양학술회의강연초》, 1997.

● 가족에서 문중으로

高英津, 〈朝鮮中期 禮說과 禮書〉, 서울대박사학위논문, 1992.

김용만, 〈조선시대 균분상속제에 관한 일 연구〉, 《대구사학》 23집, 1983.

김필동, 《차별과 연대—조선사회의 신분과 조직》, 문학과 지성사, 1999.

이수건, 〈良洞의 歷史的 考察〉, 《양좌동연구》, 영남대학교, 1990.

____, 〈朝鮮前期의 社會變動과 相續制度〉, 《역사학보》 129집, 역사학회, 1991.

____, 〈조선전기 사회변동과 상속〉, 《한국친족제도사연구》, 역사학회, 1992.

이종서, 〈14~16세기 한국의 친족용어와 일상 친족관계〉, 서울대박사학위논문, 2003.

이해준, 〈조선후기 長興 傍村의 촌락문서〉, 《변태섭박사화갑논총》, 1985.

____, 〈조선후기 영암지방 동계의 성립배경과 성격〉, 《전남사학》 2집, 전남사학회, 1988.

____, 〈조선후기 동계·동약과 촌락공동체조직의 성격〉, 《조선후기향약연구》, 민음사, 1990.

____, 〈조선후기 門中書院 발달의 추이〉, 《허선도교수정년논총》, 1992.

____, 〈조선후기 문중활동의 사회사적 배경〉, 《동양학》 23집, 단국대 동양학연구소, 1993.

____, 〈조선후기 촌락구조 변화의 배경〉, 《한국문화》 14집, 서울대 한국문화연구소, 1993.

____, 《조선시기 촌락사회사》, 민족문화사, 1996.

____, 〈17세기 중엽 파평윤씨 노종파의 종약과 종학〉, 《충북사학》 11·12합집 충북사학회, 2000.

____, 〈조선후기 문중서원의 개념과 성격문제〉, 《한국중세사론총》, 이수건교수정년논총간행위원회, 2000.

____, 〈조선후기 '문중화' 경향과 친족조직의 변질〉, 《역사와 현실》 48호, 한국역사연구회, 2003.

전종환, 〈종족집단의 거주지 이동과 지역화과정〉, 한국교원대박사학위논문, 2001.

정옥자, 〈17세기 思想界의 再編과 禮論〉, 《韓國文化》 10집, 1989.

최재석, 〈조선시대 상속제에 관한 연구〉, 《역사학보》 53·54집, 1972.

● 농사짓는 작인, 수취하는 지주

金容燮, 《朝鮮後期農業史硏究 I》, 一潮閣, 1970.

____,《朝鮮後期農業史研究 II》, 一潮閣, 1971.

김건태,《조선시대 양반가의 농업경영》, 역사비평사, 2004.

閔成基,《朝鮮農業史研究》, 一潮閣, 1990.

宋讚燮,〈17·18세기 新田開墾의 확대와 經營形態〉,《韓國史論》12, 1985.

宋贊植,〈朝鮮後期農業에 있어서의 廣作運動〉,《李海南博士華甲紀念史學論叢》, 1970.

염정섭,《조선시대 농법 발달 연구》, 태학사, 2002.

李景植,〈17世紀의 農地開墾과 地主制의 展開〉,《韓國史研究》9, 1973.

李世永,〈18·19세기 兩班土豪의 地主經營〉,《韓國文化》6, 1985.

李永鶴,〈韓國 近代 煙草業에 대한 研究〉, 서울대박사학위논문, 1990.

李榮昊,〈18·19세기 地代形態의 變化와 農業經營의 變動〉,《韓國史論》11, 1984.

李榮薰,〈古文書를 통해 본 朝鮮前期 奴婢의 經濟的 性格〉,《韓國史學》9, 1987.

____,《朝鮮後期社會經濟史》, 한길사, 1988.

이윤갑,〈18·19세기 경북지방의 농업변동〉,《韓國史研究》53, 1986.

李泰鎭,〈16세기의 川防(洑) 灌漑의 발달〉,《韓㳰劤停年紀念史學論叢》, 1981.

李鎬澈,《朝鮮前期農業經濟史》, 한길사, 1986.

鄭勝振,《韓國近世地域經濟史》, 景仁文化史, 2003.

鄭震英,〈19~20세기 전반 한 '몰락양반' 가의 농업경영〉,《大東文化研究》52, 2005.

____,〈19세기 중반—20세기 초반 在村 兩班地主家의 농업경영〉,《大東文化研究》62, 2008.

____,〈19세기 후반—20세기 전반 在村 兩班地主家의 농업경영〉(2),《역사와 경계》 67, 2008.

최윤오,《朝鮮後期 土地所有權의 발달과 地主制》, 혜안, 2006.

宮嶋博史,〈李朝後期における朝鮮農法の發展〉,《朝鮮史研究會論文集》18, 1981.

● 조선의 일상

강영환,《집의 사회사》, 웅진출판사, 1992.

김광언, 《한국의 주거민속지》, 민음사, 1988.

김영숙(편), 《한국복식문화사전》, 미술문화, 1998.

김영숙·손경자, 《조선왕조 한국복식도감》(상·하), 예경산업사, 1984.

백영자·최해율, 《한국복식의 역사》, 경춘사, 2004.

석주선, 《한국복식사》, 보진재, 1971.

신영훈, 《한국의 살림집》 상·하, 열화당, 1986.

안명숙·김용서, 《한국복식사》, 예학사, 1998.

유희경, 《한국복식사연구》, 이화여자대학교출판부, 1975.

이성우, 《한국식경대전》, 향문사, 1981.

____, 《한국식품문화사》, 교문사, 1984.

장보웅, 《한국의 민가연구》, 보진재, 1981.

정연식, 〈조선시대의 끼니〉, 《한국사연구》, 2001.

정인국, 《한국건축양식론》, 일지사, 1974.

주남철, 《한국주택건축》, 일지사, 1980.

주영하, 《김치, 한국인의 먹거리》, 공간, 1994.

최홍식, 《한국인의 생명, 김치》, 밀알, 1995.

페르낭 브로델, 주경철 역 옮김, 《물질문명과 자본주의 I》(상), 까치, 1995.

홍형옥, 《한국주거사》, 민음사, 1992.

● 약과 의사가 넘치는 서울, 먹을 것도 부족한 시골

유만주, 《흠영欽英》.

김약행, 《적소일기謫所日記》.

허준, 《동의보감東醫寶鑑》.

정약용, 《마과회통麻科會通》.

● 일탈과 저항

고석규, 〈18·19세기 농민항쟁의 추이〉, 한국역사연구회, 《1894년 농민전쟁연구 2》,
    역사비평사, 1992.

고성훈, 《민란의 시대》, 가람기획, 2000.

김종수, 〈17세기 軍役制의 推移와 改革論〉, 《韓國史論》 22, 1990.

망원한국사연구실 19세기 농민항쟁분과, 《1862년 농민항쟁》, 19세기 농민항쟁분과,
    동녘, 1988.

배항섭, 〈壬戌民亂 前後 明火賊의 活動과 그 性格〉, 《韓國史研究》 60, 1988.

邊柱承, 〈朝鮮後期 流民研究〉, 고려대박사학위논문, 1997.

양진석, 〈1862년 농민항쟁의 배경과 주도층의 성격〉, 한국역사연구회, 《1894년 농민
    전쟁연구 2》, 역사비평사, 1992.

오수창, 〈'홍경래 난'의 주도세력과 농민〉, 한국역사연구회, 《1894년 농민전쟁연구
    2》, 역사비평사, 1992.

이상배, 《조선 후기 정치와 괘서》, 국학자료원, 1999.

이정수, 〈16세기 황해도의 미곡생산과 상품유통〉, 《역사와 세계》 19, 1995.

鄭奭鐘, 《朝鮮後期社會變動研究》 一潮閣, 1983.

한상권, 〈18세기 前半 明火賊 활동과 정부의 대응책〉, 《韓國文化》 13, 1992.

_____, 〈18세기 중·후반의 농민항쟁〉, 한국역사연구회, 《1894년 농민전쟁연구 2》, 역
    사비평사, 1992.

_____, 《朝鮮後期 社會와 訴冤制度; 上言·擊錚 研究》, 일조각, 1996.

한희숙, 〈16세기 林巨正의 난과 그 성격〉, 《한국사연구》 89, 1995.

_____, 〈17세기 후반 장길산의 군도활동〉, 《조선시대 양반사회와 문화 3》, 집문당,
    2003.

_____, 〈연산군대 도적활동의 사회적 조명〉, 《한국학연구》 6, 숙명여대, 1996.

홍순민, 〈17세기 말 18세기 초 농민저항의 양상〉, 한국역사연구회, 《1894년 농민전쟁
    연구 2》, 역사비평사, 1992.

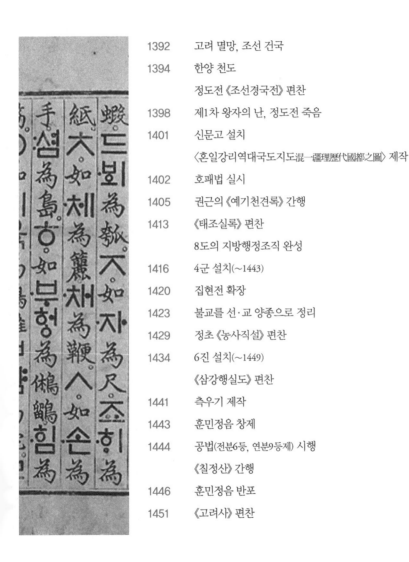

1392	고려 멸망, 조선 건국
1394	한양 천도
	정도전 《조선경국전》 편찬
1398	제1차 왕자의 난, 정도전 죽음
1401	신문고 설치
	〈혼일강리역대국도지도混一疆理歷代國都之圖〉 제작
1402	호패법 실시
1405	권근의 《예기천견록》 간행
1413	《태조실록》 편찬
	8도의 지방행정조직 완성
1416	4군 설치(~1443)
1420	집현전 확장
1423	불교를 선·교 양종으로 정리
1429	정초 《농사직설》 편찬
1434	6진 설치(~1449)
	《삼강행실도》 편찬
1441	측우기 제작
1443	훈민정음 창제
1444	공법(전분6등, 연분9등제) 시행
	《칠정산》 간행
1446	훈민정음 반포
1451	《고려사》 편찬

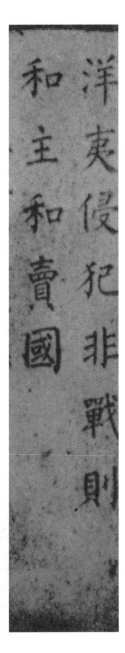

洋夷侵犯非戰則
和主和賣國

1832	영국 상선 암허스트호 통상 요구
1833	한성 쌀값 폭등으로 도시빈민의 쌀폭동이 일어남
1836	금·은광의 잠채를 금함
1839	기해박해, 척사윤음 전국에 반포
1844	이재의 《사례편람》 간행
1848	이양선 함경도 등에 출몰
1860	최제우 동학 창시
1861	김정호 〈대동여지도〉 제작
1862	임술농민봉기, 삼정이정청 설치
1863	고종 즉위
1864	동학 교조 최제우 처형
1865	경복궁 중건(~1872)
1866	병인박해
	평양 관민 제너럴셔먼호 불태움
	병인양요
	기정진 병인소丙寅疏 올림
1871	서원 철폐
	신미양요, 전국에 척화비 건립
1873	고종 친정 선포, 흥선대원군 실각
1875	운요호 사건
1876	강화도조약
1878	일본 제일은행 부산지점 설치
1879	지석영 종두법 실시
1880	수신사 김홍집 일행 일본에 파견
1881	이만손 등 영남만인소 올림
	조사시찰단(신사유람단) 일본에 파견
	영선사 청에 파견

1882	미국·영국·독일과 통상조약 체결
	임오군란
	조청상민수륙무역장정 체결
1883	한성순보 발간
	원산학사 설립
1884	우정총국 설립
	갑신정변
	궁중에 최초로 전등 사용
1885	독일총영사 부들러 조선의 영세중립선언 권고
	광혜원(뒤에 제중원으로 개칭) 설립
	거문도사건
	배재학당 설립
	서울·인천 간 전신 개통
1886	노비 세습제 폐지
	육영공원 설립
	이화학당 설립
1887	서울에 상공회의소 설립
1889	함경도에 방곡령 실시
1892	동학교도 삼례집회
1893	최초로 전화기 도입
1894	동학농민항쟁
	군국기무처 설치, 갑오개혁
	청일전쟁
	홍범14조와 독립서고문 반포
1895	유길준《서유견문》저술
	삼국간섭
	을미사변, 각지에서 의병항쟁 발발

찾아보기

【ㄱ】

조선시대사 2 – 인간과 사회

◉ 2015년 6월 25일 초판 1쇄 발행
◉ 2024년 6월 28일 초판 7쇄 발행
◉ 글쓴이   김훈식·고영진·정진영·이해준·김건태·정연식·김호·한희숙
◉ 발행인   박혜숙
◉ 펴낸곳 도서출판 푸른역사
　　우) 03044 서울시 종로구 자하문로8길 13
　　전화: 02)720-8921(편집부) 02)720-8920(영업부)
　　팩스: 02)720-9887
　　전자우편: 2013history@naver.com
　　등록: 1997년 2월 14일 제13-483호

ISBN   979-11-5612-048-3   94900
(세트)   979-11-5612-043-8   94900